Allegria

Die Autorin

Dr. Jude Currivan ist Heilerin und Wissenschaftlerin, die sich seit ihrer Kindheit mit den Weisheitslehren der Menschheit und Fragen des Bewusstseins beschäftigt. Sie hat einen Master in Physik mit Spezialisierung auf Kosmologie und Quantenphysik und einen Doktortitel in Archäologie, aufgrund von Arbeiten über antike Kosmologien. Bis zur Mitte der 90er Jahre hat Dr. Currivan erfolgreich in der Wirtschaft gearbeitet, und sich dann ganz der weiteren Erforschung eines ganzheitlichen Bewusstseins und der spirituellen Entwicklung des Menschen als Teil des Kosmos gewidmet. Ihr erstes Buch *The Wave* erschien 2005.

DR. JUDE CURRIVAN

Das Geheimnis des 8. Chakras

Was es ist und wie es dein Leben transformieren kann

Übersetzung aus dem Englischen:
Wulfing von Rohr

Ullstein

Besuchen Sie uns im Internet:
www.ullstein-taschenbuch.de

Allegria im Ullstein Taschenbuch
Herausgegeben von Michael Görden

Umwelthinweis:
Dieses Buch wurde auf chlor- und säurefreiem Papier gedruckt.

Originalausgabe im Ullstein Taschenbuch
1. Auflage August 2008

Umschlaggestaltung: FranklDesign, München
Titelabbildung: www.artshivananda.com
Gesetzt aus der Sabon
Satz: te•ha, Anif
Druck und Bindearbeiten: GGP Media GmbH, Pößneck
Printed in Germany
ISBN 978-3-548-74418-6

Inhalt

Einführung

Heute, da ich zu schreiben beginne, ist der 23. Dezember. An diesem Morgen nach der Wintersonnenwende hat unser feuriges Tagesgestirn wieder einmal seine alljährliche Spirale von der Dunkelheit zum Licht begonnen. Seit der Antike wurde dieser Tag traditionell als die Geburt des archetypischen Sonnenhelden begrüßt. Er ist unter vielen Namen bekannt geworden und seine äußere Suche und innere Reise zur Ganzheit wurde in zahlreichen Mythen, Sagen und spirituellen Lehren beschrieben.

Niemals ging es darum, den Sonnenhelden anzubeten; vielmehr sollte man es ihm gleichtun. Denn jede und jeder von uns trägt das göttliche Potenzial in sich. Und doch wurde die Stimme des großartigsten Sonnenhelden seit 2000 Jahren nicht beachtet – Jesus sagte: „Ihr werdet alles tun, was ich tue, und ihr werdet noch größere Dinge tun." (Johannes 14,12)

Mit dieser Aussage hat Jesus uns gemeint. Aber während der letzten zwei Jahrtausende versuchte die institutionalisierte Religion, uns von unserer Unwürdigkeit zu überzeugen; und zwischenzeitlich arbeitete die Naturwissenschaft daran, uns einzureden, dass nur die materielle Welt „real" sei.

Nun taucht jedoch eine neue Vision des Kosmos auf, in der Wissenschaft und spirituelle Weisheit auf eine tiefgreifendere und stärker persönlich ermächtigende Weise versöhnt werden als jemals zuvor. Diese neue Vision bietet uns nicht nur Antworten darauf, wie das kosmische Ganze funktioniert, sondern auch die Chance zu verstehen, warum alles so ist, wie es ist.

Die neu erwachende Bewusstheit hat radikale Konsequenzen für jeden Einzelnen von uns. Denn sie offenbart ein Universum, in dem alles miteinander verbunden ist, ein vollständig bewusstes und holographisches Universum, einen Kosmos, in dem Bewusstsein der primäre Faktor ist und in dem wir deshalb sowohl Geschöpfe als auch Mitschöpfer sind.

Der höchste Zweck unserer Existenz in dieser entscheidenden Zeit ist es, uns daran zu erinnern. Und damit auch wieder zu begreifen, wer wir *wirklich* sind. Wir können uns jetzt neu zugängliche kosmische Energien erschließen, um über unser nur persönliches Selbstgefühl hinauszuwachsen. Diese Energien befreien unsere Wahrnehmung und befähigen uns, alte Muster und Beschränkungen zu heilen beziehungsweise aufzulösen. Wenn wir uns selbst befreien, werden wir ermächtigt, die höhere Bestimmung unserer Seele ganz zu verwirklichen und als bewusste Gestalter bei der Entfaltung eines neuen kosmischen Zeitalters mitzuwirken. Dies ist ein Zeitalter, in dem wir alle erkennen können, dass wir Sonnen- und Seelenhelden sind.

Das achte Chakra

Die frühesten spirituellen Traditionen haben erkannt, dass sich unser Bewusstsein über sieben Energiewirbel ausdrückt, die „Chakras“ genannt werden. In den letzten Jahrzehnten ist diese alte Weisheit weithin bekannt gemacht und auch angenommen worden.

Kollektiv spüren wir jedoch ganz tief im Inneren, dass unser Energiefeld mit sieben Chakras unvollständig ist. Es ist wie mit der kosmischen Resonanz der 13 Noten der vollständigen chromatischen Tonleiter und den acht Noten ihrer diatonischen Tonleiter. Wenn man die ersten sieben Noten der diatonischen Tonleiter singt, dann hat man das Gefühl, als ob etwas fehlen würde: do, re, mi, fa, so, la, ti ...

Und das stimmt auch. Erst die achte Note komplettiert die Oktave – und erst das achte Chakra vervollständigt die Oktave unseres Bewusstseins. Das achte Chakra ist auch das Energietor zu unserem höheren Bewusstsein, zu spiritueller Führung und zur Bestimmung, der die Seele folgt.

Einheitsbewusstsein

Das achte Chakra ist das erste transpersonale Chakra unseres Einheitsbewusstseins. Dieses ist das Bewusstsein eines größeren Ganzen, von dem wir alle ein Teil sind und das wir derzeit in einer menschlichen Form verkörpern und verwirklichen können. Wenn wir Zugang zu einem solchermaßen erweiterten Bewusstsein erlangen, dann können wir die Beschränkungen unserer menschlichen Wahrnehmung überschreiten und uns daran erinnern, dass wir nie einsam sind, sondern letztlich immer all-eins, eins mit allem. Damit wird es uns möglich zu realisieren, dass der Kosmos holographischer Natur ist, dass er das Eine ist, das sich in der schier unendlichen Vielfalt an Formen zum Ausdruck bringt.

Seit Jahrtausenden haben wir die Polaritäten von Licht und Dunkel in all ihren reichen Ausdrucksformen erfahren. Jetzt ist es an der Zeit, dass wir ganz bewusst die Verantwortung für unser Schicksal übernehmen und die transpersonale Bewusstheit verkörpern, die uns den Heimweg in die Einheit jenseits aller Polaritäten zeigt. Diesem Weg zu folgen ist die Bestimmung des Sonnen-Seelen-Helden.

In diesem Buch beschreibe ich, wie man sich die transpersonalen Energien erschließen kann, um eine höhere Wahrnehmung zu gewinnen und aus der Herzmitte heraus Heilung auf der Seelenebene zu erreichen. Das Buch zeigt, wie wir all das, was wir wirklich sind, in Gedanken, Gefühlen und im Körper erfahren können und wieder echte Beziehungen zu uns, zu unserer gesamten menschlichen Familie, zu Gaia, der lebendigen Erde, und zur Weite des Kosmos aufnehmen können.

Jeder von uns geht auf einem einzigartigen Pfad auf eine Bestimmung zu, die letztlich uns allen gemeinsam ist. Das achte Chakra ist ein Wegweiser für den Sonnen-Seelen-Helden in uns, der es jedem von uns möglich macht, den eigenen Pfad zu dieser Bestimmung zu finden.

Erinnern

Jede Reise beginnt mit dem ersten Schritt, den wir oft erst im Rückblick als solchen erkennen. Der erste Schritt meiner eigenen Reise zum achten Chakra begann, wie für jeden von uns, vor vielen Äonen. Ich wurde mir dieser Reise zum achten Chakra als Weg aber erst bewusst, als ich im Mai 1998 buchstäblich aus blauem Himmel eine mediale Botschaft erhielt. Ich habe solche Hinweise einer höheren Führung zwar schon seit meiner frühen Kindheit empfangen, aber diese Botschaft war besonders deutlich. Sie eröffnete mir einen Weg, der mich so stark herausforderte wie kein anderer zuvor: Ich sollte mich daran erinnern, wer ich *wirklich* bin – es ging nun nicht mehr nur um die Jude, die ich zu kennen glaubte, sondern um alle Aspekte meiner zergliederten und entäußerten Psyche, die ich wieder er-innern, also nach innen bringen sollte.

Ich erinnerte mich daraufhin allmählich nicht nur meines Bewusstseins, das auf der Persönlichkeit aufbaut, sondern auch höherer Ebenen eines archetypischen und kosmischen Bewusstseins. Ich hatte meine Reise vom Allein-Sein zu dem Wissen angetreten, dass wir all-eins sind. Diese Reise führte mich rund um die Erde (und wird in meinem nächsten Buch „Many Voices – One Heart“ erzählt). Sie öffnete mich für die Realitäten des achten Chakras und die höhere Form der

Wahrnehmung, die sowohl unser individuelles und kollektives Erbe als auch unsere kosmische Bestimmung sind. Es ist diese Bewusstheit, die ich in diesem Buch mit Ihnen teilen möchte.

Warum Jetzt?

Im holographischen Universum ist seinem Wesen nach alles miteinander verknüpft, alles ist bewusst und absichtsvoll. Es gibt *keine* Zufälle oder Unfälle darin!

Wir sind als Einzelne und alle zusammen seit einem ganzen Zeitalter auf einer Reise, die uns gemeinsam in diesen Augenblick der Zeit geführt hat. Auf dieser Reise ging es uns als spirituellen Wesen darum, irdische Erfahrungen zu machen: Wir wollten wirklich *alles* erforschen und ausprobieren, was zum Menschsein gehört. Und dabei haben wir doch schon viel erlebt, oder?

Prophezeiungen, die von den alten Mayas bis zu Mystikern unserer Tage reichen sowie zu den Ältesten der Urvölker, die heute noch auf dieser Erde leben, teilen uns mit, dass wir uns in einer Zeit der Transformation befinden. Der Maya-Kalender endet zur Wintersonnenwende des Jahres 2012; die Mayas betrachteten dieses Datum als den Kulminationspunkt von Myriaden von Bewusstseinszyklen und gingen davon aus, dass sich zeitgleich eine enorme Veränderung im kollektiven Bewusstsein vollziehen würde. Soweit ich das auf meiner eigenen Reise bisher verstanden habe, ist diese Veränderung, diese „Verschiebung“ des kollektiven Bewusstseins ein Zeichen dafür, dass wir jetzt beginnen, unsere spirituelle Ganzheit und Fülle bewusst in unserer Erfahrung des irdischen Menschseins zu verkörpern. Die lebendige Erde war bisher unsere Krippe, und sie wird unser Heim bleiben. Es ist jetzt aber an der Zeit, dass wir geistig erwachsen werden.

Heimkommen

Dieses Buch über das achte Chakra ist in drei Teile gegliedert, worin die „Drei-Einigkeit“ zum Ausdruck gelangt, die das Wesen jeder initiatorischen Erfahrung ist. Und da die innere Reise zur spirituellen Ganzheit traditionell in der Zwölf verkörpert wird, die sich um die Eins anordnet, und so also in der transformativen Dreizehn ihren Höhepunkt und Abschluss findet, hat dieses Buch 13 Kapitel. Der Aufbau sieht folgendermaßen aus:

Teil I enthält vier Kapitel, die auf leicht verständliche Weise zeigen, wie die moderne Naturwissenschaft und die spirituellen Traditionen so miteinander versöhnt werden können, dass sich ein universelles Modell des kosmischen Bewusstseins entwickeln lässt. Dieser Teil I erklärt auch, was das für jeden von uns bedeutet.

Teil II mit den Kapiteln fünf bis acht hinterfragt, wer wir *wirklich* sind. Er zeigt uns als Mikrokosmen innerhalb eines riesigen holographischen Kosmos und erklärt, wie wir anfangen können, kosmische Harmonie zu verwirklichen.

Teil III mit den Kapiteln neun bis dreizehn beschreibt auf eine praktische und ermächtigende Weise die Schritte zu unserer Selbstverwirklichung: So können wir die herrliche Ganzheit unserer spirituellen Natur verkörpern lernen und in jedem Aspekt unseres Lebens zum Ausdruck bringen.

Das Wieder-Entdecken des achten Chakras ist letztlich ein Ruf an uns, dass wir uns erinnern, wer wir sind. Wir haben es uns selbst ausgesucht, zu diesem wichtigen Zeitpunkt in der Geschichte der Menschheit hier auf der Erde zu sein. Damit haben wir uns alle auch die Gelegenheit verschafft, unseren höchsten Seelenzweck zu erfüllen: heimzukommen, indem wir zur Erschaffung des Himmels auf Erden schöpferisch beitragen.

* * *

Im nächsten Kapitel möchte ich den Rahmen unserer Reise aufzeigen, indem ich Sie auf eine kurze Tour durch das holographische Universum einlade.

Teil I
Verstehen

1.
Das kosmische Hologramm

Astronomen wissen heute, dass das Universum am Anbeginn der Zeiten auf eine unglaublich klar geordnete und strukturierte Weise aufgebaut war, woraufhin der „Pfeil der Zeit“ seinen Flug beginnen konnte. Sie wissen auch, dass die ursprünglichen Bedingungen, aufgrund derer das Universum geboren wurde, äußerst fein und genau aufeinander abgestimmt waren, wodurch die Evolution des biologischen Lebens erst möglich wurde. Und sie wissen jetzt auch, dass zahlreiche Dimensionen notwendig sind, um die Naturgesetze zu erfüllen, die die physische Welt bestimmen. Vielleicht noch tiefgreifender ist die Ansicht, die viele Astronomen zu untersuchen beginnen, dass das Universum und alles, was darin enthalten ist, unter Umständen die Projektion eines kosmischen Hologramms sein könnte.

Heute sind Naturwissenschaftler dabei, eine Vielzahl von komplexen Systemen zu erforschen – von biologischen Organismen bis hin zu Gesetzen der Wirtschaft, von Klimaveränderungen bis hin zu menschlichen Konflikten. Sie erkennen dabei auch, dass ihnen allen dasselbe holographische Prinzip zugrunde liegt.

Es scheint so, als ob der Schlüssel für unser Verständnis des Universums darin liegt, dass wir die Natur des kosmischen Hologramms verstehen. Was aber ist ein Hologramm und wie entsteht es?

Das Hologramm

Ein Hologramm entsteht, wenn sich ein einzelner Strahl eines kohärenten (einwelligen) Lichtes wie ein Laserstrahl in zwei Strahlen aufspaltet. Einer der beiden wird von einem Objekt zurückgeworfen, der zweite wird so geleitet, dass er das reflektierte Licht des ersten Strahls überlagert. Das Wellenmuster, das daraufhin entsteht, zeichnet man auf einem Film auf. Wenn man nun Licht durch diesen zweidimensionalen Film scheinen lässt, projiziert dieser ein dreidimensionales Bild des aufgenommenen Objektes – ein Hologramm ist zu sehen.

Wir sehen Hologramme heute oft auf Kreditkarten, auf denen ein kleines holographisches Bild durch die normale Lichteinstrahlung zum Leben erweckt wird.

Einer der wichtigsten Aspekte des holographischen Prinzips ist es, dass die Gesamtheit des Objektes im dreidimensionalen holographischen Bild dargestellt wird. Selbst wenn man den Filmträger in viele kleine Stücke zerschneidet, wird jedes kleine Einzelstück doch ein ganzes Abbild des gesamten Objektes enthalten. Die Mathematik, mit der man das Hologramm beschreibt und in Formeln festhält, lässt zu, dass man jedes beliebige Körpermuster in Wellenformen umwandelt und diese dann wieder zu ihrer ursprünglichen Gestalt zurücktransformiert. Solche holographischen „Transformen" sind auch den analytischen Instrumenten verwandt, die man kürzlich entwickelt hat, um komplexe natürliche und menschengemachte Systeme zu erfassen und zu beschreiben. Ihnen liegen geometrische Muster zugrunde, die man „Fraktale" nennt. Ihre Wechselbeziehungen untereinander bilden die innere Realität, aus der sich die vielgestaltige Welt der Formen manifestiert. Ihre harmonische Natur kann man an ihrer Selbstähnlichkeit ablesen (jedes Teil ähnelt zugleich auch dem Ganzen) und an ihrer Größeninvarianz (Muster und Strukturaufbau verändern sich auch dann nicht, wenn man sie größer oder kleiner macht).

In der Wissenschaft ist die Beschreibung des Kosmos in holographischen Begriffen relativ neu, obwohl die Idee an sich schon vor vielen Jahrtausenden entwickelt wurde. Thoth, der archetypische Weisheitslehrer im antiken Ägypten, soll bereits damals gesagt haben: „Wie oben, so unten." Diese Lehre beschreibt das Eine, das sich in der Vielfalt der Formen manifestiert; der Mikrokosmos verkörpert die Ganzheit des Makrokosmos – eine perfekte Spiegelung der Realität des Hologramms.

Der kosmische Geist

Die Naturwissenschaft ist heute ebenfalls dabei, Erkenntnisse aus der Antike wiederzuentdecken, die das sichtbare Universum als einen alles durchdringenden kosmischen Geist betrachteten. In dieser Weltsicht gibt es Bewusstsein nicht nur auf allen Ebenen der Existenz, sondern Bewusstsein *ist* Existenz. Es transzendiert und durchdringt zugleich die Gesamtheit von Raum und Zeit.

Bisher hat sich die Naturwissenschaft darum bemüht zu verstehen, *wie* das Universum „tickt", und sie hat die Frage nach dem „Warum" den Philosophen überlassen. Da die neue, umfassendere Sichtweise aber notwendigerweise Bewusstsein einschließt, lässt sich die Frage nach dem „Warum" bei der Erforschung der größeren Wirklichkeiten des Kosmos nicht mehr länger auszuklammern.

In meinem Buch *The Wave* beschreibe ich, wie moderne Forschung und neueste Untersuchungen dessen, was Bewusstsein ist, Wissenschaft und Spiritualität miteinander versöhnen. In diesem Buch über das achte Chakra gehen wir auf eine Reise, die uns helfen soll zu verstehen, wer wir wirklich sind – auf der Grundlage der Betrachtung, dass Bewusstsein die primäre Voraussetzung für alles darstellt, und dass es tatsächlich die Myriaden von Wirkungen hervorruft, die wir die physische Welt nennen.

Alle Energien und alle Materie, welche die physikalische Welt ausmachen, sind von ihrem Anbeginn an da und werden bis zu ihrem Ende existieren. Die riesige Vielzahl ihrer Formen entsteht aus in Energie und Materie angelegten Mustern, die von Grund auf harmonisch sind. In der gesamten Natur ist beständig Bewusstsein daran beteiligt, die alchemistischen Veränderungen schöpferisch zu gestalten, die wir „Leben" nennen.

Bewusstsein bringt sich als Energie zum Ausdruck, die sich in Wellenformen manifestiert. Das kosmische Hologramm der physischen Welt entsteht laufend neu und wird aufgrund der Interferenzmuster dieser Wellen ständig weiter erschaffen.

Das Universum ist in bester Weise so konstruiert, dass sich Bewusstsein erforschen lässt. Um dies zu verstehen, müssen wir uns mit seinen fundamentalen Energieprinzipien beschäftigen und uns 13,7 Milliarden Jahre zurückversetzen – zu seiner Geburt.

Licht und Ton

Kosmologen verwenden die Urknalltheorie, um zu beschreiben, wie die physische Welt entstanden ist. Diese Theorie zeigt, dass die Entstehung der Welt weder gewaltig war noch mit einem Knall erfolgte. Aus einem unvorstellbar kleinen Ursprung entfaltete sich das Universum, es schwoll an zu einer vollkommen geordneten Welle von Raum und Zeit. Dieser Vorgang war sehr viel mehr eine Art „kosmische Ausatmung" als eine Form der Explosion.

Die vedische Tradition des alten Indien, die chinesischen Daoisten und die Verfasser der Bibel waren sich alle dessen bewusst, dass das Universum durch einen uranfänglichen Ton ins Sein gerufen, gesungen wurde – durch das Schöpfungswort. In Indien ist die physikalische Manifestation dieser kosmischen Schwingung das *Aum* beziehungsweise *Om*. Im alten China war der Grundton der kaiserlichen Musik das *huang chung*, die „gelbe Glocke", die man für die hörbare Entsprechung des göttlichen Tons hielt.

Die Antike verstand auch die verborgene Rolle des Lichts, des sichtbaren Teils des Spektrums elektromagnetischer Energien, bei der Manifestation physischer Formen. Das kommt vielleicht im Bibelwort „Es werde Licht" am besten zum Ausdruck. Solche metaphysischen Beschreibungen sind wie Vorläufer heutiger kosmologischer Einsichten.

Raum und Zeit

In unserer Umgangsprache sind Raum und Zeit getrennt, aber in Wirklichkeit sind sie das nicht. Das Universum dehnt sich aus, es wird in Lichtgeschwindigkeit aus Licht zu einer vierdimensionalen Realität verwoben, die Kosmologen „Raumzeit" nennen.

Diese wissen inzwischen, dass die Raumzeit des Universums am Anfang stark geordnet war. Das ist deshalb entscheidend, weil jedes System dazu tendiert, sich von Ordnung zu Unordnung zu bewegen – wie alle, die Kinder haben, wissen werden. Die ursprüngliche Ordnung der Raumzeit konnte sich also nur in eine Richtung entwickeln: auf größere allgemeine Unordnung zu. Darum auch, so glauben Kosmologen, konnte sich die Ausrichtung der universellen Zeit auf einen „Zeitpfeil" hin entwickeln.

Das Maß an Unordnung oder „Entropie" eines Systems ist auch ein Gradmesser für die Menge an Information, die es enthält. Denn der Grad an Unordnung entspricht der Anzahl der möglichen Zustände, welche die grundlegenden Elemente eines Systems annehmen können. Je höher die Zahl der Zustände ist, desto größer ist das Maß der in ihnen enthaltenen Information. Seit der Entstehung des Universums vor rund 14 Milliarden Jahren hat sich sein allgemeiner Zustand an Unordnung unerbittlich vergrößert, die physische Welt konnte immer mehr an Information und Bewusstheit verkörpern.

„Real-ativität"

Raumzeit ist allerdings kein absoluter und passiver Hintergrund für das Universum. Sie ist für einen Beobachter relativ und im Hinblick auf die Eigenbewegung des Beobachters auch dynamisch.

Beobachter, die sich unterschiedlich schnell bewegen, werden die Zeit anders bemessen; diese Unterschiede sind nicht nur subjektive Wahrnehmung, sondern sie spiegeln die Relativität – oder Real-ativität – der tatsächlichen physischen Welt wider. Nehmen wir an, dass zwei Beobachter in einer Raumstation ihre Uhren synchronisieren. Einer der beiden bleibt in der Raumstation, der andere fährt in einem Raumschiff mit, das mit 87 Prozent der Lichtgeschwindigkeit reisen kann. Während dieses Raumschiff seine Höchstgeschwindigkeit erreicht, bemisst der Beobachter an Bord seine eigene Zeit, die bei ihm an Bord des Raumschiffes verstreicht, als „normal". Wenn er aber den Zeitverlauf für seinen Freund in der Raumstation erfahren könnte, würde er feststellen, dass die Zeit für diesen doppelt so schnell verstreicht. Für den Beobachter, der in der Raumstation geblieben ist, vergeht seine eigene Zeit normal, während er die Zeit im superschnellen Raumschiff von seinem Standpunkt aus als halb so langsam empfinden würde.

Anders als alle Bewegungen im Universum, von denen der Schnecken bis zu denen der Sterne, wird die Lichtgeschwindigkeit *immer* als eine Konstante gemessen, gleichgültig, wie schnell sich ein Beobachter darauf zu bewegt oder sich davon entfernt. Denn während die Geschwindigkeit eines Beobachters zunimmt, verlangsamt sich die Zeit *an sich* in vollkommener Entsprechung zunehmend, so dass die Lichtgeschwindigkeit immer gleich gemessen wird. Entscheidend ist die Wahrnehmung dessen, was als Normalität gilt, denn dies bedeutet, dass die physikalischen Gesetze für alle Beobachter identisch sind, die sich mit einer konstanten Geschwindigkeit bewegen, unabhängig davon, wo im Universum sie sich befinden.

Die Lichtgeschwindigkeit wird mit „c" benannt (vom lateinischen Wort *celeritas* abgeleitet, das Schnelligkeit bedeutet); es ist die höchste Geschwindigkeit, die in der Raumzeit möglich ist. Sie stellt auch die höchste Grenze für die Übermittlung von Informationen innerhalb der physikalischen Welt dar. Diese Eigenschaft einer dem System innewohnenden Geschwindigkeitsbegrenzung, verbunden mit dem universellen Pfeil der Zeit, betten das Kausalitätsprinzip, das Gesetz von Ursache und Wirkung, in der Natur der Raumzeit ein.

Dieses fundamentale Prinzip macht es dem Universum erst möglich, sich zu entfalten und zu entwickeln. Es erlaubt dem Bewusstseinszustand, der mit dem Ego-Selbst zu tun hat, die Folgen von Entscheidungen zu erfahren, die sich aufgrund des schöpferischen Vorgangs von Ursache und Wirkung ergeben. Und das gilt nicht nur für Menschen, sondern für alle Lebensformen, die sich ihrer selbst bewusst sind. Auf diese Weise sammeln sie Erfahrungen und Verständnis an.

Universelle Kräfte

Die daoistisch orientierten Philosophen des alten Chinas

beschrieben den Ursprung der physischen Welt als das Ergebnis des Auseinanderfallens der Einheit in die beiden universellen Polaritäten Yang und Yin. Heute werden vier scheinbar unterschiedliche Kräfte anerkannt, die Materie und Energie bestimmen. Kosmologen glauben indes, dass diese vier Kräfte am Beginn des Universums vom Wesen her eins waren.

Die erste der vier universellen Kräfte ist die elektromagnetische Wechselwirkung. Sie wohnt dem holographischen Prinzip inne und bestimmt die Vermittlung des Bewusstseins, wenn es sich physisch zum Ausdruck bringt.

Die nächsten beiden Kräfte wirken nur im winzig kleinen Maßstab des Atoms. Es sind die so genannte starke Wechselwirkung, welche die Kerne der Atome zusammenhält, und die schwache Wechselwirkung, die für solche Phänomene wie den radioaktiven Zerfall verantwortlich ist.

Die vierte Kraft ist die Gravitation, deren Kraft im Verhältnis zur Masse der Objekte zunimmt. Man kann sie deshalb nur im riesig großen Maßstab der Interaktion von Materie feststellen.

Die relativen Stärken dieser vier Kräfte und die Maßstäbe, in denen sie wirken, sind auf eine wunderbare Weise so ausbalanciert, dass sich Vielfalt entwickeln kann. Wenn die Schwerkraft nur ein wenig stärker wäre oder wenn die elektrischen Kräfte oder jene, die in den Atomen als „Wechselwirkung“ auftreten, nur etwas schwächer wären, würden die Sterne nicht leuchten und ein biologisches Leben wäre unmöglich.

Im letzten Jahrhundert haben Naturwissenschaftler sich nicht nur darum bemüht, jede einzelne dieser Kräfte zu verstehen, sondern sie auch in einer Gesamtsicht auf die Natur zu vereinen. Aber erst vor Kurzem ist es Kosmologen gelungen, eine Sichtweise des Universums zu beschreiben, die eine derartige Vereinheitlichung wirklich denkbar macht. Um dorthin zu gelangen, mussten sie die Natur auf die gleiche Weise betrachten, wie es die Philosophen der Antike taten.

Die kosmische Symphonie

Die Weisen der Antike erfassten intuitiv, dass die physische Welt vom Wesen her harmonisch ist, sie beschrieben sie mit Begriffen aus der Musik.

In der Moderne hat uns Albert Einstein den ersten Hinweis darauf gegeben, dass die Alten recht hatten, als sie enthüllten, dass jede Materie letztlich stehenden Energiewellen entspricht, die in Lichtgeschwindigkeit miteinander verbunden sind. Das beschrieb er mit seiner berühmten Gleichung $E=mc^2$. Diese Formel besagt, dass die Energie eines Objekts, *E,* dem Produkt von dessen Masse, *m,* und dem Quadrat der Lichtgeschwindigkeit, *c,* entspricht.

Man meinte früher, dass Materie und Energie von punktähnlichen „Partikeln" oder Teilchen gebildet werden. Diese Sichtweise wurde in den letzten zehn Jahren durch die Vorstellung ersetzt, dass alle Energie und Materie aus extrem kleinen Wellenformen gebildet werden, die man „Strings" nennt. Die dem zugrunde liegende Theorie besagt, dass die Schwingungsmuster und die Resonanz dieser Strings wesentliche „Noten" einer kosmischen Symphonie hervorbringen, die das Universum darstellt.

Eine unabdingbare Voraussetzung dieser Entwicklungstheorie ist, dass diese Strings nicht in unserer vertrauten vierdimensionalen Raumzeit schwingen (drei räumliche Dimensionen und eine zeitliche), sondern in elf Dimensionen. Die Annahme höherer Dimensionen war ein Durchbruch für unser Verständnis supra-physikalischer Realitäten.

Es sind jedoch andere fundamentale Elemente der Stringtheorie, die sich als Schlüssel für die tiefgreifendste Offenbarung über den Kosmos erweisen könnten. Es handelt sich um multidimensionale Objekte, die man „Branen“* nennt. Sie bilden theoretisch den Rahmen, innerhalb dessen die Strings oszillieren und mit denen sie energetisch verbunden sind. Erstaunlicherweise vermuten manche Kosmologen inzwischen, dass Branen vielleicht die Grenzen der Raumzeit bilden und dass sie die Mittel darstellen, mit deren Hilfe die gesamte physikalische Welt holographisch projiziert wird.

Quanten

Weiter war es von entscheidender Bedeutung zu erkennen, dass die Schwingungen dieser fundamentalen Bestandteile der Natur sich nicht kontinuierlich oder fließend fortentwickeln, sondern ihre Formen in klar unterscheidbaren Schritten verändern; zu jeder Frequenz gehört ein Mindestpaket an Energie, eben ein Quant. Wissenschaftler stellten fest, dass solche Quanten in unterschiedlichen Quantenzuständen existieren und dass die spontane Veränderung dieses Zustands einen „Quantensprung“ darstellt. So wie es keinen fließenden Übergang zwischen einer Musiknote und einer anderen gibt, gibt es auch keine Zwischenzustände zwischen zwei verschiedenen Quantenzuständen.

Eine solche „Quantifizierung“ beziehungsweise das Vorhandensein von Quanten mit solchen Eigenschaften ist entscheidend, damit das holographische Prinzip überhaupt funktionieren kann. Es bedarf ganzer Quantenenergien, um die Erscheinungen von Kohärenz (Zusammenhalt) und Resonanz (Schwingung) hervorzurufen, und somit auch die

* Der Begriff leitet sich vom Wort „Membrane“ ab; Branen stellt man sich als dynamische Objekte in einer höherdimensionalen Raumzeit vor. (Anm.d.Ü.)

physische Manifestation von materiellen Formen. Dasselbe gilt für ganze Noten, die zusammen eine musikalische Harmonie bilden.

Ortlosigkeit

Bis man sie betrachtet beziehungsweise beobachtet oder „misst“, bestehen die Quantenbausteine des gesamten Universums nur als Wahrscheinlichkeiten, als Möglichkeiten. Experimente haben gezeigt: Sobald wir ein Quant beobachten – oder interessanterweise auch nur die Absicht haben, das zu tun – wird es kohärent, es „realisiert“ oder „manifestiert“ sich, oder wie die Quantenphysiker sagen, es „aktualisiert“ sich.

Solche Nachweise machen klar, dass wir nicht mehr länger darauf beharren können, dass der Beobachter und das, was er beobachtet, getrennt voneinander wären. Viele Jahre hindurch hat die Wissenschaft darauf bestanden, dass solche Quanteneffekte nur auf die winzige Welt der Urteilchen beschränkt seien, aber zunehmend wird deutlich, dass dies nicht der Fall ist.

Diese Erkenntnis ist eng verknüpft mit einem der faszinierendsten Aspekte des Verhaltens von Quanten. Es gibt etwas, was man „Ortlosigkeit“ nennt oder „Non-Lokalität“. Gemeint ist damit die bewiesene Tatsache, dass zwei Quanten unmittelbar und ohne jeden Zeitverlust miteinander verbunden sein können und effektiv eine einzige „Wesenheit“ bilden – selbst wenn die beiden an jeweils anderen Ecken des Universums wären.

Forscher, die sich mit Phänomenen wie Telepathie oder Fernsichtigkeit beschäftigen, haben gezeigt, dass auch der menschliche Geist auf eine solche ortlose Weise agieren kann. In diesen Fällen können wir Ereignisse wahrnehmen und Informationen erlangen, die weit außerhalb der Grenzen unserer physischen Sinne liegen. Kommunikation kann die Raumzeit transzendieren und überwinden, und deshalb hängt sie auch nicht von irgendwelchen Signalen oder Einflüssen ab, die innerhalb des physischen Universums übertragen werden.

Das alles bedeutet im Wesentlichen, dass innerhalb der physikalischen Welt Einflüsse und Wirkungen mit Lichtgeschwindigkeit übertragen werden. Auf diese Weise werden Kausalität (das Gesetz von Ursache und Wirkung) und Zeitpfeil aufrechterhalten. Auf ortlosen, ortsungebundenen Wahrnehmungsebenen, zu denen höhere Zustände des individuellen und kollektiven Bewusstseins gehören, wird die Wahrnehmung jedoch nicht durch die Schranken von Raum und Zeit begrenzt.

Die universelle DVD

Jetzt wollen wir noch weiter über die Grenzen unserer linearen Wahrnehmung von Zeit hinausgehen und uns noch mehr auf die tiefer liegende Natur des Kosmos einstimmen.

Innerhalb der Raumzeit ist es für uns eine vertraute Wahrnehmung, dass Raum in seiner Gesamtheit existiert. Da Raum und Zeit jedoch eine einzige Ganzheit bilden, existiert auch die Zeit stets in ihrer Gesamtheit. Einstein hat darauf aufmerksam gemacht, dass die Wahrnehmung eines Zeitflusses in unserem Bewusstsein ein mentales Konstrukt ist.

In der Symmetrie des Universums gibt es keinen Standpunkt oder Gesichtspunkt im Raum oder in der Zeit, der gültiger als irgendein anderer wäre. Die Wirklichkeit beinhaltet und umschließt alle „Jetzt“, ohne die Unterscheidung zwischen Vergangenheit, Gegenwart und Zukunft. Nur in unserem mentalen „Standbild“ scheint es eine Abfolge von Ereignissen zu geben, die sich als eine kontinuierliche Geschichte zu entwickeln scheinen. Es ist wie auf einer DVD, die auch nach holographischen Prinzipien funktioniert: Jeder Moment eines „Jetzt“ ist ein Standbild, das, wenn es im Zusammenhang mit all den anderen abgespielt wird, eine kontinuierliche Geschichte bildet und es möglich macht, dass sich eine in sich stimmige, zusammenhängende Erfahrung entfaltet.

Es ist jedoch auch wie bei einer Geschichte, die auf der DVD eingefangen ist: Zur Wahrnehmung von Veränderung gehört eine Zeitrichtung. Und die Zukunft ist anders als die Vergangenheit. Wir werden noch sehen, dass das Gewebe, die Struktur von Zeit, zwar immer gegenwärtig ist, die Information jedoch, die sich auf Ereignisse bezieht, fortschreitend geprägt wird, während sich die Geschichte entwickelt.

Das tiefe Geheimnis von Zeit ist etwas, worauf wir im 4. Kapitel zurückkommen wollen, da es profunde Folgen für unser Verständnis des freien Willens und des Schicksals zeitigt.

Archetypische Muster

Wenden wir uns nun, vielleicht mit einem Aufatmen, Aspekten der Welt zu, die uns in unserer Alltagserfahrung vertrauter sind. In früheren Zeiten erfassten Forscher intuitiv die archetypischen Muster und die Harmonie als Grundlage für die Vielfalt, die wir in der Natur erkennen. Da sie allerdings nur über recht beschränkte Messinstrumente verfügten, konnten sie komplexe und chaotisch anmutende Erscheinungen der Natur nicht genauer untersuchen, wie zum Beispiel Klima- und Wettermuster. Seit den 60er Jahren des zwanzigsten Jahrhunderts wurde es mit Hilfe von Computern jedoch möglich, auch sehr komplexe Systeme besser zu verstehen.

Seither haben Wissenschaftler riesige Datenmengen aus verschiedensten Systemen durchforscht, um Fluktuationen und Unregelmäßigkeiten zu finden, ob sie sich nun im Raum oder in der Zeit ergeben. Dabei haben sie eine holographische Art entdeckt, wie sich selbstähnliche fraktale Muster in immer größerem beziehungsweise kleinerem Maßstab fortlaufend wiederholen. Erdbeben, Wirtschaft, Konflikte, die Gestalt von Küstenlinien, biologische Ökosysteme oder das World Wide Web – überall hat sich die harmonische Signatur des holographischen Prinzips offenbart.

Hinter dem scheinbaren Chaos gibt es Ordnung.

Kraftgesetze

Nehmen wir ein Beispiel: Bevor die „Theorie des Komplexität“ entwickelt wurde, haben die meisten Forscher versucht, Erdbeben mit Hilfe von statistischen Methoden zu verstehen und vorauszusagen. Sie haben sich bemüht, ihre Häufigkeit und ihre Stärke zu bestimmen, indem sie vom Modell eines „typischen Erdbebens“ ausgegangen sind. Das aber funktionierte nicht.

Seismologen haben später festgestellt, dass die Häufigkeit von Erdbeben in einem direkten Zusammenhang mit der von ihnen freigesetzten Energie steht: Ein doppelt so starkes Erdbeben ist vier Mal weniger wahrscheinlich.

Wo, wie bei Erdbeben, die steigende Verdopplung der Frequenz beziehungsweise Stärke eines Faktors (hier der freigesetzten Energie) eine konstante Reaktion in der Frequenz beziehungsweise Häufigkeit eines anderen Faktors hervorruft, offenbart sich die harmonische Natur des Phänomens und die Resonanz, die allen Manifestationen an sich zugrunde liegt. Ein solcher Zusammenhang wird als „Kraftgesetz“ bezeichnet.

Die Komplexität der auftretenden Erscheinungen beruht auf der Einfachheit der holographischen Kraftgesetze. Jedes System, das einem Kraftgesetz folgt, ist unabhängig von Maßstab und Größe, ist selbstähnlich und beruht auf einem fraktalen Muster – und dann passt der Begriff „typisch“ einfach nicht mehr.

Harmonische Zyklen

Alle solchen komplexen Systeme weisen etwas auf, was man „nonlineares Verhalten“ nennt: Eine nur sehr kleine Ursache kann eine riesige Wirkung nach sich ziehen und umgekehrt. Diese Wirkungen können außerdem zu den Ursachen für weitere größere oder kleinere Wirkungen werden, und diese wiederum kehren unter Umständen zur Ursprungsursache zurück und schaffen somit harmonische Zyklen von Verhalten.

Diese Art von System hat sich ihrer inneren Natur nach als holographisch erwiesen. Wenn man die Variablen verfolgt, die ihr Verhalten beschreiben, dann stellen sie sich in Gestalten dar, die man „Attraktoren“ nennt. Solche Attraktoren sind ihrem Wesen nach energetische Matrizen, aus beziehungsweise nach denen sich solche komplexen, dynamischen Systeme manifestieren.

Zur großen Überraschung der Wissenschaftler scheint es nur drei Arten von Attraktoren zu geben, die jeweils für ein spezifisches Phänomen zuständig sind. Eine davon wird „seltsame Attraktoren“ genannt. Und diese sind Teil all der oben erwähnten komplexen Erscheinungen.

Kritische Zustände

Die Komplexitätstheorie kann zwar Unvorhersehbarkeiten erklären, reicht aber nicht aus, um wichtige Veränderungen oder Umbrüche verstehbar zu machen. Dafür brauchen wir ein tieferes Verständnis von Systemen, die nicht im Gleichgewicht sind, insbesondere für solche, die gerade an der Kippe zwischen Ordnung und Chaos stehen.

Solche nonlinearen Systeme, in denen ein winziges Ereignis entweder eine kleine Veränderung oder einen katastrophalen Umbruch auslösen kann, sind ihrer Natur nach instabil; man sagt, dass sie sich in einem „kritischen Zustand“ befinden. Man findet Systeme in einem solchen kritischen Zustand in außerordentlich vielen Bereichen. Ihre mathematische Signatur konnte beim Verlauf von Ansteckungs-Epidemien, beim Zusammenbruch von Ökosystemen, bei Börsenkrächen und der Ausbreitung von Waldbränden festgestellt werden.

Zunehmend erkennt man, dass viele Arten von miteinander verbundenen Netzwerken eine natürliche Neigung besitzen, sich selbst in solchen Zuständen zu organisieren – sie müssen nur offen für den Fluss der Energien sein. Wie sie sich dann wirklich verhalten, scheint einzig und allein davon abzuhängen, ob es die Beziehung von einem geordneten oder chaotischen Einfluss eines Punktes im System zum nächstgelegenen Punkt leichter macht, bei diesem Ordnung oder Chaos hervorzurufen. Darüber hinaus kommt es *nur* auf die physikalischen Dimensionen der Elemente des jeweiligen Systems und ihre geometrische Grundstruktur an. Nichts weiter entscheidet darüber, wie sie ihren Einfluss ausüben und damit dann also das Verhalten des gesamten Systems erwirken.

Eine derart erstaunliche Universalität zeigt uns Folgendes: Wenn wir die Merkmale eines Beispiels einer universellen Art von Phänomenen verstehen, begreifen wir auch alle anderen Fälle dieser Art. Und es offenbart ebenfalls, dass, sobald die grundlegenden Faktoren der Größe der Elemente und ihrer Gestalt verstanden werden, die Vielfalt des Systems in einem Modell abgebildet werden kann, ohne dass man auf die Myriaden von Einzelheiten eingehen muss, die es daneben ausweist.

Wieder ist es so, dass wir umso mehr Harmonie und fundamentale Ordnung entdecken – das wirkende kosmische Hologramm des Bewusstseins –, je tiefer wir hinter die Vielgestaltigkeit der Manifestationen blicken.

Feedback

Wenn der Einfluss eines Elements in einem System auf ein anderes Element dazu führt, das dieses einen Einfluss an das auslösende Element zurückgibt, dann sprechen wir von „Feedback". Wenn Feedbackprozesse unumkehrbar sind, dann hängt das, was in der Zukunft passiert, von all dem ab, was in der Vergangenheit geschehen ist; es kommt dann auf die Geschichte des Systems an.

Solche Feedbackprozesse sind untrennbare Bestandteile sich selbst organisierender kritischer Systeme; sie spielen vor allem dann eine Rolle, wenn es um Wachstum und Evolution geht.

Zwar steckt die Erforschung derartiger Prozesse noch in den Kinderschuhen, aber diese neuen Sichtweisen und Methoden haben bereits jetzt dramatische Auswirkungen auf unser wachsendes Verständnis für den Kosmos und die großen Geheimnisse der Erde und ihrer Geschichte. Die neuen Einsichten, die wir aufgrund der Erkenntnisse über solche Prozesse gewinnen, die sowohl evolutionären als auch revolutionären Aspekte von gegenseitiger Beeinflussung und Verhalten, sind auch auf menschliche Interaktionen und soziale sowie ökonomische Systeme anwendbar.

Membranen

Dieselben holographischen Prinzipien scheinen in allen biologischen Lebensformen zu wirken, ob es sich nun um Einzeller oder um ganze Ökosysteme handelt. Die moderne biologische Forschung hat die „Macht" der Gene betont und angenommen, dass ein Organismus umso mehr Gene besitzt, je komplexer er ist. Die Ergebnisse des Genom-Projektes, das in den späten 1980er Jahren begann und sich zur Aufgabe gestellt hatte, die Abfolge der menschlichen Gene zu dokumentieren und zu dekodieren, haben die Wissenschaftler indes erstaunt. Denn es wurde nachgewiesen, dass wir nicht nur bloß etwa ein Viertel der Anzahl von Genen besitzen, die erwartet worden war, sondern auch, dass es keinen großen Unterschied in der Zahl der menschlichen Gene und der Anzahl bei viel primitiveren Organismen gibt. Es wurde damit deutlich: Die Gene allein können die Evolution der biologischen Komplexität nicht erklären!

Einige wenige Biologen haben Pionierarbeit geleistet und sich darauf konzentriert zu erforschen, wie ein Organismus in Beziehung zu seiner Umwelt steht, und vor allem, wie die Wahrnehmung seiner Umgebung unmittelbar das Verhalten und die genetische Aktivität bestimmt und somit letztlich auch die Evolution.

Einer dieser Wissenschaftler ist der Zellbiologe Bruce Lipton. Innerhalb einer Zelle ist der Hauptanteil des genetischen Materials im Kern konzentriert. Lipton hat darauf hingewiesen, dass – falls die Gene wirklich das Kontrollzentrum oder „Gehirn" der Zelle repräsentieren – die Herausnahme des Zellkerns dazu führen müsste, dass alle Zellfunktionen aufhören und die Zelle schließlich absterben würde. Solche „entkernten" Zellen können jedoch etliche Monate überleben und in ihrer Aktivität normal fortfahren, indem sie auf Umweltreize reagieren und weiter dafür sorgen, das Leben aufrechtzuerhalten. Lipton und andere haben daraus geschlossen, dass es deshalb nicht der Zellkern sein kann, der das „Gehirn" der Zelle darstellt, sondern vielmehr die Zellmembrane, die äußere Begrenzung der Zelle; und die Membrane ist das einzige „Organ“, das allen lebenden Organismen gemeinsam ist.

Als halbdurchlässige Barriere macht es die Zellmembrane sowohl möglich, sich vor der Außenwelt zu schützen als auch die Kontrolle über ihre Bedingungen im Inneren zu bewahren. Dabei handelt es sich allerdings nicht um eine passive Begrenzung, sondern die Membrane übermittelt aktiv Informationen zwischen ihrer äußeren Umwelt und dem Zellinneren. Sie kontrolliert auf sehr wirksame Weise die Anpassung der Zelle, indem sie Umweltsignale über ihre Rezeptor-Proteine erkennt. Diese nehmen gleichermaßen physikalische Signale wahr, zum Beispiel in Form von elektrisch geladenen chemischen Ionen, als auch energetische Signale wie all jene, die von elektromagnetischen Schwingungen übertragen werden.

Es scheint inzwischen so, dass das maximale Bewusstsein, das im gesamten physikalischen Universum zum Ausdruck kommt, proportional zu den Branen ist, die dessen holographische Begrenzung darstellen. Es scheint auch so, als ob die maximale Wahrnehmung, die von einer biologischen Zelle verarbeitet werden kann, proportional zur Oberfläche ihrer sie umgebenden Mem-Brane ist.

Die fraktale Evolution von vielzelligen Organismen kann somit die Wahrnehmungsfähigkeit erhöhen, die in ihnen verkörpert wird. Diese Entwicklung optimiert die Fähigkeit zur Anpassung, zum Überleben und zum Gedeihen und bietet eine immer größere Fülle von Gelegenheiten, damit sich bewusste und schöpferische Miterschaffung entfalten kann. Alle biologischen Organismen, und der Mensch gehört dazu, sind in dieser Betrachtungsweise ihrem Wesen nach mikroskopisch kleine Hologramme.

Wir alle haben Blaupausen beziehungsweise Matrizen, die unsere physische Form bewirken; man nennt sie Biofelder. Die Forschung hat gezeigt, dass die physikalischen Gegenstücke zu diesen Biofeldern von kohärenten elektromagnetischen Feldern bestimmt werden, als dem *modus operandi* des holographischen Prinzips.

So wie man heute überlegt, dass fraktale Muster die Evolution des Lebens bewirkt haben, stellten Systemtheoretiker fest, dass diese Muster auch in menschlichen Gesellschaften wirken. Aufstieg und Fall von Wirtschaftssystemen, Anzahl und Stärke von Konflikten und die Natur des World Wide Web belegen, dass es keinen fundamentalen Unterschied gibt zwischen der „natürlichen" und der „menschengemachten" Welt. Sie – und wir alle – sind Aspekte des kosmischen Hologramms.

Das kosmische Hologramm

Wir haben nun gesehen, wie die Naturwissenschaft mit spirituellen Traditionen versöhnt werden kann: in der sich entwickelnden Wahrnehmung des Kosmos als Hologramm. Bewusstsein wird zunehmend als ein alles durchdringender kosmischer Geist angesehen, der nicht nur auf allen Ebenen und in allen Maßstäben der Existenz besteht, sondern der die Existenz an sich *ist*. Das Hologramm der physischen Welt, die sich als wellenförmige Energie zum Ausdruck bringt, wird ständig aus den Interaktionen dieser Wellen mit erschaffen, „ko-kreiert"*.

* Im Englischen gibt es das Substantiv *Co-Creation* und das Verb *to co-create*. Mit diesen Begriffen ist in metaphysisch ausgerichteten Büchern gemeint, dass Menschen auch immer „Mit-Schöpfer" ihrer Welt sind. In der Übersetzung wird entweder „kokreieren" und „Kokreation" verwendet, oder „mit erschaffen" bzw. eine ähnliche Übertragung.

Wir sind jetzt in der Lage zu erkennen, dass das Universum seinem Wesen nach in sich mit allen seinen Bestandteilen verknüpft und harmonisch ist, und dass es eine Grundordnung und einen Sinn verkörpert. Wenn wir das anerkennen, dann können wir auch überlegen, wie wir uns selbst auf unseren eigenen höheren Sinn einstellen und in den kosmischen Fluss des Lebens einlassen können. Wir müssen uns nicht mehr mit der in viele Fragmente gebrochenen Sichtweise eines Kosmos herumschlagen, wie sie die westliche Kultur lange Zeit dominiert hat. Diese Sichtweise der Welt ist unbrauchbar und einseitig. Wir können nun vielmehr das tiefere intuitive Wissen beanspruchen, dass wir spirituelle Wesen sind, die eine physische Erfahrung machen, und dass wir auf der grundlegendsten Ebene alle eins sind.

Wenn wir die tieferen Realitäten von Raum und Zeit anerkennen sowie die Tatsache, dass unsere Bewusstheit über ihre Begrenzungen hinauswachsen kann, dann sind wir bereit, unsere Reise des Er-Innerns zu beginnen, wer wir *wirklich* sind.

Im nächsten Kapitel sehen wir uns die universellen Harmonien von Licht und Klang an, die überall im kosmischen Hologramm wirken. Und wir werden feststellen, wie groß ihr Einfluss auf unser Reisen als menschliche Wesen ist.

2.
Die Harmonien der Schöpfung

Im letzten Kapitel haben wir uns einen Überblick darüber verschafft, wie die Naturwissenschaft das wiederentdeckt, was uralte Weisheit immer schon gewusst hat: Das Universum ist nicht nur eine holographische Ganzheit, sondern besitzt auch einen kreativen Sinn und Zweck. In diesem Kapitel konzentrieren wir uns auf die harmonischen Eigenschaften von Licht und Klang. Wir werden sehen, wie sowohl die alten Weisheitslehren als auch die moderne Wissenschaft zeigen, dass sich Bewusstsein in archetypischen Mustern und auf energetische Weise im ganzen resonanten Kosmos zum Ausdruck bringt.

Musik

Die schwingenden „Noten“ winziger Strings, winziger „Saiten“, bringen mit ihren Frequenzen alle Energien des universellen Hologramms hervor – soweit man es heute sieht. Die Grundlagen für das Erklingen von Musik sind dieselben Prinzipien, nach denen Bewusstsein die kosmische Symphonie des Universums erschafft. Die Grundsätze der Musik und die numerischen Beziehungen, aus denen Harmonien entstehen, bieten uns die am besten geeignete Sprachform, wenn wir beschreiben wollen, wie Bewusstsein sowohl in der physischen Welt als auch auf transzendenten Ebenen wirkt.

Es gibt drei Elemente der musikalischen Harmonie, die entscheidend für unser Verständnis sind, wie Bewusstsein an der Erschaffung der physischen Welt beteiligt ist.

Stimmung

Stimmung oder Einstimmung ist das erste dieser Elemente. Es benennt den Vorgang, dass die Frequenz von etwas auf die Frequenz von etwas anderem eingestimmt wird, damit Harmonie entstehen kann. Das lässt sich am Beispiel einer Stimmgabel sehen: Wenn wir die Stimmgabel anschlagen, wird auf einem Saiteninstrument ganz in der Nähe die Saite mit dem gleichen Ton von selbst mitschwingen und denselben Ton erklingen lassen. Ähnlich ist es mit uns: Wenn wir mit uns selbst und anderen im Reinen sind, dann sind wir „auf derselben Wellenlänge“. Wenn wir nicht in Stimmung sind, dann empfinden wir dies nicht so. Unser Wohlbefinden auf den mentalen, emotionalen und physischen Ebenen hängt tatsächlich davon ab, wie sehr wir energetisch auf alle Aspekte unserer selbst, untereinander und mit der weiteren Umwelt eingestimmt sind und wie sehr wir in Harmonie damit schwingen. Die Antike wusste, dass Krankheit, also Unwohlsein und Unstimmigkeit, aus Disharmonie entsteht und sie kannte die heilerischen Wirkungen von Licht und Klang.

Kohärenz

Um die beiden anderen Elemente von Harmonie zu verstehen, müssen wir Wellenformen kennenlernen, die nicht nur durch ihre Frequenz bestimmt werden, sondern auch durch ihre Amplitude und ihre Phase.

Wenn sie sich ausbreiten, verkörpern Wellenformen eine Kurve mit drei deutlich erkennbaren Eigenschaften: Jede Welle steigt an, findet ihren Höhepunkt und fällt wieder ab; jedes dieser drei Stadien ist eine Phase der vollständigen Welle. Die Amplitude ist die Höhe einer Welle, gemessen von ihrem Mittelwert; sie bezeichnet die Intensität oder Lautstärke.

Wenn wir das wissen, können wir das zweite Element von Harmonie betrachten: die Kohärenz. Kohärenz bezeichnet eine Situation, wenn nicht nur die Frequenz, sondern auch die Amplitude und die Phase von Wellenformen aufeinander abgestimmt sind.

Das weiße Licht einer normalen Glühbirne enthält zum Beispiel viele unterschiedliche Frequenzen und Amplituden, und es breitet sich in alle Richtungen hin aus. Das Licht eines Lasers dagegen besitzt nur eine einzige Frequenz, und seine Ausbreitungsrichtung und seine Wellen sind so aufeinander abgestimmt, dass die Phasen parallel ansteigen und wieder abfallen. Der Unterschied in der fokussierten Kraft zwischen diesen beiden Formen von Licht ist enorm. Eine Glühbirne kann nur einen kleinen Raum erhellen, während ein Laser sogar Metall durchschneiden kann. Inzwischen wurde sogar ein derartig starker Laserstrahl entwickelt, dass er von der Erde aus den Satelliten *Messenger* erreichen konnte, der rund 25 Millionen Kilometer entfernt auf seinem Weg zum Planeten Merkur war.

Resonanz

Das dritte Element von Harmonie ist die Resonanz oder sympathische Schwingung. Sie tritt als Folge auf, wenn zwei Dinge gut aufeinander eingestimmt sind und sich die Energien von beiden deshalb miteinander verbinden.

Ein interessantes Beispiel dafür gab es, als die Stadt London ihr Jahrtausendfest feierte und deshalb eine neue Fußgängerbrücke über die Themse eröffnet wurde. Als die Menschen die zu überqueren begannen, entdeckte man, dass die Frequenz ihrer Fußschritte in Resonanz zur Brücke stand und diese deshalb gefährlich zu schwanken anfing. Erst als ihre Fundamentstrukturen verändert wurden und sozusagen dissonant zur Gehfrequenz der Fußgänger gemacht wurde, konnte sie sicher benutzt werden.

Resonanz taucht auch ganz natürlich auf, wenn die Frequenzen, die aufeinander einwirken, Oktaven sind. Sie haben das vielleicht schon bemerkt: Wenn man eine Taste auf dem Klavier anschlägt, schwingen die entsprechenden Töne der höheren und niedrigeren Oktave mit.

Unsere Psyche kann mit den Oktaven einer Klaviatur verglichen werden. Wenn wir eine Erfahrung machen, schwingt unsere Wahrnehmung davon auf den spirituellen, mentalen, emotionalen und physischen Ebenen unseres Wesens. Wenn unsere Erlebnisse traumatischer Natur sind, wenn ihre energetischen Prägungen nicht gelöst und losgelassen werden, dann werden sie schließlich chronisch und können sich auf der Zellebene als eine physische Krankheit verkörpern, als eine körperliche Unstimmigkeit.

Realitäten mit erschaffen

Diese drei primären Elemente der Harmonie in der Musik – Stimmung, Kohärenz und Resonanz – helfen uns auch zu verstehen, wie wir letztlich selbst unsere Wirklichkeiten mit erschaffen. Denn wenn wir etwas tun wollen, stimmen wir unsere Aufmerksamkeit darauf ab. Damit wird unsere Aufmerksamkeit kohärent mit unserer Absicht und gelangt in energetische Resonanz mit unserem Vorhaben. Je größer die Intensität oder Amplitude unserer Absicht und Aufmerksamkeit ist, desto machtvoller werden die daraus zurückschwingende, resonante Energie und die Verwirklichung unserer Absicht.

Die holographische Natur unseres Bewusstseins ist integral – es handelt sich im Wesentlichen um unterschiedliche Schwingungen einer ganzen, vollständigen Wesenheit, nämlich unserer Seele. Wenn wir also hier von Absicht und Aufmerksamkeit sprechen, ist es wichtig zu verstehen, dass diese auf jeder beliebigen Ebene unserer Psyche auftreten können, nicht nur in der bewussten Aufmerksamkeit unseres Ego-Selbstes, sondern auch auf unterbewussten oder transpersonalen Ebenen der Wahrnehmung.

Im nächsten Kapitel betrachten wir noch genauer, wie unsere Glaubensmuster und Wahrnehmungen unser Wohlbefinden formen und damit auch unser ganzes Leben gestalten. Wir werden dann auch klarer sehen, wie Verwirklichung der Energie folgt und wie Energie Bewusstsein zum Ausdruck bringt. Dieses Verständnis ist entscheidend für unsere Reise, auf der wir die Ganzheit dessen zu verkörpern suchen, wer wir wirklich sind.

Drei in Eins

Das holographische Prinzip kann man so verstehen, dass sich das Eine in der Verschiedenheit der Vielen zum Ausdruck bringt. Alle spirituellen Lehren beschreiben diese Aufspaltung des Einheitsbewusstseins in universelle Polaritäten und stellen das anhand unterschiedlicher Symbole dar. Am besten bekannt ist vermutlich die daoistische Auffassung der Polarität von Yang und Yin. Ihr unentwegter schöpferischer Tanz von aktiven und passiven Kräften, von Aspekten des Lichtes und des Schattens, von männlichen und weiblichen Eigenschaften schwingt auf allen Ebenen der Existenz und hallt wider im Großen und im Kleinen.

Diese aktiven und passiven Kräfte können allerdings Phänomene nur aufgrund der Gegenwart eines dritten Prinzips, nämlich einer neutralen oder kreativen Kraft, erschaffen. Damit betont die daoistische Philosophie in Übereinstimmung mit allen anderen Weisheitslehren, dass die innerste Natur jeder Manifestation nicht zweifaltig, sondern dreifaltig ist.

Die Schöpferkraft des Einen lässt sich erforschen, indem man solche „Drei in Eins“-Gleichgewichte auflöst. Nacht und Tag werden durch Morgen- und Abenddämmerung in Balance gehalten. Die heilige Hochzeit des männlichen und des weiblichen Prinzips zeigt sich durch die Geburt eines Kindes als fruchtbar.

Lama Kazi Dawa-Sandup beschreibt eine buddhistische Sichtweise so:

Im grenzenlosen Panorama des existierenden
und sichtbaren Universums tauchen Formen auf
und hallen Klänge wider, Licht erhellt
und Bewusstsein erkennt: Alles ist das Spiel
oder die Manifestation des Trikaya,
des dreifaltigen Prinzips der Ursache aller
Ursachen, der ursprünglichen Trinität.

Schließlich wird eine solche Dreiheit in der Einheit auf allen symbolischen, energetischen und erfahrungsbedingten Ebenen ganz und gar durch das Ansteigen, das Erreichen des Höhepunktes und das Abfallen von Wellen zum Ausdruck gebracht. Während in ihrem Steigen und Fallen die polaren Ausdrucksformen von Yang und Yin offensichtlich sind, macht doch der Höhepunkt und die Umkehr den Zyklus erst vollständig und ermöglicht zudem, dass es weitergeht. Durch die Umkehrpunkte werden alle Phänomene miterschaffen.

Auch im Hologramm wird die Einheit des auslösenden kohärenten Lichtstrahls in zwei gespalten, und erst aus der Wiederverbindung dieser beiden Lichtstrahlen wird das holographische Bild geboren.

Die vedische Tradition nahm die physische Welt auf ihrer tiefsten Ebene ebenfalls so wahr, als dass sie aus einem Wechselspiel von drei fundamentalen Naturprinzipien erschaffen wurde, den drei *Gunas*. Diese drei Prinzipien kann man als Licht, Feuer (oder Kreativität) und Dunkelheit übersetzen. Sie durchdringen alles, aber die alten Weisen lehrten, dass Licht und Dunkelheit sich nicht unmittelbar miteinander paaren oder verbinden lassen. Es bedarf des Feuers der Kreativität, um beide ins Gleichgewicht zu bringen. Auch hier ist es also ein drittes Prinzip, dass als „Moderator“ oder „Katalysator“ eine Auflösung in die Ganzheit wieder möglich macht.

Im Tao te king, „Der Weg des Dao“ oder „Die höchste Wahrheit“, wird die triadische Natur der Dinge symbolisch so beschrieben:

> *Das Dao brachte das Eine hervor.*
> *Das Eine brachte Zwei hervor. Zwei brachten Drei hervor. Und Drei brachten die zehntausend Dinge hervor. Die zehntausend Dinge tragen Yin in sich und streben nach Yang. Sie erlangen Harmonie, indem sie diese Kräfte vereinen.*

Die Chinesen erkannten diese kosmischen Verbindungen und brachten sie symbolisch in archetypischen Trigrammen von Yin und Yang zum Ausdruck, die *Kua* heißen. Es gibt acht Permutationen von Kua, von drei Yin-Symbolen zu drei Yang-Symbolen und allen anderen möglichen Kombinationen dazwischen.

Dem chinesischen weisen König Wen wird zugeschrieben, dass er jeweils zwei Trigramme zu einem Hexagramm verbunden hat. Daraus entstanden 64 mögliche Kombinationen; diese 64 Hexagramme machen das Weisheits- und Orakelbuch des *I Ging* aus, des „Buches der Wandlungen“.

Etwa drei Jahrtausende später erkannte der deutsche Mathematiker und Philosoph Gottfried Wilhelm von Leibniz im I Ging die grundlegenden Elemente der binären Zahlenschrift, auf der die Computersprache unseres Zeitalters aufgebaut ist. Und als man die Struktur der DNA entdeckte, stellte man fest, dass die binären Paare ihrer genetischen Basen oder „Kodons“ in derselben Matrix von 64 Hexagrammen organisiert sind wie jene des *I Ging*.

Licht

Die Natur des Drei in Eins wird auch von Licht verkörpert. Das sichtbare Licht umspannt eine einzige Oktave von Energie im elektromagnetischen Spektrum. Dieses Spektrum reicht insgesamt über 70 Oktaven hinaus, von hochfrequenten Kurzwellen der Röntgenstrahlen über Mikrowellen zu niederfrequenten Langwellen des Radios und so fort. Das Aufeinandertreffen eines elektrischen und eines magnetischen Feldes im Winkel von 90 Grad zueinander bewirkt, dass die Wellen des elektromagnetischen Spektrums in eine dritte, rechtwinklig dazu stehende Richtung reisen. Und von einer anderen Ebene her betrachtet verknüpft Licht Raum und Zeit miteinander, wie wir es im ersten Kapitel erörtert haben.

Die Aufspaltung des Strahls eines kohärenten Lichtes und seine Wiederverbindung ist auch, wie wir gesehen haben, die Grundlage für ein Hologramm. Man kann jedoch ebenso einen kohärenten Klang erzeugen, ihn aufspalten und in Form eines akustischen Hologramms wieder verbinden. Delfine bilden auf diese Weise dreidimensionale Darstellungen ihrer Umgebung.

Das gesamte elektromagnetische Spektrum hallt durch und durch wider von Klang, und die Umwandlungen zwischen Licht und Ton bilden die Basis unserer globalen Technologien. Wenn ich zum Beispiel den Telefonhörer abhebe, um ein Gespräch zu führen, dann wird der Klang meiner Stimme in ein digitales Signal umgewandelt, welches dann als elektromagnetische Energie entlang des Telefonkabels übermittelt oder auch über einen Satelliten weitergeleitet wird, bis zum Telefon der Person, die ich anrufe. Meine Stimme wird dort in deren Hörer in einen Klang zurückverwandelt. Und wenn diese Person mit mir spricht, erreicht mich ihre Stimme über denselben alchemistischen Vorgang.

Biofelder

Die Antike betrachtete das Wechselspiel des kosmischen Lichts und Klangs als die Ursache dafür, dass supra-physikalische Schablonen, gewissermaßen unkörperliche Baupläne, für alle manifesten und sichtbaren Formen gebildet wurden. Die neuere Forschung zeigt inzwischen, dass kohärente elektromagnetische Felder das Ordnungsprinzip für unseren physischen Körper darstellen. Die Energieschablone für die physikalische Struktur eines Organismus nennt man allgemein ihr „Biofeld". Der englische Biologe Rupert Sheldrake hat dafür den Begriff „morphisches Feld" beziehungsweise „morphogenetisches Feld" geprägt.

Neuere Forschungen lassen vermuten, dass einige Eigenschaften von elektromagnetischen Feldern mit höheren Dimensionen zu tun haben, und dass diese Eigenschaften die Grundlage für derartige Biofelder bilden. Sie können durch die physikalischen Komponenten solcher kohärenter Felder in eine stoffliche Gestalt überführt werden.

Weitere Pionieruntersuchungen zu den Niedrigenergiefeldern des Körpers stützen diese Annahme. Die Molekularstruktur sowohl innerhalb der Zellen als auch zwischen den Zellen unseres Körpers folgt einer genügend stark ausgeprägten Ordnung, um Halbleitereigenschaften für Elektrizität möglich zu machen. Mit ihrer uniformen Polarität fungieren unsere Nerven als Einbahnstraßen-Wellenleiter für elektromagnetische Impulse, die unserem Nervensystem Kohärenz verleihen.

Elektrische Felder in der äußeren Schicht der Membrane unserer Haut stoßen anscheinend im Falle einer Verletzung das erneute Wachstum an, indem sie Zelldifferenzierung und damit Heilung stimulieren. Elektrische Felder sind ebenfalls bei jenem Vorgang beteiligt, durch den Zellen ihre funktionelle Spezialisierung verändern, und damit helfen diese Felder bei der Manifestation der Vielgestaltigkeit physischer Formen.

Klang

Wenn die Harmonien des kohärenten Lichts die Blaupause für unsere physische Form bilden, sollten wir nicht erstaunt sein, dass die Harmonien des Klangs für unser mentales, emotionales und körperliches Wohlbefinden ebenfalls eine Rolle spielen.

Im Alter von 24 Wochen sind die Ohren eines menschlichen Embryos voll ausgebildet und seine Reaktionsfähigkeit auf Klang sicher nachgewiesen. Heutzutage ist es schon weit verbreitet, dass werdende Mütter Musik für das Baby im Schoß abspielen. Der Klang des normalen Herzschlags lässt Neugeborene leichter einschlafen, während ein beschleunigter Herzschlag oder dissonante Klänge sie beunruhigen.

Experimente mit Pflanzen haben gezeigt, dass Musik ihr normales Wachstum beschleunigen oder behindern kann, je nachdem, welche Musik man ihnen „vorgespielt“ hatte. Klassische und geistliche Musik hat günstige Wirkungen, während Rockmusik ungünstig wirkt.

Solche Untersuchungen mit Pflanzen demonstrieren, dass auf einer objektiven Ebene, völlig unabhängig von unserem persönlichen Musikgeschmack, verschiedene Musikstimmungen unterschiedliche Wirkungen für das biologische Wohlbefinden nach sich ziehen.

Eines der signifikantesten Ergebnisse des Botanikers Dr. T.C. Singh bestand darin, dass bei Samen von Pflanzen, die musikalisch mit wohltuender Musik beschallt wurden, auch spätere Generationen die verbesserten Eigenschaften aufwiesen.

Biologen beginnen zu erkennen, dass so genannte epigenetische Merkmale, die unter anderem eine Folge des Lebensstils und der Umwelt sind, auch einen signifikanten Faktor für unsere eigene menschliche Erbinformation darstellen.

Hören und Zuhören

Hören ist der erste Sinn, der im Uterus entwickelt wird, und er scheint der letzte zu sein, der dahinschwindet, wenn wir unseren physischen Körper verlassen. Wie wir hören, wirkt sich entscheidend darauf aus, wie wir lernen und wie wir uns mit der Außenwelt austauschen.

Der Arzt Alfred Tomatis hat sein ganzes Leben der Erforschung des Hörens gewidmet. Er unterscheidet deutlich zwischen Hören und Aufnehmen oder echtem Zuhören. Er definiert Hören als einen passiven Vorgang, im Verlauf dessen wir lediglich Töne um uns herum wahrnehmen. Aufnehmen ist dagegen ein aktiver Prozess, der eine bewusste Absicht erforderlich macht, um den Sinn dessen zu verstehen, was wir hören. Wir können also durchaus gut hören, aber schlecht zuhören.

Die Untersuchung der sensorischen Integration, die Jean Ayres als Pionierin durchgeführt hat, erbrachte Folgendes: Wenn das Vestibül des Innenohrs zu wenig angeregt wird, können Kinder hyperaktiv werden, weil sie versuchen, damit ihren Mangel an akustischer Stimulierung zu kompensieren.

Um gute Zuhörer zu werden, um wirklich aufzunehmen, was wir hören, müssen wir nicht nur die Töne hören und uns auf die mit ihnen verbundene Information konzentrieren, sondern wir müssen auch fähig sein, überflüssige Hintergrundgeräusche herauszufiltern. Gute Zuhörer können sich in Klangereignisse mit ihrer Wahrnehmung einstimmen oder auch wieder ausklinken; schlechte Zuhörer besitzen diese Fähigkeit der bewusst gewählten Einstimmung nicht. Im Extremfall bleibt ihnen, um nicht ständig von Klängen und Geräuschen bombardiert zu werden, nichts anderes übrig, als alle Töne auszuschalten. Das tun Menschen, die unter ADD leiden, dem heute viel besprochenen Defizit beziehungsweise der Störung ihrer Aufmerksamkeit.

Wir hören nun nicht nur über unsere Ohren, sondern Klang wird auch über die Knochen unseres Körpers übertragen. Wenn dieser innere Klang aus irgendeinem Grund ausgeschaltet ist, fällt uns das Lernen ebenfalls schwer.

Tomatis und andere Wissenschaftler haben entdeckt, dass Menschen, die unter ADD oder einer hyperaktiven Form der gleichen Aufmerksamkeitsstörung leiden (besonders gilt das für Kinder), zu sehr über ihren Körper zuhören und keine Möglichkeit haben, die sensorischen Informationen irgendwie zu filtern. Entweder versuchen sie dann, sich auf alles zu konzentrieren, was auf sie einströmt, oder sie schalten ihre Aufmerksamkeit ganz ab. Wenn sie auf alles achten wollen, dann können sie sich nicht auf ein bestimmtes Thema konzentrieren und wirken folglich so, als ob sie nicht genügend aufpassen würden. Dabei fühlen sie sich überfordert, sie werden dann frustriert und ärgerlich oder ängstlich. Im umgekehrten Fall bringt das völlige Abschalten der Informationsaufnahme Lethargie und Rückzug in sich selbst mit sich.

Viele Jahre hindurch haben Tomatis und seine Kollegen wirksame Techniken entwickelt, mit deren Hilfe die Ohren wieder als die primären Torhüter des Körpers für Klänge aller Art trainiert werden. Indem man die Leitfähigkeit der Knochen für Klänge desensibilisiert, reduziert sich der Stress – und echtes Zuhören und Lernen wird gefördert.

Tomatis hat auch entdeckt, dass wir mit beiden Ohren unterschiedlich hören und jeder Mensch eine Dominanz entweder auf dem rechten oder dem linken Ohr hat. Wer von uns eher auf dem rechten Ohr hört, kann im Allgemeinen leichter lernen als jene, die mehr mit dem linken Ohr hören. Das ist logisch, weil das rechte Ohr direkt mit der linken Gehirnhälfte verbunden ist, die insbesondere für die Entwicklung und Verarbeitung von Sprache zuständig ist. Mit einer Dominanz auf dem linken Ohr werden die Tonsignale direkt mit der rechten Gehirnhälfte verknüpft, von wo aus sie dann erst zur linken Gehirnhälfte zwecks weiterer Verarbeitung übermittelt werden müssen. Das verlangsamt nicht nur die Verarbeitung von Informationen, höhere Tonfrequenzen gehen bei dieser Übermittlung sogar verloren. Eine Ohr-Dominanz beeinflusst also nicht nur unsere Fähigkeit, Fertigkeiten zu erlernen, die auf Sprache beruhen, sondern auch unsere Fähigkeit zu kommunizieren, und damit wirkt sie sich auf unser emotionales Wohlbefinden aus.

Tomatis hat aber auch hier Methoden entwickelt, um extreme Ungleichgewichte wieder auszugleichen. Musik ist jedoch der rechten Gehirnhälfte zugeordnet und damit dem linken Ohr. Vielleicht gibt es schon Untersuchungen darüber, es wäre sicher nützlich zu erforschen, ob die Dominanz auf dem linken Ohr mit musikalischen Fähigkeiten korreliert.

Unsere Ohren fungieren erstaunlicherweise als eine Übermittlungsstation für *alle* sensorischen Informationen zwischen dem Nervensystem und dem Gehirn. Damit sind nicht nur die gehörten Signale vom Funktionieren der Ohren abhängig, sondern auch die Eindrücke, die wir über das Sehen und Berühren erhalten. Probleme bei der Lernfähigkeit und bestimmte Verhaltenseinschränkungen haben also vielleicht sehr viel mehr mit Hörschwierigkeiten zu tun, als man bislang meint. Tomatis hat jedoch nachgewiesen, dass solche Probleme in vielen Fällen zumindest entscheidend vermindert werden können.

Prägung

Der Musikwissenschaftler David Tame hat bemerkt, dass Musik uns wahrscheinlich, vergleichbar der Sprache, einen Rahmen mentaler Vorstellungen und emotionaler Erfahrungen gibt, mit dessen Hilfe wir unsere Sicht der Welt gestalten.

Die Sprache beeinflusst wirklich nachhaltig, wie wir die Welt um uns herum wahrnehmen. Tame hat darauf hingewiesen, dass eine Gesellschaft, die für ein bestimmtes Konzept kein Wort kennt, oft auch Schwierigkeiten damit hat, sich mit der Wirklichkeit dieses Konzeptes zu identifizieren. Er berichtet zum Beispiel über Menschen afrikanischer Stämme, die unfähig sind, bestimmte Farben zu unterscheiden, für die sie keine speziellen Namen haben, obwohl ihr Augenlicht völlig normal funktioniert.

Die Worte einer Sprache kodieren Vorstellungen und Erscheinungen, die von einer Kultur auf eine bestimmte Weise erlebt werden. In der Kindheit bewirkt die Übernahme unserer Muttersprache, dass unsere Gedanken entsprechend geprägt werden.

Musik prägt nun nicht nur unsere Gedanken, sondern auch unsere Emotionen und unseren Körper auf bewussten und unterbewussten Ebenen. Der Musikforscher Julius Portnoy hat entdeckt, dass Musik unseren Stoffwechsel beeinflussen kann, unseren Blutdruck heben oder senken und auf unsere Verdauung einwirken kann – indem Musik unsere emotionalen und mentalen Zustände beeinflusst.

Portnoy hat festgestellt, dass Musik, deren Rhythmus ungefähr unserem normalen Herzschlag entspricht, eher tröstlich wirkt. Wenn der Rhythmus langsamer wird, dann spüren wir Spannung, und wenn er schneller ist, dann werden wir aufgeregt.

Inzwischen gibt es Hunderte von Studien über die Wirkungen von Musik, vor allem auch über ihre Verknüpfung mit eindrucksvollen Bildern. Alle diese Untersuchungen zeigen eine klare Verbindung zwischen Gewalt in den Medien und unsozialem Verhalten. Während Sprache mit unserer linken Gehirnhälfte korreliert, ist Musik mit der rechten Hälfte der emotionalen Wahrnehmung verbunden. Musik geht wirksam über die gesprochene Kommunikation hinaus und schwingt in unmittelbarer Resonanz mit unseren Gefühlen. Damit ist ihre Macht – zum Guten oder zum Schlechten – ganz enorm.

Musiktherapie

Heilmethoden der Antike haben sich oft auf die therapeutische Wirkung von Musik gestützt, um einem Menschen Linderung zu verschaffen. Die Kraft der Veden und der griechischen Sagen entspringt nicht zuletzt der Tatsache, dass sie gesungen, nicht etwa gesprochen wurden. In den vergangenen Jahren gab es eine Renaissance der Heilung durch Töne, die von Klangtherapeuten wie Don Campbell, Jonathan Goldman und James D'Angelo entscheidend angestoßen wurde.

Ihre Therapieformen betonen die Wirkung von Klangwellen, die mit Wellen der Stille verwoben sind. In der vedischen Überlieferung aus dem alten Indien, dessen Sanskrit-Texte vermutlich die frühesten Dokumente antiker Weisheit darstellen, wird der hörbare Klang entweder als *Ahata* bezeichnet, als physikalischer Ausdruck des kosmischen Tons, oder als Anahata. Den zuerst genannten hört man mit den physischen Ohren, den zweiten kann man nur mit dem „inneren Ohr" wahrnehmen, in der Einstimmung auf transzendentale Wirklichkeiten.

Anahata ist auch der Name, mit dem das Herzchakra bezeichnet wird. Es ist das Herz, das das Urwort Gottes vernimmt.

Der antike ägyptische Name des Schöpfers war *Amn,* aus dem sich vielleicht der christliche Begriff des „Amen" entwickelt hat.* Dieses Amn wird auch mit dem kosmischen Ton oder Wort der vedischen Weisen in Beziehung gebracht, mit dem *Aum* oder *Om.* Das A-u-m repräsentiert nicht nur den Urton des Kosmos: Wenn man diesen Klang im Rahmen einer spirituellen Übung ausspricht beziehungsweise singt oder „chantet", kann man sich auch auf den kosmischen Fluss einstimmen und damit in Harmonie gelangen.

*Binaural Beats***

Werden zwei unterschiedliche Töne über Kopfhörer eingespielt, „konstruieren" die beiden Gehirnhälften einen dritten Ton: den so genannten *binaural Beat.* Die Signale können so ausgewählt werden, dass die Frequenz des binaural Beats niedrig ist und in den Bereich der Gehirnwellenfrequenzen fällt. Das Monroe Institut in Virgina, von Robert Monroe gegründet und jetzt von seiner Tochter Laurie geführt, hat

* Amun als ägyptischer Schöpfergott mag manchen als Patenwort für Amen gelten; andere meinen, dass „am-in" aus der Sprache der Kabylen (Berber) das Lehnwort sei; weder im Hebräischen noch im Griechischen oder Arabischen lässt sich ein eindeutiger Vorläufer für das christliche Amen ausmachen. Anm.d.Ü.

** *Binaural Beats* zählen zu bekannten psychoakustischen Verfahren. Die *Binaural Beats* sind auch unter den (geschützten Namen!) HemiSync©, BrainSync, Hemisphären-Synchronisation und so fort bekannt. Anm.d.Ü.

hoch wirksame Techniken entwickelt, ein bestimmtes gefiltertes „weißes Rauschen" (das man auch „rosa Rauschen" nennt) mit binauralen Beats zu mischen, die spezielle Frequenzen aufweisen und Zustände eines konzentrierten Bewusstseins fördern. Das Institut hat CDs aufgezeichnet mit so genannter Meta-Musik, die musikalische Kompositionen mit unterlegten binauralen Beats verbindet. Diese Musikstücke führen zu unterschiedlichen Zuständen wie Entspannung und meditativer Versenkung sowie Heilung oder Stärkung der Lernfähigkeit, aber auch zu erhöhter Kreativität und mystischen Bewusstseinszuständen, in denen wir Zugang zu unserer höheren Wahrnehmung gewinnen.

Die Macht der Musik

Auch anhand der Vielzahl heiliger Monumentalbauten überall in der Welt wird deutlich, dass die Macht von Musik und ihre Fähigkeit, veränderte Bewusstseinszustände hervorzurufen, im Altertum besonders geschätzt wurden: Denn die Strukturen dieser Bauten und ihre Geometrie baut auf den Gesetzen der akustischen Resonanz auf. Von den Klangnischen im Tempel von Ollantaytambo in Peru über die ägyptischen Pyramiden und den Schatz von Atreus in Mykene bis zu den neolithischen Grabhügeln in Britannien ist die antike Welt voll von Klangheiligtümern. Die hoch emporragende Architektur der gotischen Kathedralen des europäischen Mittelalters ist im Grunde ebenfalls eine zu Stein gewordene Musik.

Das Primat des kosmischen Klangs war für die Dynastien des alten Chinas von entscheidender kosmologischer Bedeutung. Der Grundton der kaiserlichen Musik, das *Huang chung* oder die „gelbe Glocke", wurde von jedem neuen Kaiser neu gestimmt, um den Gleichklang zwischen Himmel und Erde zu sichern. Diese reinste Manifestation des schöpferischen Impulses des Kosmos wurde verwendet, damit die gesamte chinesische Musik ihren einzigen Zweck erfüllen konnte: sowohl die Ausführenden als auch die Zuhörenden zu reinigen und sie auf den göttlichen Willen einzustimmen.

Eine derartige bewusst kreative Rolle der Musik ist zum Guten und zum Schlechten sowohl in freien als auch in totalitären Gesellschaften benutzt worden. David Tame erzählt: Als Stalin in der UdSSR an die Macht gelangte, wusste er, dass die bis dahin eher liberale Einstellung zur Musik die kommunistische Herrschaft bedrohen konnte, weil sich Musikformen entwickelt hatten, die zunehmend den Ausdruck von Individualität förderten. Also stärkte er die Machtposition der konservativen russischen Gemeinschaft proletarischer Musiker, die jede auch nur entfernt progressive Musik lächerlich machten und damit sicherstellten, dass Musik sich dem politischen Willen des Staates anpasste.

Die chromatische Tonleiter

Das riesige Kompendium musikalischer Ausdrucksformen in allen Kulturen und im Verlauf der gesamten Geschichte wird von insgesamt nur 13 Noten gebildet. Jede Musik, ob es sich um vedische Mantras, Sonaten von Mozart oder Balladen der Beatles handelt, wird von den zwölf Noten der chromatischen Tonleiter gebildet; die dreizehnte Note vollendet eine Oktave, und mit ihr fängt die nächste an.

Innerhalb der Vollständigkeit der chromatischen Tonleiter stellte die Antike zwei „Unter-Tonleitern" fest, die die Grundlage für die westlichen und die östlichen Musiktraditionen bildeten. Die diatonische Tonleiter, welche die Oktave mit der achten Note abschließt, kennen wir im einfachsten Fall als die weißen Tasten auf einer Klaviatur. In Asien nutzt man die pentatonische Tonleiter, die von fünf Noten gebildet wird, welche ebenfalls eine Oktave umfassen.

Der griechische Philosoph und Mathematiker Pythagoras war wohl der erste, der die Prinzipien der chromatischen Tonleiter außerhalb der Tempel des antiken Ägyptens, Chaldäas und Indiens lehrte. Die Musiknoten dieser Tonleiter bauen auf einfachen Verhältnissen ganzer Zahlen zueinander auf. Eine vollständige Tonleiter wird erzeugt, indem man eine Saite oder einen Draht, gleich welcher Länge, an beiden Enden auf einer festen Grundlage stramm zieht und festzurrt, wie bei einer Gitarre oder Geige. Wenn die Saite angestrichen oder angeschlagen wird, schwingt sie in ihrem Grundton, der von der Länge der Saite abhängt. Wenn man nun einen Finger genau auf die Hälfte der Saitenlänge legt und eine der beiden Hälften zupft, so erklingt ein Ton mit der doppelten Frequenz des Grundtons; dieses Intervall bezeichnet man als Oktave. Wenn die Saite bei zwei Drittel ihrer Länge unterteilt wird, dann gibt es zwei Noten, die genau eine Oktave auseinander liegen. Wenn man das fortsetzt und immer kleinere Zweidrittel-Unterteilungen vornimmt, wird eine Reihe immer höherer Töne erzeugt, die in harmonischer Beziehung zu den jeweils vorherigen und nachfolgenden Tönen stehen. Beim dreizehnten Schritt ist der Zyklus abgeschlossen, und dann erklingt der Ursprungston, nur etwas gedämpfter.

Diese chromatische Tonleiter der Antike entspricht der Physiologie der Spirale unseres Innenohrs und auch unserem Körper als Ganzem. Die weißen und schwarzen Tasten bei einem modernen Klavier bilden das ebenfalls ab, allerdings mit einem entscheidenden Unterschied: Zwischen der tatsächlichen dreizehnten Note und der idealen Verdoppelung gibt es eine kleine Frequenzabweichung um 1,34 Prozent, die in der Antike als das „Komma des Pythagoras“ bekannt war. Die Initiierten dieses griechischen Meisters erkannten, dass die offene Spiralbewegung zu immer höheren Frequenzen hin, die durch dieses „Komma" möglich wurde, die Evolution repräsentiert, die in der physischen Welt angelegt ist. Sie haben vermutlich auch gewusst, dass die Beziehung von der zwölf zur 13 das grundlegende Mittel ist, mit dessen Hilfe Einheitsbewusstsein in der physischen Gestalt verkörpert wird.

Im 17. Jahrhundert wurden Orchester gebildet. und damit stellte sich das Problem ein, die verschiedenen Instrumente gleich zu stimmen. Das führte zur „wohltemperierten" Tonleiter oder Stimmung, die man bis heute meistens verwendet. Dabei werden die Abweichungen, die vom pythagoräischen Komma angegeben werden, auf alle zwölf Noten der Tonleiter gleich verteilt, und damit erhält man dann beim dreizehnten Ton eine exakte Oktave oder Verdoppelung oberhalb der ersten Note.

Diese moderne Anpassung ist zwar recht praktisch, bedeutet aber eine Abkehr von der musikalischen Harmonie, zu der unsere Körper eine ganz natürliche Resonanz spüren. Die alten Rhythmen und die heilende Wirkung von Musik kommen heute jedoch wieder in unser Bewusstsein zurück, da wir uns mit der Wiederherstellung von Wohlbefinden, Harmonie und Ganzheit befassen.

Kymatik

Die innere Musikalität und Harmonie hat der deutsche Physiker Ernst Chladni schon vor rund 200 Jahren entdeckt. Er fand Folgendes heraus: Wenn er eine flache Metallscheibe mit Sand bedeckte und die Platte mit einem Bogen anschlug, als ob er auf einer Violine spielen würde, bildeten sich im Sand sichtbare Muster.

In unserer Zeit hat der Schweizer Hans Jenny Chladnis Ideen weiterverfolgt. Er verwendete ganz verschiedene Medien, um das Primat von Schwingungen für alle physischen

Formen zu demonstrieren. Er nannte diesen Prozess „Kymatik“, nach dem griechischen Begriff für „Welle“, *Kyma.*

In der alten Wissenschaft heiliger Architektur baute man die grundlegendsten geometrischen Harmonien, wie sie die moderne Kymatik zeigt, in die Größenverhältnisse und die Formen der Gebäude ein. Diese wurden als Mikrokosmen der großen kosmischen Symphonie verstanden und sollten es den Menschen leichter machen, zu heilen und ihren Geist zu befreien.

Die Harmonien der Schöpfung

Bei unserer Beschäftigung mit dem kosmischen Licht und Ton haben wir festgestellt, dass Bewusstsein die kosmische Symphonie des Universums mit erschafft, indem es sich derselben harmonischen Prinzipien bedient, die den Ausdrucksformen der Musik zugrunde liegen. Diese fundamentalen Harmonien der Schöpfung erklingen fortwährend im ganzen Kosmos. Absicht und Bewusstheit manifestieren unsere Wirklichkeiten mit Hilfe der harmonischen Prinzipien von Stimmung, Kohärenz und Resonanz.

In den folgenden Kapiteln werden wir sehen, wie wesentlich die 13 Noten der Tonleiter für das Verständnis der seelischen Ganzheit sind. Und wenn wir unsere Wahrnehmung erweitern, werden uns die Schwingungen unseres Bewusstseins zu immer höheren geistigen Flügen mitnehmen.

Im nächsten Kapitel werden wir tatsächlich über die Grenzen von Raum und Zeit hinausfliegen.

3.
Glauben heißt Sehen

Die sich immer weiter ausbreitende Bewusstheit über den holographischen Kosmos ist dabei, die scheinbare Trennung zwischen Stofflichem und Geistigem auszulöschen, die so lange die Grundlage für den Widerstreit zwischen Wissenschaft und Spiritualität gebildet hat. Denn das Bewusstsein des kosmischen Geistes ist die primäre Ursache für dessen universellen Ausdruck als Energie, und alle Materie – wozu auch unser physischer Körper gehört – wird von stehenden Wellen kohärenter Energien gebildet.

Intelligenz durchdringt demnach unseren gesamten Körper. Spezielle Organe nehmen durchaus unterschiedliche Funktionen wahr; der Körper als Ganzes indes ist ein mikrokosmisches Hologramm, das die Erfahrungen unserer menschlichen Persönlichkeit verarbeitet und speichert.

Erinnerung, Emotion und Wahrnehmung werden also auf der Zellebene verkörpert. Und während das Gehirn der hauptsächliche Prozessor für unser Ich-Bewusstsein ist, gibt es doch zugleich auch andere Bewusstheitsebenen, zu denen auch die Reaktionsweisen und Gewohnheitsmuster unseres Unterbewusstseins gehören, die überall im Körper verteilt wirken.

Der holographische Körper

Es ist inzwischen offensichtlich, dass die Schablone für unsere höheren Energien, unser Biofeld, durch kohärente elektromagnetische Felder in die physische Form übertragen wird.

In den frühesten Stadien eines menschlichen Embryos ist, wie bei allen biologischen Organismen, jedes Gen der DNA bereits voll aktiv und jede Zelle gleicht der anderen. Die so genannten Stammzellen fangen dann an, drei rudimentäre Zellschichten oder Membranen zu bilden: die Projektionsflächen des holographischen Bewusstseins.

Wenn sich der Organismus weiter entwickelt, deaktivieren sich manche der verfügbaren Gene und neue Zellen werden zu Spezialisten. Die innere Membrane oder Entoderm wächst zu den Drüsen und den Eingeweiden unseres Körpers weiter heran. Die mittlere Membrane beziehungsweise Mesoderm wird zu Knochen, Muskeln und Kreislaufsystem. Die äußere Membrane, das Ektoderm, entwickelt sich zu unserer Haut, den Sinnesorganen und dem Nervensystem.

Und nach neun Monaten wird das mikrokosmische Hologramm geboren, das das Gefäß oder Gefährt für die Reise der Seele in diesem Leben abgibt.

Der Integrale Geist

Bewusstsein und Materie als getrennt voneinander anzusehen ist genauso unsinnig, wie wenn man davon sprechen würde, dass die Wellen des Meeres getrennt vom Meer an sich seien. Geist ist integral, und es gibt unterschiedliche Bewusstseinsebenen, die man mit den Frequenzen des elektromagnetischen Feldes vergleichen kann. Radiowellen schwingen in niedrigeren Frequenzen als sichtbares Licht, welches wiederum niedriger schwingt als Röntgenstrahlen; alle zusammen bilden jedoch ein kontinuierliches Spektrum.

Wie die verschiedenen Frequenzen des elektromagnetischen Spektrums, so besitzt auch unser integrierter Geist unterschiedliche Eigenschaften. Unser unterbewusstes Gewahrsein schwingt in anderen Frequenzen als unser Wachbewusstsein, unser Ego-Geist. Und zugleich sind wir mit vielen anderen Ebenen von Bewusstsein verbunden, die wir als unsere Persönlichkeit beschreiben.

Der Zweck unseres Ego-Selbst besteht nun darin, einer Persönlichkeit einen körperlichen Ausdruck zu geben und alle schöpferischen Aspekte einer menschlichen Reise zu erfahren. Ähnlich wie es ein Schauspieler auf der Bühne tut, lässt uns unser Ich-Geist ganz in die Realität unseres physischen Lebens eintauchen. Damit dies möglich wird, nimmt der Ego-Geist seine Individualität als etwas von der größeren Welt Getrenntes wahr und an.

Unser Herz weiß es aber besser. Während es der Rollenaufgabe des Ich-Geistes entspricht zu trennen, ist es die Rolle unseres Herzens, unserer Gefühle, zu vereinen. Und letzten Endes wird es die Rolle unseres Willens sein, diese beiden Einflüsse miteinander zu versöhnen und sie zu der Kreativität und dem Lernvermögen zu verschmelzen, die unsere menschliche Erfahrung ausmachen.

Die Bühne des Lebens

Metaphysiker waren schon seit langem der Ansicht, dass der physische Bereich uns die tiefgreifendsten Gelegenheiten und Herausforderungen bietet, um die kosmischen Polaritäten von Licht und Schatten, männlich und weiblich, Liebe und Angst und so fort zu erkunden und schließlich ihre Auflösung anzunehmen.

Dieses Erfahrungsfeld ist auch oft als Bühne bezeichnet worden. So lässt Shakespeare seinen Jaques im Stück *Wie es euch gefällt* sagen: „Die ganze Welt ist Bühne, und alle Frau'n und Männer bloße Spieler."

Wir können uns letztlich wirklich als Schauspieler auf der Bühne des Lebens betrachten. Und genauso wie Schauspieler am Ende ihrer Vorstellung ihr Kostüm ausziehen und nach Hause gehen, tun auch wir das. Während unseres Lebens können wir uns entscheiden, über die physische Bühne hinauszusehen und zu verstehen, wer wir wirklich sind. Dann verstehen wir, dass wir in unserem Leben der entscheidende Koautor unseres Lebensdrehbuchs sind.

Seit undenklichen Zeiten ist das der Weg einiger weniger spirituell suchender Menschen gewesen. Heute leben wir in einer so außergewöhnlichen Zeit, individuell und kollektiv, dass uns allen dieses offene Bewusstsein zur Verfügung steht. Wir leben in einer Zeit, in der wir unser Bewusstsein über die Begrenzungen unseres Ego-Selbst hinaus erweitern und uns selbst die Chance geben können, unseren höchsten Sinn und Zweck zu verwirklichen.

Glauben heißt Sehen

Im Allgemeinen ist das Ego-Selbst durch die jeweilige Kultur konditioniert. Deshalb handelt es nicht nur in Übereinstimmung mit den dort vorherrschenden Weltanschauungen und Glaubensmustern, sondern ist buchstäblich unfähig, das zu sehen, was es sich nicht vorstellen kann. Es gibt für das Ego-Selbst keine Grundlage für eine Resonanz, und deshalb kann es sich nicht auf neue und unvorstellbare Erscheinungen einstimmen.

Vor ein paar Jahren fand an der Universität von Illinois ein Wahrnehmungsexperiment statt, um diese Tatsache besser zu erforschen. Freiwilligen wurde ein Video eines Basketballspiels gezeigt, in dem während des Spiels eine Frau in einem Gorillaanzug quer durch das Feld ging. Als die Freiwilligen später gefragt wurden, ob sie irgendetwas Ungewöhnliches wahrgenommen hätten, stellte sich heraus, dass die meisten das unvorhersehbare Erscheinen dieses Gorillas schlicht und einfach gar nicht wahrgenommen hatten.

Wenn unser Ego-Selbst sich jedoch ein Phänomen vorstellen kann und daran glaubt oder zumindest offen dafür ist, dass es tatsächlich möglich sein kann, dann können wir diese Wirklichkeit unmittelbar erfahren und im Wesentlichen ko-kreieren. Wir können also aktiv mit dazu beitragen, sie zu erschaffen. Der alte Spruch: „Sehen heißt Glauben" wird dann umgekehrt, denn nun geht es darum, erst etwas zu glauben, bevor es sichtbar wird.

Im ersten Kapitel haben wir Forschungen der so genannten Neuen Biologie betrachtet, die zeigen, dass unsere Wahrnehmungen unseren Organismus und unsere biologischen Funktionen sowohl auf bewussten als auch auf unterbewussten Ebenen beeinflussen. Wir haben uns das neue Modell der Zellmembrane angeschaut, die als ein organischer Informationsprozessor wirkt und mit der Umwelt dynamisch verbunden ist. Und wir haben diskutiert, wie das Verhalten und die inneren Bedingungen der Zelle die Wahrnehmung und Erkenntnis von Umweltreizen widerspiegeln, sowohl physisch als auch energetisch.

Eine solche Bewusstheit ist unter Umständen allerdings verzerrt, oder sie wird nur teilweise verstanden oder gar gänzlich falsch. Unsere bewusste Wahrnehmung repräsentiert unsere Glaubensmuster und Annahmen von der Realität, nicht die tatsächliche Wirklichkeit. Denkvorgänge und Gefühlsbewegungen, ob sie „stimmen" oder nicht, beeinflussen das Verhalten unserer Zellen. Dementsprechend können unsere mentalen und emotionalen Überzeugungen sowohl auf bewussten wie auf subliminalen Ebenen auf unseren physischen Körper einwirken und ihn zu Gesundheit und Wohlbefinden oder zu Unwohlsein und Krankheit führen.

Die Glaubensmuster, die wir während unserer entscheidenden Kinder- und Jugendjahre entwickeln, vermögen unterbewusste Muster und Gewohnheitsreaktionen in unserem Verhalten besonders stark einzuprägen. Solche Muster können unser gesamtes Leben begrenzen oder ersticken, wenn wir sie nicht erkennen und heilen.

Liebe, Freude und Dankbarkeit

Wir werden nicht nur aufgrund unserer Denk- und Handlungsweise zu dem Menschen, der wir sind, sondern auch durch unsere Gefühle. Unser Ich-Geist überzeugt uns von unserer Individualität, aber unser Herz erinnert sich, dass letztlich alle Wesen eins sind. Wenn wir das zulassen, vereint uns unser Herz wieder mit allem.

Das kann es jedoch nur, wenn es offen ist. Viele von uns, und ich gehörte in meinem frühen Leben auch dazu, lassen sich vom Verstand überzeugen, dass der Schmerz emotionaler Verletzungen erst nachlässt, wenn wir aufhören zu fühlen. Im Alter von 20 Jahren habe ich mein Herz richtiggehend abgeschaltet. Ich dachte, dass wäre mein Ausweg – aber in Wahrheit begab ich mich damit in ein selbstgebautes Gefängnis. Und es dauerte weitere 25 Jahre, bis ich die Mauern, die ich selbst errichtet hatte, niederreißen konnte. In späteren Kapiteln gehen wir darauf ein, warum wir uns überhaupt auf diese Art und Weise selbst schädigen und wie wir solche traumatischen Prägungen verstehen und lösen können.

Biologen haben herausgefunden, dass das Herz sein eigenes Nervensystem besitzt und dass zwischen Herz und Gehirn ein biologisches Kommunikationssystem als Zweibahnstraße aktiv ist. Im Schoß unserer Mutter fängt unser Herz tatsächlich früher an zu schlagen, als sich das Gehirn zu bilden beginnt. Und selbst dann wächst zunächst jener Teil des Gehirns heran, der mit Emotionen zu tun hat, und erst danach entwickeln sich die Areale, die vor allem für das Denken zuständig sind.

Die herausragende Rolle, die unser Herz für uns spielt, wirkt sich entscheidend darauf aus, wie wir mit der Welt umgehen. Neuere Untersuchungen haben ergeben, dass Erfolg, wenn man ihn sowohl nach materiellen Kriterien als auch nach der Qualität des Lebensgefühls bewertet, sehr viel mehr von unserer emotionalen Intelligenz als von unseren intellektuellen Fähigkeiten abzuhängen scheint.

Andere Studien haben gezeigt, dass unser Intellekt ungeachtet unserer Bildungschancen von Kindheit an ziemlich festgelegt ist. Unsere emotionale Intelligenz kann sich jedoch das ganze Leben hindurch entwickeln, vorausgesetzt, wir sind bereit „zu leben und zu lernen".

Unser emotionales Wohlbefinden wirkt sich auf unsere körperliche Gesundheit aus und auch auf unsere Lebenserwartung. Mehr als fünfzehn Jahre lang haben Stressforscher am *HeartMath Institute* in Kalifornien empirische Daten gesammelt, die eindeutig belegen, dass negative Emotionen wie Unsicherheit, Zorn und Angst unser Nervensystem aus dem Gleichgewicht bringen und zu unregelmäßigem Herzschlag, Herzrhythmusstörungen oder Herzrasen führen. Positive Emotionen wie Liebe, Freude und Dankbarkeit erzeugen dagegen kohärente Energiesignale, die die Ordnung stärken, Stress reduzieren, unser Nervensystem in Balance bringen und sich in einem harmonischen Herzschlag widerspiegeln.

Medial begabte Menschen und Wünschelrutengänger können eine Menge an Geschichten und Fallstudien wiedergeben, die diese Ergebnisse stützen. Und inzwischen gibt es wissenschaftliche Nachweise dafür, dass wir energetische Signale an jede Zelle unseres Körpers senden, wenn wir unsere emotionale Intelligenz fördern und die intuitive Weisheit unseres Herzens anrufen, um auf diese Weise Ausgeglichenheit und Wohlbefinden zu stärken.

Sechster und siebter Sinn

Unser Verstand, die Emotionen und der physische Körper „sehen", was wir über die Welt um uns herum und über uns selbst glauben. Die Bewusstseinsforschung hat nachgewiesen, dass wir zusätzliche Möglichkeiten der Wahrnehmung haben, die von unserem Ego-Selbst jedoch häufig ignoriert werden.

Im ersten Kapitel haben wir das Phänomen der nicht örtlich gebundenen, spontanen Kommunikation kennengelernt, die über die Raumzeit hinausgeht. Physiker haben zunächst zeigen können, dass dies auf der Ebene der Quanten eine Realität darstellt. Inzwischen hat die Bewusstseinsforschung nachgewiesen, dass wir auch auf der physischen Ebene als Menschen die angeborene Fähigkeit besitzen, Ereignisse unabhängig von ihrem Ort wahrzunehmen und zu beeinflussen, also sozusagen als Fernwahrnehmung und Fernwirkung.

In Experimenten kam heraus, dass Menschen und Tiere sehr viel subtilere Signale und elektromagnetische Einflüsse aus der Umwelt wahrnehmen können, als bislang bekannt war. Wir nehmen diese Informationen auf subliminalen Ebenen auf, in Bereichen, die oft „sechster Sinn" genannt werden.

Wir sollten solche Erfahrungsmöglichkeiten jedoch genauer einordnen. Es gibt einerseits eine Sensibilität für Dinge, die wir doch noch mit fein abgestimmten Sinnesorganen erfassen können, und andererseits eine echte, nicht örtlich beziehungsweise räumlich gebundene Bewusstheit, die unseren „siebten Sinn" ausmacht. Das Vorhandensein des sechsten Sinns wird in der traditionellen Evolutionstheorie damit erklärt, dass dieser uns in Gefahrensituationen hilft. Für den siebten Sinn gibt es keine Erklärung außer dem Primat des Bewusstseins.

Fernwirkungen

Die Untersuchung nonlokaler Wahrnehmung über Raum

und Zeit hinweg, wie bei der Telepathie, steht seit drei Jahrzehnten im Mittelpunkt von Pionierforschungen über das Bewusstsein. Bis 1995 wurden für den US-Kongress genügend Hinweise zusammengetragen, um das *American Institute for Research* (AIR) beauftragen zu können, Studien über PSI-Phänomene wie Distanz-Sehen zu überprüfen, die von der CIA angeregt worden waren.

Der Bericht des AIR stellt deutlich fest, dass die statistischen Ergebnisse, die von den Experimenten geliefert wurden, weit über Zufallsresultate hinausgehen. Nachdem sich die Prüfer von der wissenschaftlichen Seriosität der Versuchsabläufe überzeugt hatten, unterstrichen sie, dass es keinerlei Möglichkeit gegeben hatte, dass diese signifikanten Ergebnisse durch methodische Fehler entstanden sein konnten. Sie merkten auch an, dass die Resultate von einer Reihe von Laboratorien in der ganzen Welt reproduziert wurden. Sie kamen dann zu dem Schluss, dass die reale Existenz dieser Phänomene wirklich nachgewiesen wurde. Ihre Empfehlung lautete, nicht mehr weitere Untersuchungen anzustellen, um noch mehr Nachweise für diese Tatsache zu erbringen, sondern sich in der weiteren Forschung darauf zu konzentrieren, wie solche Phänomene zustandekommen, und praktische Anwendungen zu entwickeln.

Im Westen wurde die PSI-Forschung früher durch die mangelnde geistige Flexibilität der meisten Forschungseinrichtungen und Wissenschaftler stark blockiert; das ist in anderen Ländern anders. In Russland haben zum Beispiel die staatlichen Universitäten von Moskau und St. Peterburg (dem früheren Leningrad) und die russischen und die ukrainischen Akademien der Wissenschaften solche Untersuchungen seit langem gefördert.

In den letzten Jahren hat jedoch eine wachsende Zahl von Universitäten und Institutionen PSI-Forschungen betrieben. In England gibt es inzwischen gefestigte Parapsychologie-Abteilungen, so das *Koestler Parapsychology Unit* an der Universität von Edinburgh, das *Centre for the Studies of Anomalous Psychological Processes* am Universitäts-College Northampton und das *Mind-Matter Unification Project* unter der Führung des Nobelpreisträgers Brian Josephson am Cavendish-Laboratorium der Universität von Cambridge.

In den USA leisten das *Consciousness Research Laboratory* der Universität von Nevada, das *PEAR Laboratory* an der Princeton-Universität und die Psychologische Fakultät der Universität von Arizona Pionierarbeit mit ihren Forschungen. Auch andere Institute sollen erwähnt werden, so das *Institute for Noetic Sciences* in San Francisco, das vom früheren Astronauten Edgar Mitchell gegründet wurde, das *Rhine Research Center* in Nordkarolina und das *Boundary Institute* in Kalifornien.

Bewusstheit und Einfluss

PSI-Phänomene unterteilt man allgemein in solche Erscheinungen, bei denen es um passive Bewusstheit geht, und solche, bei denen die aktive Ausübung eines Einflusses im Vordergrund steht.

Zur passiven nonlokalen Wahrnehmung gehört das Distanz-Sehen, wobei sich ein Mensch auf Umstände oder Ereignisse einstellen kann, die an einem ganz anderen Ort geschehen oder sogar zu einer völlig anderen Zeit.

Einem aktiven Einfluss auch über eine größere Distanz hinweg begegnet man beim Phänomen der Telepathie. Dabei kommuniziert eine Person willentlich und aktiv mit einer anderen, die sich jedoch an einem entfernten Ort befindet. Ein zweites Beispiel für ein aktives Einwirken sind Phänomene, bei denen man mit Absicht beziehungsweise Willen eigentlich völlig zufällig ablaufende Ereignisse beeinflusst.

In meinem Buch *The Wave* berichte ich über Versuche, die mehr und mehr Menschen davon überzeugen, dass PSI-Phänomene sowohl real sind als auch, dass sie einen angeborenen Aspekt unseres Wesens darstellen. An dieser Stelle wollen wir uns jedoch auf eine Reihe von Ergebnissen konzentrieren, die wichtige Schlussfolgerungen zulassen, und zwar für die Art und Weise, wie wir aktiv an der Erschaffung unserer Realitäten mitwirken.

Unsere alltägliche Wachwahrnehmung ist im Allgemeinen damit beschäftigt, die Eindrücke, die wir von der äußeren Welt über unsere fünf Körpersinne aufnehmen, in uns weiterzuverarbeiten. Die stilleren Botschaften des sechsten Sinns und die nicht ortsgebundene Bewusstheit unseres siebten werden meist vom „Sinneslärm" um uns herum überstimmt.

Um diesen Lärm zu reduzieren und damit die mediale Sensibilität zu erhöhen, hat man sich in verschiedenen spirituellen Traditionen seit Jahrtausenden darum bemüht, äußeren Frieden und Ruhe mit veränderten Bewusstseinszuständen zu verbinden, um einen wachen und empfänglichen Geisteszustand zu erreichen. Um PSI-Effekte zu untersuchen, haben Forscher ähnliche Techniken entwickelt – wie die sensorische Deprivation, also die Ausschaltung von Sinneseindrücken. Eine Methode, die solche Zustände hervorrufen soll, nennt sich „Ganzfeld". Die entsprechenden Experimente haben bestätigt, dass bestimmte äußere Bedingungen tatsächlich helfen, die PSI-Empfänglichkeit zu erhöhen.

Untersuchungen über passive Wahrnehmung in den 1970er- und 80er-Jahren haben ergeben, dass nur ein kleiner Prozentsatz der getesteten Freiwilligen konsistente Fähigkeiten aufwies und dass offensichtlich weder Training noch Einübung die Leistungen der anderen entscheidend verbessern konnten. Experimente mit aktiven PSI-Phänomenen wie mit Telepathie haben indes gezeigt, dass sowohl eigene Übungspraxis als auch Feedback die Leistungen der Testpersonen verbessern konnten.

Aufgrund der Ergebnisse der vielfältigen und zahlreichen Studien scheint es demnach so, als ob wir zwar eine angeborene Fähigkeit besitzen, über die Entfernung Informationen zu übermitteln und zu empfangen, aber eine ultra-sensitive PSI-Wahrnehmung zumindest derzeit relativ selten vorkommt.

Telepathische Experimente haben bestätigt, dass jedes Feedback, das unseren Ego-Geist dabei unterstützt, sich zu entspannen und die Gültigkeit der außergewöhnlichen Wahrnehmungen anzunehmen, zugleich unsere bewusste Fähigkeit fördert, überhaupt telepathisch zu arbeiten. Die Forschung geht weiter und es wurden und werden mehr und bessere Methoden entwickelt, PSI-Fähigkeiten zu fördern. Zum Beispiel bietet das *College of Psychic Studies* in London laufend Kurse für Menschen an, die mediale und intuitive Bewusstheit entwickeln wollen.

Die bis heute überprüften Experimente haben sich mit passiver Wahrnehmung und mit einem aktiven Einfluss zwischen Menschen über eine räumliche Distanz beschäftigt. Wir wissen jedoch, dass das holographische Prinzip einen Kosmos beschreibt, der vollständig vernetzt ist, auf allen Ebenen des Seins. Gibt es also auch Hinweise auf derartige Phänomene, die uns kollektiv betreffen?

Kollektive Reaktionen

Es gibt seit über fünfzehn Jahren ein Projekt namens *Global Consciousness Project*. Hier arbeiten rund einhundert Forscher daran, eine Korrelation zwischen den Ergebnissen von Zufallsgeneratoren, die rund um die Erde installiert sind, und kollektiven Ereignissen zu finden. Man erforscht, ob es zwischen Verteilungen von Zufälligkeiten von maschinell gewonnenen Datenreihen und gesellschaftspolitischen Geschehnissen einen Zusammenhang geben könnte. Anders gesagt: Hat das Bewusstsein von Kollektiven einen Einfluss auf physisch stattfindende Ereignisse? Bezüglich der Angriffe vom 11. September 2001 in New York und Washington meinen manche, signifikante Korrelationen entdeckt zu haben, was jedoch von anderen in Abrede gestellt wird.

Wenn es möglich ist, dass manche Menschen eine messbare und signifikante Fähigkeit der passiven PSI-Wahrnehmung beziehungsweise der aktiven PSI-Beeinflussung besitzen, dann könnte es solche Phänomene unter Umständen auch auf der Ebene von Kollektiven geben. Das ist es sicher wert, weiteruntersucht zu werden.

Fernheilung

Ein weiterer Bereich ist das so genannte Fernheilen. Man hat sehr häufig spontane Remissionen beobachtet, also das von den Ärzten nicht erwartete Verschwinden von Krankheiten beziehungsweise ihren körperlichen Symptomen, die Linderung von Schmerzen und die beschleunigte Genesung von vielen Patienten überall auf der Welt.

Aus wissenschaftlicher Sicht sind Studien, die zu positiven Ergebnissen gelangen und zu beweisen scheinen, dass es solche ortsunabhängigen Heilphänomene gibt, nur sehr schwer richtig einzuschätzen, einfach weil dabei eine sehr hohe Zahl von variablen Faktoren eine Rolle spielen kann. Der Psychologe William Braud und die Anthropologin Marylin Schlitz haben jedoch über viele Jahre hinweg Daten gesammelt und ausgewertet und kommen zum nachvollziehbaren Schluss, dass es Menschen gibt, die das Nervensystem anderer beeinflussen können, obwohl sich diese weit entfernt befinden. Diese Beeinflussung bezog sich in den entsprechenden Studien vor allem auf Blutdruck, Muskelreaktion und Leitfähigkeit der Haut.

Immer wieder wird in solchen Studien berichtet, dass die Wirksamkeit der Fernheilung davon abhängt, dass die „Fernheiler“ zumindest offen dafür sind, dass eine höhere Kraft durch sie wirkt, wenngleich die individuellen Glaubensüberzeugungen und religiösen Traditionen irrelevant zu sein scheinen. Ein Schlüsselerfordernis ist, dass die Heiler nicht persönlich am Ergebnis der Heilwirkung „kleben“. Vielleicht sollte das Motto für alle Heiler und Therapeuten deshalb lauten: *Let e-go and let God,* also „Lass das Ego los und lass Gott nur machen.“

Ko-Kreation

All diese Experimente demonstrieren unsere Fähigkeit, nicht nur auf über-örtlichen räumlichen und zeitlichen Ebenen wahrzunehmen, sondern augenscheinlich auch Zufallsergebnisse beeinflussen zu können. Die wissenschaftlich abgesicherten Resultate unterstreichen das, was metaphysische Lehren der Vergangenheit immer gesagt haben: dass wir sowohl als Einzelne wie auch als Kollektiv unsere Wirklichkeiten selbst erschaffen.

Wissenschaftlich gesprochen verursacht die Resonanz unserer Aufmerksamkeit und bewussten Absicht, auch durch unsere unterbewussten Muster, dass sich das Quantenfeld der freien Wellen mit ihren unzähligen Möglichkeiten zu kohärenten stehenden Wellen einer realisierten, manifestierten Stofflichkeit harmonisch zusammenfügt.

Und wir werden sehen, dass unsere Fähigkeit, bewusst Gesundheit und Wohlbefinden mit zu erschaffen, in dem Maße wächst, in dem sich die Schwingung unseres Bewusstseins erhöht, unsere Aufmerksamkeit konzentrierter und unsere Absicht klarer und kohärenter wird.

Ego

Während des Tages sind wir uns im Allgemeinen unseres Ich-Bewusstseins gewahr, das wir Ego nennen. Dieses Ich scheint von anderen getrennt zu sein; es besitzt eine klar definierte Persönlichkeit, eine individuelle Geschichte sowie ein kulturelles Erbe und eine familiäre Zugehörigkeit.

Auf den bewussten und den unbewussten Ebenen sind wir ständig dabei zu interpretieren, was der Körper über seine sensorische Kommunikation und Interaktion mit der äußeren Umwelt erfährt. Hauptsächlich aufgrund dieser Wahrnehmung gewinnt unsere Psyche den Eindruck einer materiellen Individualität und einen kontinuierlichen Sinn für ein Ego-Selbst. Nun wird aber die gesamte Information, die wir über unsere Sinne aufnehmen, durch die Linse der kulturellen Konditionierung gefärbt und von der individuellen Persönlichkeit definiert. Es ist also die Kombination unseres Alltagsbewusstseins und unserer unterbewussten Muster, was die Möglichkeit eines nicht lokalisierten Bewusstseins und von PSI-Effekten hervorbringt und auf diese Weise mitbestimmt, was wir für „real" halten. In erweiterten Bewusstseinszuständen, wenn unsere Sinne entspannt sind und nicht abgelenkt werden und sich die Begrenzungen unserer bewussten Wahrnehmung geöffnet haben, kann sich der Geist entfalten, die engen Schranken des Egos überschreiten und solche nonlokalen Bewusstseinszustände erforschen.

Kohärenz

Kohärenz gehört als integraler Bestandteil zur Nicht-Örtlichkeit. Auf der Quantenebene werden nonlokale Verknüpfungen zwischen „Zwillingsteilchen" oder verschränkten Teilchen, die sich in Raum *und* Zeit wie eine einzige Einheit verhalten, auf unterschiedliche Weise erzeugt. Jeder Prozess erfordert jedoch unabdingbar eine Kohärenz der ursprünglichen Energiemuster.

Eine Methode, um solche Zwillingsteilchen zu erzeugen, ist es, eine Gruppe von Atomen auf den exakt gleichen Erregungszustand anzuheben. Wenn sie dann in ihren natürlichen Zustand zurückkehren, geben sie eine kohärente Energie in Form von Zwillingsteilchen ab. Eine andere Technik verwendet Laser, um verschränkte Teilchen zu kreieren.

Etwas Ähnliches gilt für uns: Wenn unsere Psyche auf einer Bewusstseinsebene kohärent gestimmt wird, dann können wir auf dieser Ebene wahrnehmen und Einflüsse ausüben, die über Raum und Zeit hinausgehen. Bei den meisten Menschen wirkt der Filter des Egos so, dass die Möglichkeit derartiger Erscheinungen von vornherein ausgeschlossen wird. Wenn wir uns jedoch geistig dafür öffnen, dass eine solche Art der Bewusstheit möglich ist, dann lockert sich der eiserne Griff unseres Ego-Geistes und wir können uns auf solche anderen Wahrnehmungsformen sowohl in leichter Trance als auch bei völlig wachem Bewusstsein einstellen. Manche Menschen besitzen dazu eine besondere Begabung, aber wir alle können bis zu einem gewissen Grad nonlokal wahrnehmen. Wie könnte es auch anders sein, da dies schließlich unser wahres Wesen ist!

(Ein-)Stimmung

PSI-Experimente haben gezeigt – und das ist angesichts der Tatsache, dass überall im holographischen Kosmos Resonanz existiert, keine Überraschung –, dass unsere Fähigkeit, über weite Distanzen hinweg wahrzunehmen und zu kommunizieren, signifikant verstärkt werden, wenn wir uns auf dieselbe energetische Wellenlänge wie etwas oder jemand anderes einstellen.

Das ist mit dem Radio vergleichbar: Wenn wir ein Radio einschalten, das auf keinen Sender eingestellt ist, hören wir nur das weiße Rauschen (das Hintergrundgeräusch des Weltraums). Stellen wir andererseits einen bestimmten Sender ein, hören wir das Programm, das er gerade überträgt.

Wir selbst senden und empfangen ständig, nur sind sich die meisten unter uns darüber nicht bewusst. Wir haben die Fähigkeit, uns auf den Kosmos einzustimmen. Ob das nun geschieht, weil wir unser höchstes Bewusstsein erreichen oder anderen Menschen beistehen möchten, verlorene Schlüssel wiederfinden oder eine unterirdische Wasserader entdecken wollen – es sind alles Aspekte unseres eigenen inneren Wesens. Die richtige Einstimmung lässt sich dabei regelrecht üben.

Nehmen wir an, dass jemand prinzipiell für einen Zugang zu seinem überörtlichen Bewusstsein offen ist. Er kann sich nun mit drei wesentlichen Voraussetzungen befassen, die den meisten Menschen helfen, diese Bewusstheit wirklich zu erlangen. Es sind ein entspannter Körper, ein offener Geist und ein friedvolles Herz.

Die Ganzfeld-Methode hat gezeigt, dass unsere PSI-Fähigkeiten verstärkt werden, wenn wir innerlich und äußerlich ruhig sind und unsere Aufmerksamkeit nicht von den Myriaden von Sinnesempfindungen und Umweltsignalen bombardiert werden, denen wir im Alltag begegnen.

Nicht jeder von uns hat die Möglichkeit, wie in einem kontrollierten Laborexperiment in absoluter Stille zu sitzen. Das Ziel ist jedoch, entspannt und doch offen und wach zu sein, in einem leicht meditativen Zustand. Und dafür reichen ein ruhiges Zimmer, ein bequemer Stuhl und gedämpftes Licht für die meisten Menschen aus. Ein zu bequemer Sessel wird uns indes leichter einschlafen lassen! Meistens ist ein Stuhl vom Esstisch geeignet, da wir auf ihm mit geradem

Rücken, Nacken und Kopf sitzen können. Die Hände ruhen sanft auf den Oberschenkeln, und beide Füße sind flach und gleichmäßig auf den Boden gesetzt.

Oft fällt es uns sehr schwer, uns richtig einzustimmen, wenn wir emotional stark aufgeregt sind. Bevor Sie also eine Sitzung beginnen, versuchen Sie, ruhig zu werden. Wenn Sie ärgerlich sind oder sich aufgeregt haben, könnte Ihnen die Übung auf Seite 273 helfen.

Die meisten von uns empfinden es als schwierig, das zu beruhigen, was die Yogis in Indien das „Affengemüt" nennen. Dieser Begriff beschreibt unser Ich-Bewusstsein, das im normalen Alltag einmal hierhin, dann wieder dorthin saust, das sich ständig in einem inneren Dialog befindet, das Ideen aufbauscht, Urteile fällt und die Ereignisse unseres Alltagslebens verarbeitet. Die meisten spirituellen Traditionen empfehlen Atemtechniken, zum Beispiel die im Anhang vorgestellte Methode. Ich persönlich habe es als besonders hilfreich erlebt, wenn ich gar nicht erst versuche, die Gedankenwendungen des „Affengemüts" zu leugnen oder zu unterdrücken, zu bewerten oder mit Gewalt abzuschieben, sondern wenn ich ihnen erlaube, ohne besondere Anstrengung meinerseits einfach durch mich hindurchzufließen, während ich mich auf die Ein- und Ausatmung konzentriere.

Es ist wie bei allen Übungen: Je häufiger Sie sie anwenden, desto leichter fallen sie Ihnen. Ich kenne jedoch keinen einzigen Menschen, der nicht – ganz gleich, wie lange und intensiv er schon übt – immer noch Störungen durch das „Affengemüt" erleben würde. Lassen Sie sich also von ihm nicht allzu sehr stören.

Wahrnehmungsweisen

Fernwahrnehmungen können sowohl passiv wie aktiv sein. Wir können uns auf eine solche Wahrnehmungsweise mit dem Ziel einstimmen, Informationen zu erhalten. Das geschieht bei der gezielten Erkundung von weit entfernten Orten durch überörtliche Fernwahrnehmung. Oder wir können versuchen, über die Distanz hinaus Einfluss auszuüben, zum Beispiel telepathisch zu kommunizieren oder zu heilen oder Gebete auszusenden.

In der aktiven und in der passiven Wahrnehmung hat jeder von uns unterschiedliche Methoden. Manche visualisieren gern innerlich. Andere fühlen oder spüren stärker. Wieder andere hören etwas oder riechen Düfte. Ein paar Menschen sind sogar in der Lage, auf mehreren Ebenen gleichzeitig auf mediale Weise Informationen aufzunehmen. Und manchmal „wissen“ wir einfach! Keiner dieser Wege ist besser oder schlechter als ein anderer; der eine führt uns persönlich nur besser zum Ziel als ein anderer.

Manchmal, wenn wir bereits mehr Übungspraxis haben, wird nicht nur unsere Bewusstheit mit der bevorzugten Technik erhöht, sondern wir nehmen auch auf andere Art und Weise wahr. Wenn unsere Hauptmethode für nonlokale Bewusstheit darin besteht, Eindrücke zu spüren, stellen wir vielleicht fest, dass wir nun auch beginnen zu visualisieren, oder umgekehrt.

Solche Einstimmungen auf höhere Ebenen verlangen Zeit und Bemühungen, und wie bei fast allen Dingen bringt uns häufiges Üben schneller voran. Der Prozess unserer spirituellen Einstimmung geht auch Hand in Hand mit unserer Entscheidung, dass wir uns tatsächlich auf eine innere Reise der Einsichten, der Heilung und des Wachstums begeben.

Glauben Ist Sehen

Wir haben festgestellt, dass unsere Körper mikrokosmische Hologramme sind; sie sind die Gefäße für unser integrales Bewusstsein, damit wir erfahren können, was es heißt, ein

Mensch zu sein. Unser Ego-Geist, die Emotionen und der Körper „sehen“ somit das, was wir von uns selbst und von der Welt um uns herum halten. Doch selbst wenn unsere kulturelle Konditionierung so sein sollte, dass unser Ich-Bewusstsein ein völlig materialistisches Weltbild besäße, würden es unsere Herzen und unsere Körper doch besser wissen.

Wir haben erfahren, dass unsere Wahrnehmung und Bewusstheit ihrem Wesen nach überörtlich sind und dass inzwischen auch die Naturwissenschaft die Existenz von PSI-Phänomenen wie Telepathie und Fernheilung anerkennt. In dem Maße, wie sich unser Bewusstsein erweitert, individuell und kollektiv, erkennen wir den Kosmos immer deutlicher und beginnen, Zugang zu unserem achten Chakra und den noch höheren Chakras zu gewinnen. Wir sind bereits auf dieser Reise der Ganzheit.

Im nächsten Kapitel werden wir sehen, wie es eine Oktave von acht kosmischen Prinzipien dem Bewusstsein möglich macht, seine Kreativität mehr und mehr zu entdecken und zu verwirklichen. Und wir werden tiefer in die Natur der Zeit eintauchen und erkunden, was wir mit dem freien Willen und mit Schicksal und Bestimmung eigentlich meinen.

4.
Kosmische Prinzipien

Das holographische Universum ist hervorragend dafür ausgelegt, es dem Bewusstsein zu erlauben, sich durch geistige Wahrnehmung zum Ausdruck zu bringen, die auf Polarität basiert und schließlich zu Erfüllung führt. Da alles im Universum mit allem zusammenhängt, beruht alles, was wir in der physikalischen Welt erfahren, auf einer solchen Relativität.

Die Persönlichkeit unseres Ego-Selbst erforscht ebenfalls laufend die Beziehungen zwischen unseren Gedanken, Gefühlen und Sinnen. Deren sich ständig verändernde Dynamik gestaltet den kreativen Tanz unserer inneren Erfahrungen. Und in unseren äußeren Beziehungen zu anderen Menschen und zur Umwelt befindet sich der Mikrokosmos unseres inneren Selbst in holographischer Resonanz zu unserer kollektiven Mitschöpfung der Welt.

Raum und Zeit

Die grundlegende Natur der Raumzeit wird von der Wissenschaft mit einer universellen DVD verglichen. Jeder Punkt in der Raumzeit wird als zeitgleich mit allen anderen existent betrachtet; nur unser Verstand erzeugt die Wahrnehmung eines Zeitflusses und der folgerichtigen Entfaltung von Ereignissen.

Wir können unser Bewusstsein wirklich mit einem kosmischen DVD-Abspielgerät vergleichen, das aufgrund unserer kohärenten Aufmerksamkeit und zielgerichteten Absicht die Vielfalt unserer individuellen und kollektiven Erfahrungen zum Ausdruck bringen und speichern kann, die wir die „physikalische Welt“ nennen.

Für uns ist es entscheidend, dass wir den Fluss der Zeit spüren, und auch der universelle Pfeil einer klar gerichteten Zeit ist für unsere Erfahrungen in der physischen Welt notwendig: damit wir Entscheidungen treffen und erleben können, wie sich ihre Folgen entwickeln. Unsere nonlokale Bewusstheit transzendiert hingegen die Begrenzungen der Raumzeit, obwohl es auch dabei gewisse Beschränkungen zu geben scheint. Sie bergen unter Umständen den Schlüssel für ein tieferes Verständnis von Zeit und ihrem Sinn.

Schöpfung im Hier und Jetzt

Um das holographische Universum besser zu verstehen, müssen wir die metaphysische Absicht hinter seiner Erschaffung wahrnehmen. Bei einem Hologramm wird ein kohärenter Lichtstrahl in zwei Strahlen geteilt und später wieder zusammengeführt, um ein holographisches Bild zu erzeugen. Beim Universum scheint es sich um einen Strahl einer kohärenten Absicht des Bewusstseins zu handeln, der sich in zwei Strahlen aufgespaltet hat. Ein Strahl verkörpert alles das, was wir die Vergangenheit nennen, und den anderen Strahl bildet das kontinuierliche, absichtsvoll gerichtete Bewusstsein, das die Zukunft gestaltet. Sie begegnen sich im gegenwärtigen Moment, den wir das Jetzt nennen. Und damit wird das holographische Universum immer nur im Jetzt erschaffen.

Das grundlegende Gewebe von Raumzeit – Vergangenheit, Gegenwart und Zukunft – existiert als Ganzheit, so sagen es uns die Physiker. Informationen jedoch, die sich auf alle Ereignisse beziehen, die wir die „Vergangenheit" nennen, scheinen gespeichert zu sein in etwas, was die Weisen des Altertums die „Akasha-Aufzeichnungen" nennen. Kosmologen nennen es das „Nullpunkt-Feld". In diesem Modell fließen uns zukünftige Ereignisse aus der höheren Intention des Bewusstseins zu, wie sie durch den zweiten holographischen Strahl übermittelt werden. Die Zukunft ist ihrem Wesen nach noch nicht völlig geformt und ausgestaltet, sondern wird in jedem Augenblick ununterbrochen neu kokreiert, also von uns mit erschaffen.

Örtlich nicht gebundene Bewusstheit scheint diese neue Sichtweise der physischen Welt zu stützen. Experimente haben erwiesen, dass wir tatsächlich Vorauswissen über die Zukunft haben können. Das Erleben einer solchen Bewusstheit legt nahe, dass sich die Zukunft ständig mehr verdichtet, bis sie zum kokreierten Jetzt wird. Deshalb fällt es uns leichter, eine vollständigere nonlokale Wahrnehmung der Vergangenheit zu erfahren, indem wir Zugang zu den Akasha-Aufzeichnungen gewinnen, als die noch im Entstehen begriffene „Zukunft“ wahrzunehmen.

Der Fokus oder die Kohärenz bewusst ausgerichteter Absicht sind die Mittel, durch das die Wellen der Wahrscheinlichkeit des Quantenfeldes dazu gebracht werden, sich zu manifestieren und sich in den stehenden Wellen spezieller Ergebnisse zu zeigen, in der Energie-Materie, die wir die physische Realität nennen. Wenn wir uns also einige Aspekte der „Zukunft“ durch Vorauswissen bewusst machen können, dann nehmen wir tatsächlich die viel feineren energetischen Schwingungen der Absichten wahr, welche die Zukunft auslösen. Wenn sich das tatsächlich so verhält, dann nehmen wir nicht das Resultat einer Absicht an einem „zukünftigen“ Punkt der Raumzeit wahr, sondern die noch nicht manifestierte Schablone unserer individuellen und kollektiven Intentionalität, während diese auf das Jetzt der Gegenwart zufließen.

Es ist wichtig, dabei zu erkennen, dass nicht nur unser bewusster Geist, sondern auch alle anderen Ebenen unseres Bewusstseins Aufmerksamkeit und Absicht erzeugen und insofern ebenfalls dazu beitragen, dass sich die Zukunft herauskristallisiert. Das hat entscheidende Folgen für unser Verständnis von Schicksal und freiem Willen.

Schicksal und freier Wille

Die Naturwissenschaft setzt sich stark mit den Vorstellungen von Schicksal und freiem Willen auseinander. Denn die Folgerungen aus der Sichtweise, dass Raumzeit und alles darin gleichzeitig existiert, scheint nur eine Erklärung zuzulassen: dass der freie Wille illusorisch ist und dass wir letztlich wie Automaten sind, die nur ihr Schicksal abspulen können. Die Schriften jeder alten Religion haben ebenfalls die Macht des Schicksals betont und unsere Unfähigkeit, es zu vermeiden. Und doch scheint es uns so, während wir Entscheidungen treffen, dass wir uns dabei vom freien Willen leiten lassen (obwohl mein freier Wille abwesend zu sein scheint, wenn eine Schale mit Schokoladenkeksen vor mir steht).

Wie kann man dieses Paradox auflösen?

Das holographische Modell des Universums und das Primat des einen zusammenhängenden Bewusstseins können uns vielleicht gemeinsam einen Weg aufzeigen, nicht nur Wissenschaft und Spiritualität zu versöhnen, sondern auch das uralte Paradox von Schicksal und freiem Willen aufzulösen.

Wie wir in den folgenden Kapiteln immer wieder feststellen werden, ist unser individuelles Bewusstsein enorm viel größer als die begrenzte Bewusstheit unseres Ego-Selbst. Wir treffen auf vielen Ebenen unserer Wahrnehmung Entscheidungen. Viele der Erfahrungen unseres Ego-Selbst mögen tatsächlich schicksalhaft vorherbestimmt sein, weil sie mit freiem Willen auf einer anderen, höheren Ebene unseres Bewusstseins frei gewählt worden waren. Andere Erfahrungen wiederum folgen aus freien Willensentscheidungen durch die Wahrnehmung unseres Ego-Selbst.

Das erfolgt in Übereinstimmung mit spirituellen Traditionen, die seit langem besagen, dass wir uns auf der Seelenebene die Umstände unserer Geburt und unseres Lebens frei aussuchen, um Erfahrungen zu sammeln und aus den Lektionen des Lebens zu lernen. Eine solche Absicht und die entsprechenden Entscheidungen sind offensichtlich nicht auf der Ebene der Ego-Bewusstheit gebildet und getroffen worden, sondern auf einer höheren Ebene unseres Bewusstseins.

Höhere Entscheidungen

Wenn wir das erkennen und auch begreifen, dass alle derartigen Entscheidungen letztlich die unseren sind, dann können wir einen großen Sprung vorwärts machen – bei unserer Entdeckungsreise, wer wir wirklich sind.

Wenn wir feststellen, dass die Folgerungen, die sich aus unseren höheren Entscheidungen ergeben, ihrem Wesen nach unser Schicksal darstellen, dann können wir uns auf der Ebene des Ich-Bewusstseins entscheiden, uns harmonisch auf sie einzustimmen und uns in den größeren Fluss des Kosmos einzulassen – oder auch nicht.

Wir können uns gegen die Umstände unseres Lebens auflehnen und gegen die Prüfungen und Traumata, denen unser höheres Selbst uns zu unterziehen scheint. Oder wir können uns entscheiden, dass unser Ego-Selbst und unser höheres Selbst – wie auch alle anderen Ebenen unseres individualisierten Bewusstseins – unsere Seele bilden und annehmen, dass letztlich alles, was wir erleben oder „erdulden", dem höchsten Zweck der Evolution unserer Seele dient.

Es gibt einen bekannten alten Spruch: „Vor der Erleuchtung hole Wasser, mache Holz; nach der Erleuchtung hole Wasser, mache Holz." Anders gesagt: Die Tatsache, dass wir großartige Wahrheiten erkennen und die Wahrnehmung gewinnen, die mit der Erleuchtung kommt, heißt nicht notwendigerweise, dass sich damit auch die Umstände des Lebens, das wir uns ausgesucht haben, verändern. Aber unsere Einstellung und Wachheit, unsere bewusste Haltung sind verändert.

Während unseres Reise zum und durch das achte Chakra werden wir immer noch Wasser holen und Holz machen, aber als Reisegefährten lernen wir, in immer besserer Harmonie mit dem Kosmos zu sein, anstatt zu versuchen, seinen Fluss einzudämmen oder umzuleiten.

Der kosmische Fluss

Der kosmische Fluss* besteht aus Wellen der Erfahrungen, auf denen wir surfen können – oder auch nicht. Ich erinnere mich, dass ich einmal auf der Insel Maui war und über das Meer blickte. Dort ritten Windsurfer auf den Wogen des Pazifiks wie Libellen, die über einen See huschen. Ich schaute ihnen ganz begeistert zu und spürte ihr Gefühl von Heiterkeit und Freiheit, während sie perfekt im Gleichgewicht zwischen Meer und Himmel waren. In jedem Moment konnte ich spüren, wie sie sich auf die Welle einstimmten, wenn sie sich erhob, sich an ihrem Kamm brach, nach unten schlug und abebbte.

In unserer entscheidenden Zeit heute sind wir alle Surfer, die individuell und kollektiv eine Gezeitenwelle der Veränderung reiten. Wie diese Windsurfer in Maui können wir uns aussuchen, ob wir flexibel sein wollen und uns auf die Nuancen der Wellen unseres persönlichen Lebens einlassen und einstimmen möchten, sowie auf jene große Welle, auf der wir alle reiten – indem wir uns bewusst auf Harmonie mit den Umständen und Zeitpunkten von Ereignissen einstellen. Oder wir können uns entscheiden, so zu tun, als ob

---

* In der Vorlage *Flow*, ein Begriff, der inzwischen auch bei uns gebräuchlich ist. Anm.d.Ü.

die Wellen nicht existierten oder sie uns nichts angingen. Sie existieren aber, und sie haben mit uns zu tun.

Es gibt einen Aspekt im Hinblick auf das Timing von Ereignissen, das uns ein sicheres Signal gibt, dass wir uns tatsächlich im kosmischen „Flow“ befinden: Synchronizitäten. Der Psychologe Carl Gustav Jung hat diesen Begriff geprägt, um damit Geschehnisse zu bezeichnen, die augenscheinlich keine Ursache haben, aber für die Menschen, die sie erleben, von Bedeutung sind. Jung selbst hat viele solcher Synchronizitäten erlebt. Zum Beispiel behandelte er einmal eine Patientin, die an einem kritischen Punkt der Therapie einen Traum hatte, in dem sie einen goldenen Skarabäus erhielt. Als sie bei ihrer nächsten Sitzung davon erzählte, hörte Jung ein Klopfen am Fenster hinter sich. Er drehte sich um, öffnete das Fenster und ein skarabäus-ähnlicher Käfer kam hereingeflogen, entgegen seiner Gewohnheit flog er in den dunklen Raum. Bis zu diesem Zeitpunkt wurde Jungs Behandlung wirkungsvoll vom Widerstreben der Patientin blockiert, ihre einzig rationale Sicht des Lebens zu ändern. Der Skarabäus, ein altes ägyptisches Symbol der Wiedergeburt, bot Jung und seiner Patientin eine Chance, ihre Sicht der doch möglichen Transformation und Heilung zu verändern.

Wenn wir für solche Synchronizitäten offen sind, dann heißen wir damit eine tiefere Magie und eine höhere Wahrheit in unserem Leben willkommen. Erwarten Sie ruhig Wunder!

Acht kosmische Prinzipien

Es gibt eine Oktave, eine achtfaltige Gruppe von Prinzipien, die in unterschiedlichen Ausprägungen die gesamte Menschheitsgeschichte hindurch und in allen Kulturen die Basis für die universelle Weisheit gebildet haben. Zusammen genommen kann man diese Prinzipien als Leitlinien für die Kokreativität aller Erfahrungen ansehen. Sie stellen die fundamentalen Harmonien dar, durch die sich Bewusstsein zum Ausdruck bringt.

Der Einfluss dieser Prinzipien steht in harmonischer Resonanz nicht nur zur physischen Ebene, sondern zu allen anderen Ebenen auch, zu den mentalen, emotionalen und spirituellen Bereichen. Damit sind sie nicht nur universeller, sondern kosmischer Natur.

Wenn wir diese kosmischen Prinzipien verstehen, machen wir uns die tiefer liegenden Methoden und Wege bewusst, wie sich Bewusstsein selbst erforscht und erfährt. Und wenn wir das erkennen, sehen wir, wie der Kosmos in seiner Ganzheit von allen gemeinsam erschaffen wird.

1. Relativität

Das erste Prinzip der kosmischen Oktave ist das Prinzip der Relativität. Es wird vermutlich am besten durch die alten chinesischen Symbole von Yin und Yang repräsentiert. Diese Pendants oder sich ergänzenden Polaritäten durchdringen den Kosmos überall. In jedem der beiden steckt bereits auch ein Keim des Gegenübers, des Partners. Wenn sich beide begegnen und sich gegenseitig ausbalancieren, dann findet ein dritter und wesentlicher Teil der Schöpfung seinen Ausdruck.

Nehmen Sie sich ein paar Augenblicke Zeit, um selbst die grundlegende dreifältige Natur des Universums und dieses kosmische Prinzip der Relativität* zu entdecken:

---

* Bisweilen, und so auch hier, schreibt die Autorin im englischen Original nicht „relativity“, sondern „real-ativity“; ein Wortspiel um Realität und Relativität. (Anm.d.Ü.)

- Zeichen Sie auf einem Blatt Papier drei vertikale Spalten, und nehmen Sie sich eine Minute Zeit, um in der ersten Spalte links alle möglichen Eigenschaften der physischen Welt zu notieren, die Ihnen in den Sinn kommen.
- In der dritten Spalte ganz rechts schreiben Sie nun alle Gegensätze zu den Begriffen ganz links auf. Wenn Sie links zum Beispiel „weiß" stehen haben, notieren Sie rechts jetzt „schwarz".
- Schließlich atmen Sie gut durch und schreiben in der mittleren Spalte alle Begriffe nieder, die Ihnen in den Sinn kommen, um eine Balance zwischen den jeweiligen Gegensätzen links und rechts zu erreichen und eine Lösung der Spannung zu erzielen. Wenn Sie zum Beispiel „Tag" und „Nacht" links beziehungsweise rechts notiert haben, könnten Sie „Dämmerung" als deren Ausgleich finden.

Ich wäre wirklich sehr überrascht, wenn Sie nicht am Ende dieser kleinen Übung für jedes Gegensatzpaar eine Lösung und einen Ausgleich gefunden haben sollten.

„Dualität" ist ein Wort, das gern verwendet wird, um solche Gegensätze zu beschreiben. Seinem Wesen nach ist dies jedoch ein Begriff, mit dem solche Gegensatz-Partner als getrennt existierende und für sich allein bestehende Dinge bezeichnet werden.

Ein anderes Wort dafür ist „Polarität". Ursprünglich hat man diesen Begriff gebraucht, um den Nord- und den Südpol eines Magneten zu benennen. Aber inzwischen ist der Wortgebrauch dahin erweitert worden, dass wir darunter auch die ursprüngliche Aufspaltung von Bewusstsein in die Myriadenformen von Yin- und Yang-Eigenschaften in der Welt verstehen.

„Dualität“ wirkt, als ob zwei Fremde nebeneinander stünden, ohne sich zu berühren. Bei „Polarität“ werden sie zumindest eingeladen, sich an den Händen zu halten. Und doch bleibt bei diesem Begriff das Gefühl, dass – wie bei zwei Polen eines Magneten – sich zwei Polaritäten zwar gegenseitig ausgleichen, sich aber doch nie treffen.

Wenn wir das Wechselspiel jedoch so betrachten und beschreiben, dass wir es als eine in sich ruhende Beziehung sehen – als eine „Relativität“ anstatt einer „Polarität“ oder „Dualität“ –, dann können wir ihren „Tanz“ erfassen, in dem sie sich gemeinsam befinden. Aufgrund ihrer Relativität und Realität, die schließlich zu Ausgleich und Lösung führen, wird die Welt realisiert und werden wir beseelt.

Auflösung

Wir alle, ob Mann oder Frau, verkörpern beide Aspekte der Gegensätze von Yin und Yang, als emotionale, mentale und höhere Schwingung. Das Verhältnis dieser beiden Ausdrucksformen zueinander bildet einen wesentlichen Aspekt bei unserer Reise zur Ganzheit.

Die alten Weisen erkannten, dass letztlich alle Gegensätze aufgelöst werden können; man könnte auch sagen, dass sie „Erfüllung“ finden können. Sie sahen die schöpferische Kraft der Beziehung von Yin und Yang in der Geburt eines physischen, eines metaphorischen oder eines symbolischen Kindes verkörpert. Dieser Ausdruck der Dreiheit oder Dreieinigkeit als ein „Kind“ bedeutet jedoch nicht, dass dies ein energetischer Sprössling des Männlichen und des Weiblichen wäre. Das Kind kommt nicht später und ist nicht geringer, sondern ihnen beiden ebenbürtig und ein integraler Bestandteil der Ganzheit.

Versöhnung

Das Dreieck, dessen drei Seiten an drei Punkten kulminieren, ist die einfachste Form, wie eine triadische Versöhnung ausgedrückt werden kann. Architekten wissen seit langem, dass ein Dreieck die stabilste zweidimensionale physikalische Form darstellt.

Alle energetischen Lösungen auf allen Ebenen und in allen Maßstäben des holographischen Universums bedürfen dreier Partner – des männlichen Prinzips, des weiblichen Prinzips und des Kindes – und ihrer ebenbürtigen Kraft in der gegenseitigen Beziehung, ebenso wie das stabilste Dreieck jenes mit drei gleich langen Seiten ist. Wer von uns würde schon gern auf einem Dreibeinstuhl sitzen, dessen Beine verschieden lang wären?

Dreiheiten

Dreiheiten, auch „Dreieinigkeiten", sind Aspekte der Ganzheit. Wir finden diese Dreigestaltigkeit nicht nur in geometrischen Formen wieder, sondern auch in zahlreichen Mythen und Symbolen, durch die man in der Antike gern zu lehren pflegte.

Der Caduceus, der Äskulapstab als Symbol für Heilung, war in unterschiedlichen Formen in der antiken Welt verbreitet. Er weist zwei Schlangen auf, die sich an einem Stab hoch schlängeln und sich dabei ineinander verflechten. Das symbolisiert das Wechselspiel und die Balance der energetischen Polaritäten und der Ganzheit ihrer Lösung und Erfüllung.

Im vedischen Pantheon repräsentieren Brahma der Schöpfer, Vishnu der Erhalter und Shiva der Auflöser (oder „Zerstörer") die ewigen kosmischen Zyklen von Geburt, Leben und Tod. Solche Zyklen, die immer dieselben sind und sich doch ständig wandeln, manifestieren sich in Raum und Zeit. Ebenfalls in der indischen Tradition bringen sich die drei kosmischen Prinzipien der Verwirklichung, die drei so genannten *Gunas,* in einem allzeit schöpferischen Tanz zum Ausdruck.

Eine derartige grundlegende Ganzheit wird auch von der fast universellen Präsenz von Dreiheiten und in antiken Kosmologien verkörpert, wie sie in den Archetypen der Frau, des Mannes und des Kindes Ausdruck finden. Für die Ägypter verkörperten die mythischen Isis, Osiris und Horus diese drei Prinzipien. Für die Griechen waren dies Aphrodite, die Göttin der Liebe, und Ares, der Gott des Krieges, die das Kind Harmonia hervorbrachten, das bei ihren inneren Konflikt vermittelte und ihn auflöste. Bis die offizielle Kirche diese Ansicht als häretisch verdammte, kannte auch die gnostische christliche Tradition die kosmische Dreieinigkeit vom männlichen Vater, dem weiblichen Heiligen Geist und dem androgynen Sohn, der Verkörperung der erweckten Geistigkeit.

Triaden

In der physischen Welt zeigen sich laufend Dreiheiten. Die physische Welt besteht ja innerhalb der drei räumlichen Dimensionen. Und in den physikalischen Gesetzen, welche die Kräfte des Universums regulieren, ist immer die dreigeteilte Thematik von Vermittlung, Manifestation und Auflösung enthalten.

In Einsteins berühmter Gleichung $E=mc^2$ werden Energie und Materie, die gemeinsam die Verkörperung der physikalischen Welt ausmachen, durch die Vermittlung der Lichtgeschwindigkeit versöhnt. Es gibt noch eine andere Art und Weise, die grundlegende Beziehung von Kräften zu betrachten, die ich meinem Freund Jeb Barton verdanke. Ich denke mir, Einstein würde Jebs Darstellung schätzen. Jeb sagt: Erleuchtung (E) entspricht der Manifestation (m) von Bewusstsein (c; im Englischen Consciousness), das sich selbst erforscht.

Atome sind in sich stabil aufgrund dieser dreifachen Balance zwischen Massen, Kräften und Ladungen von Protonen, Neutronen und Elektronen, aus denen sie gebildet werden. Das Proton ist derart stabil, dass Naturwissenschaftler geschätzt haben, dass es mindestens 100 Millionen Billiarden Billiarden Jahre bräuchte, bevor es in irgendetwas anderes zerfiele!

Physiker, die sich mit subatomaren Teilchen beschäftigen und nach der elementarsten Struktur der Natur suchen, haben nur drei Familien von Urteilchen entdeckt, die zusammen die gesamte Materie im Universum bilden. Und es gibt auch drei Grundgesetze der physikalischen Bewegung, wie Isaac Newton im 17. Jahrhundert entdeckte hatte, die Bewegung im dreidimensionalen Raum vollständig beschreiben können und überall in der physischen Welt gelten.

Wellen

Die Energiewellen, die der universelle Ausdruck von Bewusstsein sind, verkörpern ebenfalls diese fundamentale Dreiheit. Jede Welle beginnt eine Aufwärtsbewegung, dann erreicht sie einen Höhepunkt und schließlich fällt sie wieder ab. Die enorme Interaktion von Wellen in jedem Maßstab des Seins bildet dann das holographische Muster des Kosmos.

Unsere Erfahrungen sind ihrem Wesen nach auch Wellen des Ausdrucks von Bewusstsein und verkörpern als solche dreifache Phasen. Die Initiationsriten und -reisen, die in allen alten Kulturen zu Weisheit führen sollten, bestehen aus drei Stadien. Wenn das „Ich“ des Initiierten als bereit angesehen wird, dann beginnt die Mission oder Suche. Während der Suche vollzieht sich ein von der Intuition geleiteter Lernprozess. Der dritte und vielleicht wichtigste Aspekt der Initiation ist dann die Integration der Weisheit, die man sich durch Standhaftigkeit und Mut erworben hat.

Die grundlegende Natur der Auflösung von Gegensätzen und ihrer Erfüllung durchdringt unsere gesamte Betrachtungsweise der Welt. Wir weisen Ereignissen einen Platz in der Vergangenheit, der Gegenwart oder der Zukunft zu, und wir spüren, dass wir selbst Herz, Verstand und Willen verkörpern.

2. Auflösung

Wir haben dieses zweite kosmische Prinzip schon eingeführt. Wenn wir Licht und Schatten unserer Erfahrungen untersuchen, stellen wir fest, dass das höchste Streben unseres integrierten Bewusstseins – ob wir es bemerken oder nicht – darin besteht, eine Balance und Lösung dieser Gegensätze zu erlangen, eine „Wiederbeseelung“*. In allen Dimensionen und Bereichen des Kosmos beschreibt das Prinzip der Resolution, der Lösung und Erfüllung, wie die Energien des Bewusstseins letztlich immer danach streben, eine solche Versöhnung zu erreichen.

Das Wesen einer polaren Wahrnehmung besteht darin, dass jedes polare Element immer nur in Beziehung zu seinem Partner wahrgenommen werden kann. Deshalb nehmen wir Licht nur wahr, wenn wir es mit Dunkelheit vergleichen können. Beide brauchen sich gegenseitig, um sich ausdrücken zu können. Für sich genommen sind beide jeweils in sich unausgeglichen. Je extremer die Manifestationen von Licht beziehungsweise Dunkelheit sind, desto unausgeglichener sind sie.

* Die Autorin macht hier wieder ein nicht ins Deutsche zu übertragendes Wortspiel mit dem Begriff *Resolution* (Lösung, Auflösung, Erfüllung), den sie hier als „Re-soul-ution“ benennt, womit sie das Wort *soul* = Seele mit hineinnimmt. Anm.d.Ü.

Und wenn das Extrem übertrieben wird, werden sie zu ihrer eigenen Nemesis. Extremes Licht kippt um in extreme Dunkelheit und umgekehrt.

Wenn wir darauf bestehen, solche Polaritäten zu bewerten, dann geben wir ihnen Energie und Aufmerksamkeit. Unweigerlich wird das, dem wir uns widersetzen, bestehen bleiben. Buddha erkannte dieses kosmische Prinzip, als er seine Jünger aufforderte, den mittleren edlen Weg zu Selbsterkenntnis und Erleuchtung zu wählen.

Denken Sie über dieses kosmische Prinzip nach, wenn Sie das nächste Mal heißes und warmes Wasser gemeinsam in die Badewanne einlaufen lassen. Keines von beiden ist „gut" oder „schlecht", und ihre Lösung oder Erfüllung schenkt uns ein wundervolles Erleben, vor allem, wenn diese Erfahrung mit einem duftenden Badezusatz und einem Glas Wein kombiniert wird.

Erinnerung

Wenn wir unsere polar begründete Bewusstheit auf der physischen Ebene untersuchen, dann sind wir dort Teilnehmer an den jeweiligen Umständen und Situationen. Wir vergessen nicht nur, dass wir spirituelle Wesen sind, die eine physische Erfahrung machen, sondern wir schlüpfen derart tief in unsere Erdenrolle hinein, dass die Traumata, die wir auf der physischen, emotionalen und mentalen Ebene erfahren, unsere Psyche quasi aufbrechen, veräußerlichen und zergliedern. Der Weg zur Er-Innerung ist deshalb ein Pfad zu einer profunden Heilung unserer Seele. Das ist der Weg, den wir gemeinsam bis zum Schluss dieses Buches gehen werden.

Unsere Er-Innerung hat mit einem Prozess zu tun, der unser Bewusstsein über die Grenzen der Persönlichkeit und des Egos hinaus erweitert, denn er findet im Energiefeld des Egos statt, wo die Eindrücke der Traumata unserer Veräußerlichung und Zergliederung gespeichert worden sind. Und da, wie Einstein bemerkt hat, ein Problem nicht vom selben Standpunkt aus gelöst werden kann, von dem aus es geschaffen wurde, müssen wir einen höheren Gesichtspunkt finden. Am Ende ist der angemessene Gesichtspunkt ein Bewusstsein jener Einheit, die der gesamten Vielfalt des holographischen Kosmos zugrunde liegt.

Das ist unsere Reise nach Hause zur Ganzheit dessen, wer wir *wirklich* sind.

3. Resonanz

Das Prinzip der Resonanz bringt die harmonische Entsprechung zwischen allen Dingen und Erfahrungen der Prinzipien und Kräfte des Kosmos zum Ausdruck. Wir entdecken solche Entsprechungen nicht nur überall in der physischen Welt mit allen ihren Aspekten und Ebenen, sondern auch in den metaphysischen Bereichen.

Das alte Ägypten hat diese kosmische Erkenntnis vielleicht am besten auszudrücken gewusst. Thoth, der archetypische Weisheitslehrer, erklärte: „Wie oben, so unten." Er erfasste, dass die gesamte Welt harmonisch schwingt und dass sich der Makrokosmos im Mikrokosmos widerspiegelt. Die Energien unserer eigenen Gedanken und Gefühle sind auf den inneren und äußeren Ebenen in Resonanz zueinander. Diese Resonanz findet ihre Entsprechung in unserem Gesundheitszustand und unseren Lebensumständen.

Alle unsere Gedanken, E-motionen (Energie in Bewegung), Worte und Handlungen verkörpern Energie. Die Frequenzen oder Schwingungsraten dieser Energien können hoch oder niedrig sein. Energien mit hohen Frequenzen inspirieren und beleben uns, während niedrig schwingende Energien uns auslaugen und ermüden. Je höher die Frequenz einer Energie, desto stärker ist ihre Kraft, etwas zu durchdringen und zu verändern. Liebe ist die höchste Energiefrequenz im ganzen Kosmos, während Emotionen wie Hass die niedrigsten darstellen. Entsprechend des Prinzips der Auflösung würde ein Widerstand gegen solche niedrig schwingenden Energien ihnen nur Energie zufließen lassen, die sie weiter bestehen lässt. Wenn wir uns dagegen auf höhere Schwingungen von Energien aus höheren Ebenen einstimmen und unsere Intention darauf ausrichten, dann kommen wir auf dem Weg zu Ganzheit und Einheit weiter voran.

In dem Maße, wie sich unser Bewusstsein ausdehnt, werden unsere Energiemuster unweigerlich kohärenter. Damit werden wir authentischer dabei, unsere Seeleaufgabe zu verwirklichen und immer höhere Integrität zu verwirklichen. Dann entsprechen sowohl die Resonanz als auch die Kohärenz der höheren Schwingungen unserer Intentionen und unserer bewussten Aufmerksamkeit der ewigen Schönheit des Kosmos. Auf diese Weise lernen wir nach und nach, ein kosmischer Surfer zu werden und unsere höchste Bestimmung zu erfüllen.

4. Spiegelung

Das Prinzip der Spiegelung beschreibt, wie unsere äußeren Lebensumstände unseren inneren Zustand reflektieren, und umgekehrt.

Dieses Prinzip ergibt sich aus dem der Resonanz. Unsere Schwingungen stehen in Resonanz mit anderen Menschen und Umständen, die dieselben Frequenzen verkörpern, somit kokreieren wir Situationen und Bedingungen, die diese Realitäten widerspiegeln.

Je bewusster wir darüber werden, dass dieses Prinzip unausweichlich gültig ist, desto mehr können wir uns auf unsere Lebenshaltung und Lebensführung konzentrieren und den Prozess unserer Transformation vorantreiben. Das

Prinzip der Spiegelung bietet uns also eine laufend erneuerte Gelegenheit, Bewusstheit zu entwickeln und inneres Gleichgewicht anzustreben. Wir können seiner Gültigkeit in unserem ganzen Leben nicht entkommen, denn ständig zeigt es sich in den äußeren Lebensumständen unserer Erfahrungen als Individuen, Familien, Gesellschaften und ganzen Zivilisationen. Wenn wir einen Bereich heilen, heilen wir das Ganze.

5. Veränderung

Die Energiewellen, die Bewusstsein zum Ausdruck bringen, sind in immerwährender Bewegung. Das Prinzip der Veränderung liegt dieser fundamentalen Wirklichkeit zugrunde.

Die Rhythmen unser Erfahrungen, ihre Höhe- und Tiefpunkte, ihre Anfänge, ihre schöpferische Entfaltung und ihr Abschluss – all das verschafft uns Chancen, bewusster zu werden. Abhängig von unserer Sichtweise bietet uns die kontinuierliche Kokreation durch Wandel und Veränderung schwierige Herausforderungen oder günstige Gelegenheiten, und das oft sogar gleichzeitig. Wir könnten zwar versuchen, vor jeder Veränderung davonzulaufen, aber wir werden uns doch nicht ganz davor verstecken können.

Für viele von uns ist die Vergangenheit eine bequeme „Trostdecke“, und manche klammern sich daran, obwohl diese Decke schon längst sehr fadenscheinig geworden ist. Loszulassen verlangt manchmal einen vertrauensvollen Sprung ins Ungewisse und Zuversicht in die Zukunft ganz allgemein. Und wir werden dabei unter Umständen das Wunder einer Wiedergeburt erleben.

Ich weiß das aus meinem eigenen Leben. Einige Jahre hindurch habe ich versucht, emotional an einer Ehe festzuhalten, die ab einem bestimmten Zeitpunkt weder meinem damaligen Mann noch mir selbst in irgendeiner Weise diente. Monatelang habe ich mich verzweifelt darum bemüht, mich an die Ehe zu klammern, obwohl ich im Herzen wusste, dass ich vorwärts gehen musste. Die emotionale Angst wurde so groß, dass sie sich wie ein eiserner Reif um meinen Brustkorb zu spannen schien, der mich in jedem Moment erdrücken konnte.

Eines Morgens wandte ich mich voller Verzweiflung an das höhere Geistige und ließ meine Last endlich los. Als ich das tat, fielen die Schmerzen unmittelbar von mir ab. Innerhalb von wenigen Tagen trennten sich mein Mann und ich. Jetzt, acht Jahre danach, bin ich wieder glücklich verheiratet und mein früherer Mann und ich sind die Seelenfreunde geblieben, die wir immer waren und immer sein werden.

6. Kausalltät

Das Prinzip von Ursache und Wirkung bildet den größeren metaphysischen Kontext des physikalischen Gesetzes, nach dem jede Aktion eine gleichartige entgegengesetzte Reaktion hervorruft.

So wie die physikalischen Naturgesetze untereinander verknüpft sind, ist auch die kosmische Oktave der hier vorgestellten acht Prinzipien ein Ganzes. Das Prinzip von Ursache und Wirkung ist vernetzt mit dem Prinzip der Auflösung, damit im Rahmen der Erfahrungen eines integrierten Bewusstseins solche Prozesse von Aktion und Reaktion letztlich ausgeglichen werden.

Beide Prinzipien, das der Veränderung und jenes von Ursache und Wirkung, sind Teil der alten vedischen Vorstellung von Karma. Heute wird Karma manchmal missverstanden als eine Widerspiegelung der persönlichen Moral oder der Bewertung unserer Handlungen durch andere oder ein höheres Bewusstsein. Jenseits der Grenzen des Ich-Bewusstseins versteht unsere Seele jedoch sehr wohl die tiefere Wahrheit des karmischen Ausgleichs und der Lösung (von Karma und energetischen Gegensätzen). Denn das Prinzip von Ursache und Wirkung verkörpert die Konsequenzen unserer Entscheidungen, allerdings ohne jede Beurteilung. Die Entscheidungen können, wie wir gesehen haben, auf unterschiedlichen Ebenen unseres integrierten Bewusstseins getroffen werden. Und Karma ist der unausweichliche Vorgang, wie sie sich dann manifestieren und auswirken, jedoch nicht als eine kleinkarierte Form des „Wie du mir, so ich dir" und umgekehrt, wie es unser Ego vielleicht sieht, sondern auf eine viel tiefgründigere Art und Weise, die gar nicht so leicht zu erkennen ist, solange wir nicht vom Ego-Selbst zum höheren Bewusstsein gelangt sind.

In dem Maße, wie sich unser Bewusstsein ausdehnt, nehmen wir nicht nur immer deutlicher die Ganzheit des Kosmos wahr, sondern wir stimmen uns auf natürliche Weise mit unseren Verhaltensweisen auf die höchste Einheit ein. Während wir dies tun, werden die Folgen unserer Entscheidungen ausbalanciert – und das Karma wird aufgelöst.

7. Bewahrung

Die Energiewellen des Bewusstseins befinden sich zwar ständig im Fluss, aber sie bleiben, ganz gleich welche Form sie auch annehmen mögen, letztlich immer bestehen. Das entspricht dem Gesetz der Bewahrung oder Aufrechterhaltung oder „Konservierung" von Energie. Dieses kosmische Prinzip verlangt von uns, sowohl zu geben als auch zu empfangen und damit der Ebbe und der Flut des Lebens zu gestatten, harmonisch durch uns hindurch zu fließen.

Wir können etwas von dieser tiefen Wahrheit erspüren, wenn wir einige Male bewusst atmen:

Atmen Sie zunächst tief ein und dann flach wieder aus.
Dann kehren Sie das um und atmen flach ein, danach tief aus.

Eigentlich hätte ich sagen sollen: „Versuchen Sie ...“. Denn dieses Ungleichgewicht zwischen Ein- und Ausatmung ist praktisch fast unmöglich.

Atmen Sie jetzt also tief ein, halten Sie einige Augenblicke lang inne, und erlauben Sie dann der Luft, genauso tief und lang auszuströmen. So spüren Sie in sich eine Balance.

Ich hoffe, Sie fühlen sich damit besser!

8. Konzession

Das achte kosmische Prinzip, das die Oktave der Ausdrucksformen von Bewusstsein komplettiert, ist das *Prinzip der Konzession,* das „Konzedieren“ von etwas. Es ist mit dem Prinzip der Kausalität verknüpft und beschreibt Folgendes: Sobald eine Absicht gefasst worden ist und die Entscheidung sich manifestiert hat, ist das Annehmen der Folgen und Konsequenzen ein wesentlicher Bestandteil des Lernens und Integrierens der jeweils in Gang gesetzten Erfahrung und der Entwicklung einer größeren Bewusstheit.

Im Kern geht es darum, dass uns dieses Prinzip zwingt, die Verantwortung für die Umstände unseres eigenen Lebens zu übernehmen, während wir zugleich erkennen, dass unsere Entscheidungen dafür unter Umständen auf höheren Bewusstseinsebenen als jener des Egos getroffen wurden.

Zwei bedeutende Begriffe im Zusammenhang mit Konzession sind „Akzeptieren“ und „Annehmen“. Als ich mit Teilnehmern eines Workshops die Nuancen dieser Begriffe untersuchte, haben die meisten es so empfunden, dass bei „Akzeptieren“ etwas Erzwungenes mitschwingt, vielleicht auch ein gewisser Groll – eben darüber, dass man sich mit den Folgen von Ursachen abfinden muss. „Annehmen“ fühlt sich aktiver und positiver und damit befreiender an – und es führt uns dazu, eine größere Verantwortung für unseren Lebensweg zu übernehmen.

Konzession heißt jedoch, die Wahrheit von etwas anzuerkennen. Wenn wir also die Konsequenzen unserer Entscheidungen konzedieren, dann können wir das, was sich nun entfaltet, als etwas Authentisches und Angemessenes anerkennen.

Kosmische Prinzipien

Wir haben uns damit beschäftigt, wie die Kohärenz von Bewusstsein aus dem Quantenfeld der Möglichkeiten bestimmte Zustände aktualisiert und sie manifestiert. Und wir haben gesehen, wie unser ganzheitlicher Geist Entscheidungen trifft, die wir je nach unserer Sichtweise als Schicksal oder als freien Willen deuten können, die jedoch von der höchsten Ebene aus betrachtet die Absicht unserer Seele darstellen.

Wir haben auch festgestellt, wie das Wissen der Menschheit aus allen Zeiten in eine Oktave von acht kosmischen Prinzipien destilliert werden kann, die zeigen, wie der kosmische Geist die Erfahrungen von Bewusstsein führt, das auf Polarität basiert.

Indem wir diese Prinzipien der Relativität, Erfüllung, Resonanz, Spiegelung, Veränderung, Kausalität, Bewahrung und Konzession wahrnehmen und uns darauf einstimmen, verstehen wir, was uns unser eigenes höheres Bewusstsein sagen will: „Du bist Bewusstsein!“

* * *

In den folgenden Kapiteln kommen wir ab und an ausdrücklich auf eines oder einige dieser Prinzipien kosmischer Weisheit zurück. Aber selbst, wenn sie nicht ausdrücklich erwähnt werden, sollten wir uns daran erinnern, dass sie jedem unserer Gedanken, Worte und Taten zugrunde liegen.

Teil II
Spüren

5.
Verkörpere kosmische Harmonie

Für die vedischen Weisen des alten Indien ist die menschliche Seele ein Tropfen im unendlichen Meer von Bewusstsein, das Brahman genannt wird. Diese spirituelle Metapher, die inzwischen mehrere tausend Jahre alt ist, betrachtet die Reise der Seele wie die Zyklen von lebensspendendem Wasser, das auf die Erde kommt. Aus der unermesslichen Weite des kosmischen Meeres steigen wir auf. Als Lichtwesen, die sozusagen aus Wasserdampf bestehen, werden wir von sanften Winden fortgetragen oder von Sturmwolken hin und her geworfen, bis wir auf Land gelangen. Wir fallen als Regen oder als Tau hernieder, wir finden unseren Weg durch die fruchtbaren Böden der Erde, die uns willkommen heißt, wir tanzen im Netzwerk der unterirdischen Gewässer. Äonen mögen vergehen, bis wir an die Oberfläche dringen und dann mit den kleinen und großen Strömen des Lebens mitfließen, bis wir schließlich unseren Weg zum Meer zurückfinden.

Diese alte Metapher bietet uns einen tiefgehenden Einblick, wie sich unser individualisiertes Bewusstsein zum Ausdruck bringt. So wie ein Strom aus zahlreichen Zuflüssen gespeist wird, ist auch unser Bewusstseinsstrom viel größer als nur das schmale Bächlein unserer Ego-Persona, die wir in einem einzigen Leben erfahren.

Das Leben nach dem Tod nach dem Leben

Die vedische Literatur, das sind die ältesten schriftlich verfassten Lehren der Menschheit. Ihre Weisheit floss in die chinesischen, ägyptischen, sumerischen und viele andere spirituelle Traditionen und später entstandene Lehren ein. Ihnen allen gemeinsam ist, dass sie davon ausgingen, dass die menschliche Psyche nach dem Dahinscheiden des physischen Körpers fortdauert.

Die meisten geistigen Wege gehen davon aus, dass wir, sobald wir „ins Geistige" zurückkehren, weitergehen, es sei denn, es gäbe einen Grund für uns, nahe der Erdenebene zu bleiben. Das könnte ein gewaltsamer Abschied sein, bei dem wir uns gar nicht bewusst waren, dass wir körperlich gestorben sind, oder eine besonders starke emotionale Bindung an eine Person oder einen Ort. Viele von uns, wie zum Beispiel meine geliebte Mutter, entscheiden sich, denen, die sie lieben, eine Zeit lang nahe zu bleiben, nachdem sie hinübergegangen sind. Aber es dient letztlich keinem, weder den geliebten Menschen, die zurückbleiben, noch dem Verstorbenen selbst, wenn er längere Zeit nahe der irdischen Ebene bleibt. Manchmal werden „Geister" durch eine solche Bindung regelrecht gefangen und bleiben sogar dann noch in Erdnähe, wenn die geliebten Menschen längst selbst schon verstorben sind.

Im Rahmen der parapsychologischen Forschung haben sich Untersuchungen über „gebundene Geister" zu einem respektierten Forschungszweig entwickelt. Und solche Geister zu erlösen ist ebenfalls zu einem Bereich der spirituellen Arbeit geworden.

Die Psychologen Gary Schwartz und Linda Russek haben mehrere Jahre lang die Mitteilungen von Medien untersucht, die mit Verstorbenen in Kontakt sind. Sie und andere Wissenschaftler, die ein weites Spektrum von Phänomenen erforschen, von Nahtoderfahrungen bis zu Jenseitskontakten, kommen allmählich alle zur selben Ansicht: Es gibt zunehmend zuverlässige und wissenschaftlich abgesicherte Argumente für die spirituelle Überzeugung der Antike, dass unsere menschliche Psyche fortdauert, nachdem unser physischer Körper vergangen ist.

Die meisten Religionen glauben an irgendeine Form von Reinkarnation, also daran, dass wir ein Leben nach dem anderen führen, um zu erfahren, was es bedeutet, ein Mensch zu sein. Die frühen Gnostiker im Christentum glaubten auch daran, bevor diese Ansicht später von der Kirche als häretisch verurteilt wurde.

Die Forschungsergebnisse des Psychiaters Ian Stevenson liefern uns die bislang besten wissenschaftlichen Beweise für die Reinkarnation. Stevenson hat die Fälle kleiner Kinder untersucht, die behaupten, sich an frühere Leben zu erinnern. Er hat darauf geachtet, sowohl die Gefahr „falscher“ Erinnerungen zu minimieren als auch Einzelheiten zu sammeln, die unabhängig verifiziert werden können. Bislang hat er über 3000 Fallstudien gesammelt, die als Belege für die Reinkarnation dienen können.

Unser Ego-Selbst

Wenn wir als ein menschliches Wesen inkarnieren, dann webt ein dreifacher Bewusstseinsstrom in uns das grundlegende Gewebe des Lebens.

Der erste Strom repräsentiert unser genetisches Erbe und damit die familiäre Abstammung und die Kultur, in die wir geboren werden. Die Gene, die die DNA unserer Eltern ausmachen, bestimmen hauptsächlich unseren physischen Aufbau und unser Aussehen. Wissenschaftler haben festgestellt, dass aber auch die Eigenschaften von Generationen und Umweltfaktoren, die unsere Eltern und sogar unsere Großeltern beeinflusst haben, sich genetisch in uns als deren Nachkommen niederschlagen können.

Der zweite Bewusstseinsstrom wird von unserer Persönlichkeit gebildet, von der emotionalen und mentalen Brille, durch die wir auf die Umstände und Erfahrungen unseres Lebens blicken und die unsere Handlungen beeinflussen. Die sich ständig verändernde Matrix des Bewusstseins unseres Sonnen- und Seelensystems, die kombinierten Einflüsse von Sonne, Mond und Planeten zum Zeitpunkt unserer Geburt, erzeugen die grundlegenden Eigenschaften unserer Persönlichkeit. Diese „Koordinaten" sind für jeden Einzelnen unter uns einzigartig, denn selbst eineiige Zwillinge sind immer ein paar Minuten voneinander getrennt geboren.

Der dritte Bewusstseinsstrom erhebt sich auf der Ebene der Bewusstheit für unser höheres Selbst. Wenn der Zweck unserer Inkarnation ausgewählt wird beziehungsweise wenn unsere Bestimmung entschieden wird, so werden damit auch die Chancen und Ziele unseres Lebens festgelegt. Auf dieser Ebene einer klaren und festen Intention werden auch die Umstände entschieden, unter denen wir in diese Welt kommen: wo und wann wir geboren werden, wer unsere Eltern sein werden, in welcher Umgebung wir unser Leben führen.

Das dynamische Wechselspiel dieser drei Bewusstseinsströme verwirklicht sich unser ganzes Leben hindurch auf der Ebene jener Bewusstheit, die wir das Ego-Selbst nennen.

Verstand, Herz und Wille

Die wichtigste Rolle der Bewusstheit des Ich-Verstands im normalen Wachbewusstsein besteht darin, uns mit allen

Mitteln davon zu überzeugen, dass seine Realität, die physische Welt, die *einzige* Wirklichkeit sei. Darüber hinaus bemüht sich das Ego, uns davon zu überzeugen, dass wir getrennt von anderen und der größeren Welt seien, um auf diese Weise unsere Lebenserfahrung zu individualisieren.

Aber während unser Ego-Geist so darauf zielt, die Kreativität unserer Wahrnehmung der Einzigartigkeit zu maximieren, sehnen sich unsere Herzen danach, sich an die Einheit zu erinnern, die aller Vielfalt des holographischen Kosmos zugrunde liegt.

Verstand und Herz finden ihren schöpferischen Ausdruck durch unseren Willen. Die drei bilden gemeinsam die fundamentale Trinität der männlichen, weiblichen und kindlichen Prinzipien, durch die wir unser Leben führen.

Jeder von uns entscheidet sich, entweder als ein Mann oder als eine Frau zu leben. Beide sind einander ebenbürtig, aber innerlich und energetisch doch unterschiedlich, sowohl physisch als auch emotional und mental. Die innere Balance unserer männlichen, weiblichen und kindlichen Energien und ihre angemessene Anwendung, ungeachtet unseres Geschlechts, sind die Voraussetzung für die volle Verwirklichung unserer Menschlichkeit und eine Bedingung für unsere weitere Reise in die Ganzheit.

Feinstoffliche Energiemeridiane

Die alte vedische Weisheit geht davon aus, dass die feinstofflichen Energien der menschlichen Persönlichkeit im physischen Körper über die Energiewirbel fließen, die man Chakras nennt. Chakras sind nach dieser Anschauung mit einer Triade von feinstofflichen Energiemeridianen oder *Nadis* verbunden, die man *Ida, Pingala* und *Shushumna* nennt. Diese fungieren als Kanäle oder Bahnen für die feinstofflichen Lebenskräfte unseres Biofelds.

Die Dreiheit der Nadis verkörpert unsere weibliche Seite, Yin oder Ida, unsere männliche Seite, Yang oder Pingala, sowie unsere kindlichen Energien, die neutral sind und der Shushumna entsprechen. Diese positiv-aktiven, negativ-passiven und neutral-kreativen Prinzipien finden ihren symbolischen Ausdruck auch im Heilsymbol des Caduceus oder „Hermesstab“: Der Stab in der Mitte stellt die Shushumna dar, die beiden sich windenden Schlangen repräsentieren die Ida- und Pingala-Energien, die sich in jedem Chakra begegnen.

Der Caduceus offenbart, dass es in uns einen ausgeglichenen Ausdruck aller drei kosmischen Prinzipien gibt, die uns durch die Chakras übermittelt werden und es uns möglich machen, dass volle Ego-Selbst zu verwirklichen.

Chakras

Es gibt sieben Hauptchakras, die sich auf unsere Ego-Persona beziehen. Sie befinden sich entlang unseres Rückgrats und erstrecken sich vom Steißbein bis zum Schädeldach. Diese sieben Chakras sind das Wurzelchakra am Steißbein, das Sakralchakra in der Beckengegend, das Solarplexuschakra, das Herzchakra, das Halschakra (die jeweils dort sind, wo es ihr Name nahelegt), das Dritte-Auge-Chakra gerade oberhalb der Nasenwurzel und das Kronenchakra oben auf dem Schädeldach. Diese Orte stehen in Beziehung zu den Hauptdrüsen unseres endokrinen Systems. Diese erzeugen eine Vielzahl von Hormonen, deren Wechselbeziehungen noch nicht ausreichend verstanden werden; sie regulieren damit ein enormes Spektrum von physischen und emotionalen Reaktionen.

Die Chakras übermitteln die feinstofflichen Energien unseres Biofelds. Wie frei sowohl feinstoffliche als auch körperliche Energien durch uns hindurchfließen, hat ganz direkt mit unserem Wohlbefinden zu tun. Alle Blockaden oder Beschränkungen führen zu einem Ungleichgewicht und zu Unwohlsein beziehungsweise Krankheit auf den psychologischen, emotionalen oder physischen Ebenen.

Wenn wir unser Chakrasystem und seine Funktionsweise verstehen, erkennen wir auch unsere energetischen Blockaden. Damit ermächtigen wir uns selbst, über die Symptome einer Krankheit zu den Ursachen zu gelangen und dann eine echte und dauerhafte Heilung einzuleiten.

Ein „Firmenbüro"

Traditionell geht man davon aus, dass jedes der Chakras einen anderen Aspekt der menschlichen Erfahrung zum Ausdruck bringt. Man kann sie mit sieben Etagen eines Firmengebäudes vergleichen.

- Im Erdgeschoss ist die Technikabteilung, das Wurzelchakra, die sicherstellt, dass alle Anlagen und Gerätschaften, die für das Funktionieren der Firma wichtig sind, auf einem guten Fundament stehen und richtig arbeiten.
- Die Aufgabe der Personalabteilung auf der nächsten Etage, dem Sakralchakra, besteht darin, sich um das Wohlergehen eines jeden Mitglieds in der Organisation zu kümmern.
- Im dritten Stock, dem Solarplexuschakra, sind die Mitarbeiter damit beschäftigt, für einen guten Ablauf der Firmentätigkeit zu sorgen, indem sie darauf achten, dass alle Firmenmitglieder gut zusammenarbeiten, um den Firmenzweck kreativ zu erfüllen.
- Auf der vierten Etage, dem Herzchakra, kümmert man sich darum, dass Beziehungen der Gruppen und Menschen, die mit der Firma direkt oder indirekt zu tun haben, gepflegt werden, und die Interessen aller zur

Geltung kommen (Kunden, Zulieferer, Gemeinde des Firmensitzes, Umwelt, Gesellschaft im weiteren Sinne).

- Das Marketings- und Verkaufsteam ist im fünften Stock untergebracht. Seine Rolle ist es, dafür zu sorgen, dass die Stimme der Firma gehört wird und dass ihre besonderen Produkte und Dienstleistungen in einer größeren Welt wahrgenommen und in einem größeren Markt angenommen werden.
- Auf der sechsten Etage, dem Chakra des Dritten Auges, sitzt das Team für die strategische Planung. Hier wird eine innere Vision erschaffen, in der die Mittel und Fähigkeiten der Firmenorganisation mit einer weisen Sicht und Einschätzung der Außenwelt verknüpft werden, um die Firmenexistenz zu sichern und ihre Tätigkeit erfolgreich zu machen.
- Im siebten Stock ist die Vorstandsetage, wo die vielfältigen Tätigkeiten des Unternehmens als Einheit gesehen und geleitet werden, und wo es um das Wohlergehen der Firma und gute Beziehungen zur Welt an sich geht.

Von der Organisation zum Organismus

Wie in diesem Vergleich mit einer Firmenorganisation, bei der sich die drei unteren Etagen vor allem auf eigene, innere Angelegenheiten konzentrieren, ist der Fokus unserer drei niedrigeren Chakras auf uns selbst gerichtet. Diese drei Chakras betonen die physischen, emotionalen und die Grundbedürfnisse nach Sicherheit für unseren eigenen Organismus, sie kümmern sich darum, wie wir in der Welt überleben können.

Im vierten Stockwerk, beim Herzchakra, beginnen wir uns zu öffnen und uns auf die größere Welt um uns herum einzustimmen. In der fünften Etage fangen wir an, das einzigartige Produkt darzustellen, das wir anzubieten haben: uns selbst.

Während wir in unserem vorgestellten Firmengebäude aufsteigen, können wir in jedem Stockwerk aus dem Fenster blicken und uns einen Überblick über die Landschaft verschaffen. Und ähnlich gewinnt unser Körper einen besseren Überblick über die Welt, wenn wir in den Chakras aufsteigen.

In der sechsten Etage, am Dritten Auge, sind wir in der Lage, ein Gesamtbild darüber zu entwickeln, wo wir stehen und wie wir im Einklang mit unseren Ressourcen und unserem höheren Sinn weitergehen können.

Vom Blickpunkt des siebten Stockwerks aus haben die Direktoren ein Gesamtverständnis der ganzen Firma und ihrer wechselseitigen Beziehungen mit der Außenwelt. Ähnlich gewinnen wir am Kronenchakra einen Überblick über unser Ego-Selbst und unsere Beziehungen zu anderen Menschen.

Es hängt von unserer Bewusstheit ab, die sich in jedem Chakra von der Wurzel bis zur Krone unterschiedlich ausdrückt, auf welche Weise wir die objektiven Umstände oder Ereignisse in der Außenwelt deuten und bewerten.

Komplementäre Energien

Bevor wir nun jedes Chakra einzeln betrachten, müssen wir erkennen, dass wir mit der Entscheidung, als Mann oder als Frau zu inkarnieren, uns auch entscheiden, die Energien unserer Chakras unterschiedlich zu manifestieren.

Männer und Frauen sind energetisch auf eine komplementäre, aber gegensätzliche Weise polarisiert, obwohl wir alle die universellen Prinzipien verkörpern, die Mann, Frau und Kind beschreiben. Ein Mann verkörpert vor allem den männlichen Ausdruck, das Yang, das energetisch nach außen gerichtet ist, aktiv und explosiv. Eine Frau verkörpert im Allgemeinen dagegen den weiblichen Ausdruck oder das

Yin, das sich nach innen richtet, empfänglich und „implosiv". Wesentlich ist, dass beide Geschlechter auch die Energie des Kindes in sich tragen und ausdrücken, die neutral ist und aus der sich alle Kreativität entwickelt.

Wenn wir im Körper aufwärts gehen, so wechselt die Polarität von einem Chakra zum nächsten. Bei Männern haben Wurzel-, Solarplexus-, Hals- und Kronenchakra Yang-Charakter beziehungsweise sind männlich gepolt; Sakral-, Herz- und Drittes-Auge-Chakra sind weiblich beziehungsweise haben Yin-Charakter. Für Frauen haben Wurzel-, Solarplexus- und Halschakra Yin-Qualität, und Sakral-, Herz- und Drittes-Auge-Chakra haben Yang-Qualität.

So zeigen sich Männer im Allgemeinen auf eine nach außen gerichtete Weise, eben aufgrund ihres im Wurzelchakras manifestierten Sicherheitsbedürfnisses, ihrem Drang, Macht und Ziele über ihr Solarplexuschakra auszudrücken und durch ihre Kommunikation, die über das Halschakra ihre Verstandeswelt auszudrücken sucht. Die Yin-Polaritäten von Sakral-, Herz- und Drittes-Auge-Chakra bewirken, dass sich die Energien dieser Chakras bei Männern ganz natürlich nach innen werden.

Bei Frauen gilt verallgemeinert gesprochen das Gegenteil. Frauen können aufgrund der Yang-Polarität ihres Sakral-, Herz- und Drittes-Auge-Chakras ihre inneren Gefühle, ihre Empathie und intuitive Einsichten wie selbstverständlich äußern. Aber die Yin-Polarität ihres Wurzel-, Solarplexus-, Hals- und Kronenchakras sorgt dafür, dass Themen, die mit Sicherheit, Macht, Kommunikation und Intellekt zu tun haben, mehr nach innen gerichtet sind.

Für beide Geschlechter sind die immer gegenwärtigen Kind-Energien der kreative Ausdruck der Verbindung dieser beiden komplementären Qualitäten von Yin und Yang. Die Ausdehnung unserer Bewusstheit hilft uns, eine Balance zwischen diesen Kräften zu finden und mit der jeweiligen Energie „zu tanzen". Es geht dabei nicht darum, eine Gleichmacherei des schöpferischen Ausdrucks beider Geschlechter zu erzielen, sondern eine größere Sinfonie an Erfahrung und spiritueller Ermächtigung zu erreichen.

Das Wurzelchakra

Das Wurzelchakra befindet sich am Steißbein. Sein Wesen ist instinktiver Natur und sein Ziel ist es, das Überleben zu sichern. Es ist nur für sich selbst verantwortlich und dafür, dass die eigenen körperlichen Bedürfnisse von Nahrung, einem Dach über dem Kopf und so weiter erfüllt werden.

Im Rahmen unseres Ego-Selbst bildet dieses Chakra die Wurzeln, über die wir uns mit der Erde verbinden. Es ist wie bei einem Baum: Wenn unsere Wurzeln dünn und flach sind, werden die Stürme des Lebens uns umwerfen. Wenn unsere Wurzeln jedoch stark sind und tief reichen, werden wir gut genährt und sicher gestützt.

Damit wir uns auf dieser Ebene ausgeglichen fühlen, müssen wir unsere physischen Bedürfnisse erfüllen und auch dort leben, wo wir hingehören. Jeder von uns hat eigene echte Bedürfnisse, und wir müssen lernen, zwischen ihnen und unseren Wünschen zu unterscheiden. Wenn wir in Wahrheit das Bedürfnis haben, in einer ländlichen Umgebung zu leben, wird uns der Wirbel einer großen Stadt auslaugen. Aber wenn wir andererseits in einer urbanen Umgebung wohnen müssen, um uns wohlzufühlen, dann kann eine ländliche Idylle uns nicht tragen und nähren, so wichtig der Kontakt mit der Natur für jeden von uns ist.

Um sicherzustellen, dass die Bedürfnisse der Wurzelchakra-Ebene erfüllt werden, müssen wir so wahrhaftig mit uns selbst sein wie nur möglich. Wenn wir die Gesamtheit unseres Lebens bestmöglich harmonisieren, dann können wir auch hier oder dort manche Kompromisse eingehen. Jeder Kompromiss allerdings, der unsere authentischen Bedürfnisse beiseite schiebt, bringt uns in gewissem Umfang aus dem Gleichgewicht.

Sich den inneren Ängsten stellen

Die Entscheidung dort zu sein, wo wir wirklich sein müssen, fordert uns fast immer dazu heraus, dass wir uns unseren inneren Ängsten stellen. Ich möchte an dieser Stelle darauf eingehen, weil dieses Thema immer wieder auftaucht, wenn wir uns den einzelnen Chakras zuwenden.

Angst ist eine gesunde Emotion, wenn sie uns auf Gefahren aufmerksam macht. Wenn sie jedoch chronisch immer dann auftaucht, sobald sich etwas im Leben verändert oder etwas unsicher wird, wenn Angst also zu einer Lebenseinstellung wird, dann ist sie definitiv nicht gut und gesund.

An irgendeinem Stadium wird uns unsere innere Reise unweigerlich ins Unbekannte führen. In dieser Zeit, wie auch sonst, wenn sich Unsicherheiten einstellen, möchte ich Sie dazu ermutigen, auf die Stimme Ihres Herzens zu hören. Der Begriff „Courage", den wir aus dem Französischen kennen, hat eine Beziehung zum französischen Wort für das Herz, zu „coeur". Wenn wir Mut haben, ist es also unser Herz, das uns voranbringt. Und wenn wir später zum achten Chakra gelangen, dann geht es um die Stimme des universellen Herzens.

Wurzeln pflegen

Die Aufmerksamkeit des Wurzelchakras richtet sich nur auf uns und auf nichts anderes. Wenn die Bedürfnisse dieser Ebene nicht befriedigt werden, spielen Überlebensthemen in unseren Lebenserfahrungen eine große Rolle. Wir können uns, solange das Überleben nicht gesichert ist, auf gar nicht viel anderes konzentrieren. Wenn wir die Energien des Wurzelchakras ausgleichen wollen, müssen wir wissen, was uns hilft, uns sicher zu fühlen. Das trifft vor allem dann zu, wenn wir oft das Gefühl haben, nie genug von etwas zu bekommen, obwohl wir genügend Mittel hätten, unsere Bedürfnisse zu erfüllen.

Weitere wesentliche Schritte, um unsere Wurzeln zu pflegen, bestehen darin, dass wir an einem Ort und auf eine Weise leben, die wir als stimmig empfinden, und dass wir anfangen, die Wechselbeziehungen zwischen allen Lebensformen wahrzunehmen. Nur so können wir uns von den gewohnheitsmäßigen Ängsten eines unausgeglichenen Wurzelchakras lösen. Wenn uns das nicht gelingt, stellen wir unter Umständen fest, dass wir mit der Aufmerksamkeit ständig auf der Ebene des Wurzelchakras sind und uns damit emotional irgendwie isoliert fühlen beziehungsweise unser Hauptaugenmerk nur auf materiellen Gewinn gerichtet haben.

Das Sakralchakra

Das zweite Chakra, das Sakralchakra, befindet sich im Beckenbereich. Sein energetischer Hautantrieb ist Genuss als Grundlage für unsere körperlichen Beziehungen mit der Welt.

Wenn wir die Energien dieses Chakras ausgleichen, dann wirkt sich das auf unsere persönlichen Wertvorstellungen aus und auf unsere Unterscheidungsfähigkeit im Hinblick auf das, was wir tun oder eben nicht tun, um Genuss zu erleben. Wenn wir den Moment genießen und seine Freude durch uns hindurchfließen lassen, anstatt uns daran zu klammern, dann können wir die Gefahr vermeiden, dass die Suche beziehungsweise Sucht danach selbst zu einem Genuss wird. Sonst verstricken wir uns selbst darin, dass jemand oder etwas uns plötzlich keine Freude mehr bereitet, weil es erreichbar geworden ist. Und dann geht unsere Suche beziehungsweise Sucht endlos weiter. Wenn ein derartiges Ungleichgewicht lange besteht, wird es immer schwieriger, Erfüllung oder Befriedigung zu finden. Wir unternehmen dann immer größere Anstrengungen, ein Bedürfnis zu erfüllen, dass nie befriedigt werden kann. Es ist dann tatsächlich zu einer Sucht geworden.

Wenn Ungleichgewichte auf dieser Ebene nicht harmonisch ausgeglichen werden, dann benötigen wir immer höhere Dosen dessen, wonach es uns gelüstet oder wonach wir süchtig sind, um unser Gefühl von Leere oder Unzufriedenheit zu überwinden. Das wird zu einer Spirale, die von einer tiefen Angst angetrieben wird, dass wir unsere Genuss-Objekte verlieren könnten. In Beziehungen führt das manchmal zu einem zwanghaften Verhalten, zu Eifersucht und einer Bedürftigkeit, die sich nie befriedigen lässt.

Wenn wir auf dieser Ebene energetisch unausgeglichen sind, vergleichen wir uns auch immer mit anderen und beschwören damit das Gefühl herauf, irgendwie ungenügend zu sein.

Der erste Schritt, um das Sakralchakra auszugleichen, besteht darin, dass wir das Leben als etwas betrachten, das voller Freuden ist – und nicht etwa mangelhaft und von Knappheit geprägt. Anstatt danach zu verlangen, was wir nicht haben, müssen wir lernen, uns an dem zu erfreuen, was wir haben. Eine solche Zufriedenheit ist keine Selbstzufriedenheit oder Gleichgültigkeit. Wenn wir bereit sind, die Fülle des Lebens so zu sehen, wie sie ist, dann kann das kosmische Prinzip der Resonanz dahingehend wirken, dass wir immer mehr Fülle anziehen.

Um ausgeglichen zu sein, braucht jedes Chakra die Balance des jeweils darunter liegenden. Es ist so, als ob man ein

Kartenhaus bauen wollte: Die Stabilität der oberen Etagen hängt von der Festigkeit der unteren ab. Damit die Energien unseres Sakralchakras also ganz ausgewogen sind, müssen wir uns entschließen, auch alle noch offenen Themen unseres Wurzelchakras zu lösen.

Das Solarplexuschakra

Das Solarplexuschakra befindet sich dort, wo es der Name nahe legt: in der Gegend über unserem Bauchnabel. Hier ist das Machtzentrum des Körpers, das alle Energien weiterleitet, die mit unserem Willen, unseren Absichten und Zielen und unserer Kreativität zu tun haben.

Mit Hilfe der Kräfte dieses Chakras behaupten wir uns in der Welt und nehmen unseren Platz ein. Eine zu geringe Aktivität dieses Chakras kann zur Unfähigkeit führen, sich selbst genügend darzustellen und zu behaupten, wenn das notwendig ist, oder zu Schuldgefühlen, wenn wir es doch tun. Umgekehrt führt eine Überbetonung dieses Chakras dazu, dass wir anderen Menschen unseren Willen aufzuzwingen versuchen, anstatt unsere Kräfte auf natürliche Weise fließen zu lassen.

Wenn wir auf ausgewogene Weise darstellen, wer wir sind, dann müssen wir auch Grenzen setzen, ohne dabei bewusst oder unabsichtlich Barrieren gegen die Außenwelt zu errichten. Es ist wichtig, hier immer wieder neu die rechte Unterscheidung zu üben.

Ermächtigung

Die fundamentalen Prinzipien und Werte, nach denen wir unser Leben ausrichten, werden in den drei unteren Chakras erzeugt; so ist es entscheidend, die Energien des Solarplexuschakras auszugleichen und die Integrität dieser drei Chakras zu erlangen.

Zunächst einmal beziehen sich diese drei niedrigeren Chakras auf Sicherheit, Sexualität und Macht. Wenn ihre Energien in uns ausgeglichen sind, dann können sie die zunehmende Bewusstheit der höheren Chakras fördern.

Wir sollten auch hier daran denken, dass Energie zu Ereignissen führt und nicht umgekehrt. Der erste Schritt also, um alle Unausgewogenheiten in diesen und allen anderen Chakras auszugleichen, besteht darin, dass wir uns entschließen und eine feste Absicht fassen.

Der Brennpunkt unserer Intention und das Maß an Bewusstheit über unseren Zweck, so wie er vom Solarplexuschakra übermittelt wird, kann entweder zu einer Macht führen, die auf dem Ego beruht, oder zu einem höheren Zweck der Selbstermächtigung, die sich im Dienst an anderen zeigt. Eine solche Ermächtigung hilft uns, Konflikte durch Mitgefühl zu lösen, Konkurrenzdenken in Kooperation zu verwandeln und die Beschränkungen zur Freiheit der aktiven schöpferischen Tätigkeit zu transformieren.

Das Herzchakra

Das vierte Chakra befindet sich auf der Höhe unseres Herzens. Als das zentrale Chakra des Energiefelds unserer Persönlichkeit, sozusagen zwischen Himmel und Erde, vollzieht es an dieser Stelle den Prozess der Integration unserer spirituellen Wachheit mit unserer physischen Lebenserfahrung.

Die Rolle des Ego-Verstands ist es, unsere Individualität durch scheinbare Getrenntheit zum Ausdruck zu bringen; die Rolle unseres Herzens ist es nun, uns an unser letztendliches All-Eins-Sein zu erinnern. Deshalb begeben wir uns in ein selbstgemachtes Gefängnis, wenn wir unsere Herzen verschließen. Wenn wir jedoch unsere Abwehr loslassen, dann kann das Leben durch uns hindurchfließen. Unsere vermeintliche Verletzlichkeit ist in Wahrheit unsere größte Stärke, weil wir darin für die Erkenntnis erwachen, dass Liebe die mächtigste Kraft im Kosmos ist.

Ein Anzeichen dafür, dass unser Herz erwacht und ausgeglichen ist, zeigt sich an unserer Fähigkeit, frei und voller Freude zu geben und zu empfangen. Häufig bemerken wir, dass die Energie eines erwachten Herzens immer noch unausgeglichen ist, weil der Mensch zwar sehr gern und freizügig gibt, aber Probleme damit hat, auch anzunehmen. Wenn wir jedoch erkennen, dass wir anderen die Freude nehmen, wenn wir von ihnen nicht annehmen, dann können wir lernen, ihre Gaben der Liebe dankbar und leicht zu empfangen und damit auch unser eigenes Gleichgewicht zu erreichen.

„Liebe“ ist ein oft missbrauchtes Wort. Wir verwenden es, um alle möglichen Gefühle zwischen Lust und Mitgefühl damit zu umschreiben. Solange die drei niedrigeren Chakras nicht ausgeglichen sind, wird die Liebe, die wir in unserem Herz fühlen, an Bedingungen geknüpft sein – es dreht sich dann bei ihr hauptsächlich um Sicherheit, Sexualität oder Macht. Unsere Beziehungen sind dann voller Bedürftigkeit und ko-abhängig, anstatt von Ebenbürtigkeit und Selbstsicherheit getragen zu sein.

Eine harmonische liebevolle Beziehung kann man mit zwei Bäumen vergleichen, die nebeneinander wachsen. Keiner nimmt dem anderen Sonne oder Regen, keiner macht dem anderen die Nährstoffe der Erde streitig. Zweige und Wurzeln beider Bäume sind in der Lage, die vollständige Nahrung aus der Quelle zu erhalten, die sie dann untereinander austauschen.

Im Herzen zu leben bedeutet, dass wir jemanden lieben als das, was er oder sie ist, und nicht als diejenige Person, als die wir diesen Menschen gern sehen würden oder zu der wir ihn machen wollen, und zwar gleich, ob er selbst sich dies wünscht oder nicht. Wir müssen auch erkennen, dass es sich – auch während wir den anderen Menschen liebevoll in seiner Absicht und bei seinen Bemühungen unterstützen, zu werden, wer er sein möchte – am Ende doch um die Reise dieses Menschen handelt und nicht um unsere. Er muss seinen eigenen Weg gehen, das können wir nicht für ihn tun.

Eine solche Liebe ist bedingungslos; sie wird weder durch die Reaktionen der anderen Person noch durch unsere Bewertungen über sie konditioniert. Allerdings stehen wir oft einem großen Dilemma gegenüber, wenn unser Bewusstsein bereits auf dieser Ebene angelangt ist. Müssen wir die dysfunktionale, also nicht stimmige oder sogar inakzeptable Verhaltensweise von Menschen hinnehmen, die uns wert und teuer sind und die uns nahe stehen? Aus meiner Sicht kann ich nur sagen: Nein!

Wir schwingen so wie die Bewusstseinsebene, auf der wir uns befinden. Damit ziehen wir Menschen und Umstände an, die unserer Ebene entsprechen, aber zugleich entwickelt sich unser Bewusstsein auch weiter, bewegt von seinem Impuls, nach einer Fülle von Lebenserfahrungen zu streben. Wir werden also weiterhin Menschen und Situationen auf allen Ebenen von Bewusstsein begegnen. Wenn wir die Natur des nächsten Chakras untersuchen, werden wir feststellen, dass es unseren eigenen Zielen und Absichten sowie denen der Menschen, denen wir begegnen, am meisten dient, wenn wir mit einem erwachten und ausgeglichenen Herzchakra auf sie zugehen.

Das Halschakra

Das fünfte Chakra befindet sich am Kehlkopf. Wir erwecken seine Energien, indem wir unsere authentische Stimme finden und unsere Kreativität ausdrücken, so wie es für uns gerade richtig und stimmig ist.

Die Kommunikation einer spirituell fundierten Kreativität beschränkt sich nicht auf das gesprochene Wort, sondern beinhaltet die Gesamtheit unserer persönlichen Ausdrucksweisen. Wenn unser Halschakra erweckt und ausgeglichen ist, ist seine Kreativität voller Inspiration. Sie fließt uns von unserem höheren Selbst zu und ist jenseits der Kontrolle unseres bewussten Verstands. Der Schlüssel, um sich darauf einzustimmen und in einen harmonischen Einklang mit den Kräften dieses Chakras zu gelangen, besteht im Wesentlichen darin, dass wir uns in seinen Fluss einlassen, dass wir uns darin „verlieren“ und ganz präsent im Jetzt sind.

Ein erwachtes Halschakra kann jedoch immer noch unausgewogen sein, wenn die Energien der niedrigeren Chakras nicht harmonisch im Gleichklang sind. Dann bringen wir unsere Wahrheit auf eine Weise zum Ausdruck, die nicht stimmig ist: voller Zorn oder Frustration oder in anderen Formen des Ungleichgewichts. Die Authentizität unserer wahren Stimme ist immer vernehmlich, wenn wir aus einem erwachten und harmonischen Herzen sprechen. Und dann wird alles, was wir tun oder sagen, auf eine liebevolle Weise wahrhaftig sein und andere auch auf dieser Ebene erreichen können.

Das Dritte-Auge-Chakra

Das Erwecken des sechsten Chakras, des Dritten Auges, das sich leicht oberhalb der Mitte zwischen unseren körperlichen Augen befindet, verleiht uns eine innere Einsicht in uns selbst und in das Göttliche.

Als Mutter Teresa einmal gefragt wurde, wie sie sich dazu bringen könnte, die verlumpten Bettler Kalkuttas zu waschen, antwortete sie, dass diese Menschen alle „Gott mit einem verschmutzten Gesicht“ seien.

Das Dritte-Auge-Chakra verleiht uns eine innere Vision und Intuition. Unausgeglichene niedrigere Chakras werden sich in einem erweckten Dritte-Auge-Chakra zeigen. Denn dann wird unser Ich-Verstand die Einsichten, die nun auftauchen, als reine Einbildungen betrachten, und seine Zweifel werden versuchen, unsere Aufmerksamkeit zurück in eine materialistische Weltsicht zu rufen, in der nur das „real" ist, was eine physische Form besitzt. Unsere Intuition, die aus dem Herzen kommt, weiß es jedoch besser, und wenn wir uns erlauben, aktiv auf seine Führung zu hören, wird es uns sicher voranbringen.

Wenn wir umgekehrt unsere Intuition missachten, während das Dritte-Auge-Chakra erwacht, werden wir unweigerlich ernste Folgen erfahren, die in direktem Verhältnis zur Ebene unseres Erwachens stehen – ich spreche aus eigenem bitteren Erleben.

Wenn wir in Bezug auf unser intuitives Gespür proaktiv sind anstatt nur reaktiv zu sein, dann öffnet sich der Zauber der Synchronizitäten. Wenn wir beginnen, die miteinander verknüpften Fäden von Umständen, Ereignissen und Menschen wahrzunehmen und uns auf ihren Fluss einzulassen, dann leben und tanzen wir in Harmonie mit dem Göttlichen. Wir fangen an zu realisieren, dass in Wahrheit nichts zufällig geschieht. Wir werden uns immer mehr dessen bewusst, dass es einen tieferen Sinn gibt, der dem Fluss des Lebens zugrunde liegt, obwohl wir ihn vielleicht noch nicht ganz erfassen.

Indem wir die Energien des Dritten Auges erwecken und harmonisch ausgleichen, machen wir einen entscheidenden Schritt auf dem spirituellen Weg der Transzendenz. Das wusste man vor Jahrtausenden schon. An dieser Stelle möchte ich jedoch betonen, dass die sich daraus ergebende Bewusstheit dazu dient, die Ganzheit dessen zu erkennen und in unserem eigenen Leben zu erfahren, wer wir wirklich sind. Es geht nicht darum, die Umstände zu vermeiden oder den Herausforderungen aus dem Weg zu gehen.

Das Kronenchakra

Wenn wir die Energien des Kronenchakras erwecken, können wir das Universum als ein vernetztes bewusstes Ganzes wahrnehmen und uns selbst darin als einen Mikrokosmos und als die Gesamtheit seiner holographischen Natur.

Indem wir unser Kronenchakra auf harmonische Weise öffnen, gelangen wir an die Schwelle zwischen dem Alleinsein und der Möglichkeit, unsere „All-Eins-Heit" mit dem Kosmos zu erkennen. Wenn wir über diese Schwelle treten, dann beginnen wir unmittelbar zu erleben, wie sich das Eine durch die Vielfalt der Formen zum Ausdruck bringt.

Die ausgewogenen Energien unseres Kronenchakras machen es uns möglich, die Welt als ursprünglich heilig und von der göttlichen Präsenz durchdrungen und getragen wahrzunehmen. Wir erkennen auch, dass wir ein Tropfen im kosmischen Meer sind. Wie könnten wir dann noch unseren direkten Zugang zu unserer eigenen Göttlichkeit vermissen?

Das Alta-Major-Chakra

Antike Überlieferungen besagen, dass uns das Chakra des Dritten Auges und das Kronenchakra innere und äußere mentale Perspektiven auf die Welt eröffnen. Weniger bekannt ist, dass es fortgeschrittene Initiierte gab, die auch eine Synthese dieser beiden Sichtweisen erlangen und damit erkennen konnten, dass die innere und die äußere Wahrnehmung Spiegelungen voneinander sind. Die Fähigkeit, sich für derartige transzendente Wirklichkeiten zu öffnen, war durch die Aktivierung eines weiteren Chakras möglich, das sich an der Basis des Schädels befindet und Alta-Major-Chakra* heißt.

Je mehr sich unser individuelles und kollektives Bewusstsein erweitert, desto entscheidender wird die wesentliche Energie dieses Chakras. Denn wenn wir die Energien des Alta-Major-Chakras aktivieren und sie in Gleichklang mit den Energien unseres Herz- und unseres Solarplexuschakras bringen, dann können wir jetzt unsere Schwingung erhöhen, um das achte Chakra des universellen Herzens wahrzunehmen und zu aktivieren.

Kosmische Energie verkörpern

Die Energien und die Bewusstheit unserer unteren Chakras sind dabei, die Verantwortung für unsere bewussten Entscheidungen und deren Folgen zu übernehmen. Wenn wir das Herzchakra und die höheren Chakras erwecken, dann öffnen wir uns nach und nach für die Bewusstheit unseres höheren Selbst und stimmen uns darauf ein.

Unsere Bereitschaft, einen solchen Weg zu verkörpern, nennt man Hingabe. Und das ist es wirklich: Wir verlassen uns nicht mehr auf unser Ego-Selbst, sondern überlassen Gott die Führung, uns von nun an weiterzuleiten. Das bedeutet keine Aufopferung dessen, wer wir glauben zu sein, sondern eine Er-innerung daran, wer wir wirklich sind.

Im nächsten Kapitel beschäftigen wir uns mit dem archetypischen, dem transpersonalen und dem kollektiven Bewusstsein und damit, dass diese höheren Ebenen von Bewusstheit fundamentale Aspekte unserer Psyche bilden.

* Über das Alta Major-Chakra hat die deutsche spirituelle Lehrerin Divo Koeppen-Weber einige Bücher veröffentlicht. Sie war die Pionierin der Erforschung dieses Chakras in unserer Zeit. Anm.d.Ü.

6.
Atme aus

Wir haben uns soeben mit der Natur unseres auf dem Ego oder der Persönlichkeit aufbauenden Selbst befasst. Lassen Sie uns nun ausatmen in die riesige Matrix des Bewusstseins, zu der wir einen Zugang besitzen.

Es war schon seit unvordenklichen Zeiten immer das Ziel spirituell suchender Menschen, über das Ego-Selbst hinauszugehen und Zustände eines erweiterten Bewusstseins zu erfahren. Seit den Nebeln frühgeschichtlicher Jahrtausende hat die Möglichkeit existiert, dies zu erfahren. Psychogene Substanzen und psycho-spirituelle Techniken haben dabei als Hilfsmittel gedient. Aber während zwar Mystiker und Initiierte nach diesen Bewusstseinszuständen gestrebt haben, hat sich doch die große Mehrheit der Menschen weiterhin hauptsächlich um die weltlichen Belange ihres Alltagslebens kümmern müssen.

Das ist heute anders.

Heutzutage haben wir, individuell und kollektiv, die Möglichkeit, höhere Bewusstseinsebenen zu erfahren. Und was dabei entscheidend ist: Wir sind dazu in der Lage, ohne auf die bewusstseinsverändernden Mittel und Methoden unserer Vorfahren zurückgreifen zu müssen.

In den letzten beiden Jahrtausenden haben religiöse Institutionen spirituelle Autorität ausgeübt. Gurus und Priester, ob sie nun wohlwollend oder bösartig waren, wurden als bevorrechtigte beziehungsweise alleinige Kanäle für das Geistige und die Spiritualität betrachtet.

Das ist heute ebenfalls anders.

Wenn wir die Energien des achten Chakras wahrnehmen und nutzen, können wir alle zu eigenen spirituellen Erfahrung finden und Zugang zur Ganzheit dessen gewinnen, wer wir wirklich sind. Wir können weiterhin neben unseren Mitreisenden der spirituellen Tradition weiterwandern, die wir uns ausgewählt haben, und zugleich können wir auf dem inneren Weg vorangehen, der allein unserer ist – und doch an unser gemeinsames Ziel führt.

Das kollektive Unbewusste

Der Psychologe Carl Gustav Jung hat aufgrund seiner Erforschung veränderter Bewusstseinszustände eine Art Bewusstseinsspeicher gefunden, zu dem wir alle Zugang haben. Er nannte es das „kollektive Unbewusste“ und erkannte darin so etwas wie das Archiv unseres gesamten kulturellen und geschichtlichen Erbes.

Jung hat außerdem ursprüngliche, quasi archaische Prinzipien entdeckt, die er „Archetypen“ nannte. Ihre Essenz durchdringt das kollektive Unbewusste und bringt sich deshalb sowohl im individuellen Leben der Menschen als auch in der Menschheit als Ganzes zum Ausdruck. Solche Archetypen bilden das Pantheon von Gottheiten überall auf der Welt. Wir sehen sie zwar in einem kulturspezifischen Licht, aber ihr inneres Wesen ist kulturübergreifend, und ihre Gegenwart und Führung ist uns allen gemeinsam.

Wenn wir unsere Bewusstheit über das Ego-Selbst hinaus ausdehnen, gewinnen wir Zugang zum kollektiven Unbewussten und zu den Reichen archetypischer Wesen. So nehmen wir dann auch unmittelbar die Begrenzungen zwischen unserer Psyche und dem Kosmos wahr und stellen fest, dass diese willkürlich gezogen worden sind.

In solchen erweiterten Bewusstseinszuständen „wissen“ wir nicht nur durch Räume und Zeiten hindurch, sondern wir erleben auch, dass wir ohne jede Ortsgebundenheit, „nonlokal“, in Welten reisen können, die jenseits der manifestierten physischen Welt liegen. Wir können Informationen erhalten, die Erinnerungen an andere Leben zu sein scheinen, oder wir können uns mit anderen Wesen verbinden – mit Tieren, Bäumen, Bergen und Flüssen – und intensiv spüren, dass auch sie fühlende Wesen sind.

Jung entdeckte auch, dass solche Zustände neue und zutreffende Informationen übermitteln können, die mit den üblichen Methoden unseres Verstandes nicht möglich wären. Als die schamanischen Heiler des Amazonasbeckens, des größten Areals für Heilpflanzen auf der Erde, von Wissenschaftlern gefragt wurden, wie sie ihre umfassenden Kenntnisse der Eigenschaften der Pflanzen erhalten hatten, antworteten sie: „Das haben uns die Pflanzen selbst erzählt." Anthropologen, die Generationen hindurch mit einer materialistischen Grundeinstellung an ihre Forschungsarbeiten herangegangen waren, entdecken inzwischen selbst ein derartiges metaphysisches Wissen, indem sie sich den gleichen *Vision Quests,* den Visionssuchen, unterziehen wie die Völker, deren Kultur sie untersuchen.

Aus all diesen Berichten über derartige Erfahrungen wird deutlich, dass die Archetypen Brücken zur höchsten und letzten Quelle der gesamten Schöpfung darstellen, dass sie jedoch nicht selbst diese Quelle sind. Wenn man sie irrtümlich dafür hält, führt das zu Idolverehrung, Spaltung und spiritueller Entmündigung, wie wir es aus der Geschichte ja kennen. Wenn man Archetypen als einen realen Teil eines fast unendlichen holographischen Bewusstseins versteht, dann können wir über alle kulturell bedingten Begrenzungen hinausgehen und in ein größeres Bewusstsein des Kosmos und unseres eigenen Platzes darin eintauchen.

Schließlich gibt es an der letzten Grenze der menschlichen Wahrnehmung eine Ebene der Bewusstheit, in der alle Polaritäten eins werden. Jeder, der dies einmal erlebt hat, stellt fest, dass sich diese Erfahrung nicht in Worten beschreiben lässt. Hier treten wir in ein unaussprechliches Feld des reinen Geistes, der bedingungslosen Liebe und der schöpferischen Macht ein. Eine erhabene Musik vermittelt uns einen besseren Abglanz davon als die poetischsten Worte. Der Anblick der Natur in ihrer ganzen Herrlichkeit ist ein weiterer Abglanz dessen. Aber die „Sprache“, die auf immer höheren Ebenen von Bewusstheit schwingt, ist Liebe – nicht Worte der Liebe, die Liebe zu beschreiben versuchen, sondern innere Gefühle, die keinen Zweifel an ihrer Wirklichkeit lassen. Und dabei geht es nicht um jene Gefühle, die Liebe zu bewerten oder zu beurteilen suchen, sondern um jene, die sie befreien.

Wenn sich unser Bewusstsein erweitert, können wir uns entscheiden, mit diesem Bewusstsein zu verschmelzen und es voller Wonne und Ehrfurcht zu erleben – oder es als den Geliebten unseres Herzens, unseres Geistes und unseres Willens anzunehmen.

Schamanen, Rutengeher und Mystiker

Überall in der Welt wissen metaphysische Traditionen davon, dass unsere Gefühle, Gedanken und Sinneswahrnehmungen über die drei Zentren von Verstand, Herz und Willen gesteuert werden. Deshalb wurden diese drei Zentren auch mit den Archetypen Mann, Frau und Kind assoziiert.

Verschiedene Kulturen haben zu unterschiedlichen Zeiten diese drei Facetten unserer menschlichen Erfahrung auf jeweils andere Weise betrachtet, um die Welt und unseren Lebenssinn zu erklären. Für Wissenschaftler und Geomantiker aus früheren Zeiten und der Moderne hat die Entwicklung des Geistes dazu geführt, dass ein riesiger Vorratsspeicher kosmischen Wissens geöffnet wurde. In den letzten drei Jahrhunderten sind wir als Menschheit kollektiv auf diesem Weg vorangegangen und dabei tiefer in die Geheimnisse der physischen Welt eingedrungen als jemals zuvor. Da jedoch die Rolle des Verstands darin besteht, unsere Wahrnehmung zu individualisieren, haben wir als Preis für diese Ausweitung unserer Außensicht zunehmend unsere Fähigkeit zur Innenschau verloren.

Für Schamanen von Naturvölkern besteht der Weg zum Verstehen in der unmittelbaren Erfahrung aus dem Herzen heraus und dem Gefühl, Teil eines umfassenden Gewebes des Lebens zu sein. Für Menschen auf diesem Weg ist der gesamte Kosmos lebendig und das ganze Leben ehrt und erfährt man in Beziehungen zu allem Lebendigen. Das ist ein Weg der nachhaltigen Ökologie, des leichten Gangs auf der Erde und des Sich-Einlassens auf kosmische Zyklen anstatt dagegen anzukämpfen.

Der dritte Weg, der Weg des Willens, ist von den Mystikern vieler Traditionen beschritten worden, deren intuitive Offenbarungen von Wundern erfüllt sind, durch die sie einen Blick auf den schöpferischen Sinn des Kosmos erhaschen konnten.

Diese drei Wege streben demselben letzten Ziel zu und schließen sich nicht gegenseitig aus. Die Integration von Geist, Herz und Willen ist entscheidend dafür, dass wir Zugang zum Portal des achten Chakras gewinnen und unsere Reise zur Ganzheit fortsetzen.

Archetypische Zahlen

Zahlreiche Weisheitslehren sprechen davon, dass sich die Gesamtheit der menschlichen Seele durch eine Matrix des Bewusstseins verkörpert, in der eine Harmonie der fundamentalen Energie der zwölf, die in die 13 integriert wird, enthalten ist. Solche Lehren stützen sich auf Symbole und Metaphern, um ihren Ansatz zu beschreiben. So begegnen wir während der ganzen langen Reise unseres Sonnen-Seelen-Helden, während der inneren Pilgerfahrt zur Ganzheit, in der archetypischen Sprache der Mythen immer wieder diesen archetypischen Zahlen. Zwölf Gefährten begleiteten den Helden Odysseus, dessen lange Reise nach dem trojanischen Krieg zurück nach Hause von Homer erzählt wurde. Der griechische Held Herkules vollbrachte zwölf Arbeiten, um seine Mission zu erfüllen und Freiheit zu erlangen. Und Jesus, dessen Geburt wir zur Wintersonnenwende feiern, zur Widergeburt der Sonne, hatte zwölf Jünger.

Diese Verknüpfung von zwölf um die Eins herum spiegelt sich auch in den astronomischen und astrologischen Zyklen des Tierkreises wider und im kosmischen Tanz von Sonne, Mond und Erde. Jedes Jahr vollendet die Sonne einen Umlauf vor dem Hintergrund von zwölf Tierkreiszeichen. Und jedes Jahr durchläuft der Mond während seiner Kreisbahn um die Erde zwölf Sternenmonate (gemessen vor dem Hintergrund der Fixsterne), jedoch gibt es 13 Vollmonde im Jahr oder so genannte Lunationen*.

Derselbe harmonische Zyklus ist in den Noten der chromatischen Tonleiter enthalten, in der die dreizehnte Note sowohl eine Oktave beschließt (indem sie die Frequenz der ersten Note verdoppelt), als auch die nächste Oktave beginnt. Für die eingeweihten Musiker im antiken Griechenland verkörperten die inneren geometrischen Verhältnisse der chromatischen Tonleiter eine Widerspiegelung der kosmischen Prinzipien der Evolution und der Manifestation von Einheitsbewusstsein.

* Die Lunation bezeichnet die Zeitspanne eines vollen Umlaufs des Mondes auf seiner Bahn um die Erde in Bezug zur Sonne, also die *synodische Periode des Mondes.* Dies ist die Zeit von einem Neumond, wenn Sonne und Mond in Konjunktion stehen, zum nächsten Neumond, die Periode der Mondphasen.

Die alten Geometer beschrieben den Geist als einen vollkommenen Kreis. Ihnen offenbarte sich die Verkörperung des Geistes in der Materie als die höchstmögliche Anzahl von Kreisen, die man um einen Kreis derselben Größe gruppieren konnte; das sind wiederum zwölf Kreis um einen. Solche intuitiven Einsichten brachten übereinstimmende Ansichten über die Welt in so vielen antiken Kulturen hervor.

Das Gewöhnliche und das Ungewöhnliche

Die Reise des Erinnerns bringt uns auf eine Ebene des Bewusstseins, die weit jenseits der eingebildeten Beschränkungen unseres persönlichen Selbst sind. Das Erreichen solcher Bewusstseinszustände wurde allgemein als der Höhepunkt eines Lebens frommer Hingabe angesehen und man meinte, dass es nur solche Menschen würden erreichen können, die die Alltagswelt aufzugeben bereit waren. Tatsächlich gilt die physische Welt bei zahlreichen spirituellen Wegen als „gefallen“ und „sündig“. Solche religiösen Traditionen meinen, dass man nur dann sein höheres Selbst entdecken könnte, wenn man sich von den „Versuchungen“ der Welt entfernt hielt.

Ich verstehe zwar, wie ein solches Denken entstehen kann, aber ich bin davon überzeugt, dass unser höchster Lebenszweck in dieser Zeit darin besteht, dass wir in einer physischen Inkarnation lernen, die spirituelle Ganzheit dessen, wer wir wirklich sind, zu begreifen und in der menschlichen Erfahrung zu verkörpern. Ich erhielt vor einigen Jahren, als ich an einem wunderschönen Morgen über die heilige Erde von Avebury ging, über das Hellhören folgende Botschaft:

> *In der Gemeinsamkeit unseres Mensch-Seins sind wir alle gewöhnlich. In der Gemeinsamkeit unserer Göttlichkeit, sind wir alle außergewöhnlich.*

Ich erkannte, dass wir hier sind, um unser kosmisches Wesen in all seiner gewöhnlichen und ebenso in all seiner außergewöhnlichen Herrlichkeit zum Ausdruck zu bringen – dass wir also das Göttliche im Weltlichen verkörpern und erkennen sollten, dass Göttlichkeit das zutiefst natürliche Wesen der Welt ist.

Gezeiten der Geschichte

Durch die Äonen der Zeit, die sich seit dem Anfang des Universums entfaltet haben, hat die Evolution der Komplexität dafür gesorgt, dass immer höhere und größere Bewusstseinserfahrungen auf der physischen Ebene sowohl individuell als auch kollektiv möglich wurden. Und während des kurzen kosmischen Augenblicks, der die Dauer der menschlichen Geschichte repräsentiert, haben wir immer intensiver versucht, unseren Platz im Kosmos und die Gemeinschaft mit seinen höheren Wirklichkeiten zu verstehen.

Wie in den großen Gezeiten der Meere, die vom Mond hin und her gezogen werden, sind die Meere der Menschheitsgeschichte verebbt und wieder herangeflutet. Wir alle sind Surfer auf den Wellen dieser Gezeiten, die sich in Form vom Umständen und Situationen in unserem individuellen und kollektiven Leben erheben, ihren Höhepunkt erreichen und wieder fallen. Jeder von uns hat seine genau bestimmte Rolle in diesem Wechselspiel von Licht und Schatten; wir alle sind jetzt in dieser entscheidenden Zeit hier, um unsere Rolle während des von vielen Mystikern so genannten Zeitensprungs zu spielen.

Bis zur Sollbruchstelle hin belastet

Wir wissen heute, dass die Evolution von langsamen Trends gekennzeichnet ist, in denen ab und zu revolutionäre Sprünge auftreten. Ungefähr vor 50 000 Jahren tauchten die ersten modernen Menschen auf, soweit es Fossilien uns offenbaren. Seit dieser Zeit haben sich unsere kognitiven Fähigkeiten kaum verändert; wie haben als Einzelne und als Gruppen das gesamte Spektrum des Bewusstseins erlebt und erforscht, das auf Polaritäten beruht.

Für die ersten 40 000 Jahre der Reise unserer Spezies deuten die vorhandenen Daten darauf hin, dass wir wussten, dass wir spirituelle Wesen waren, die eine physische Existenz erlebten. Wir hatten eine schamanische Sicht der Welt. Schamanische Gemeinschaften betrachten sich als einen Teil des großen Netzwerks des Lebens, in dessen Zyklen von Geburt, Leben, Tod und Wiedergeburt sie leichten Fußes über die lebendige Erde gehen, im Einklang mit ihren Mitgeschöpfen.

In den letzten zehn Jahrtausenden entwickelten sich allerdings Weltanschauungen, die von einer anderen Beziehung zu Erde und dem größeren Kosmos bestimmt waren. Mit der Einführung der Landbewirtschaftung und der Domestizierung von Tieren erlebte unsere Beziehung zur natürlichen Welt eine Revolution. Die Menschheit war der Natur nicht mehr ausgeliefert. Wir fingen an, die Welt um uns herum als etwas anzusehen, das wir zähmen und beherrschen sollten. Fühlten wir uns zunächst als Teil eines ganzen lebendigen Gewebes, auch wenn unser Faden in diesem Knüpfwerk nicht besonders weit entwickelt war, so betrachteten wir uns mehr und mehr als Wesen, die die Herrschaft über dieses Flechtwerk bekommen sollten. Hielten wir die Erde früher für heilig, so begannen wir nun, uns selbst als das Zentrum des Kosmos anzusehen.

Im Verlaufe der Jahrhunderte haben verschiedene Kulturen eine immer stärker durchgreifende Herrschaft über die Erde und ihre Kinder angestrebt. Dadurch wurden die Verbindung und Nähe zwischen uns und der Erde sowie dem Kosmos geschwächt und schließlich zerstört. Wir entwickelten unsere Getrenntheit weiter und entdeckten die Individualität; wir bekamen das Gefühl, dass wir allein seien. Und je größer dieses Gefühl von Trennung wurde, desto einsamer fühlten wir uns.

In den letzten 300 Jahren hat die materialistische Wissenschaft versucht, uns davon zu überzeugen, dass die physische Welt keinen eigenen Zweck und Sinn hat und dass sie die einzige Wirklichkeit darstellt. In ihrer fundamentalistischen Ausprägung hat die Naturwissenschaft behauptet, dass wir nicht mehr als ein zufälliges Ergebnis eines Evolutionsprozesses seien, dessen einziger Antrieb das Überleben sei. Damit ist unsere kollektive Erforschung der Wahrnehmung der Welt aus einer Sicht der Polarität wie ein elastisches Gummiband bis zur Sollbruchstelle belastet worden, es ist kurz davor zu reißen.

Gefahren und Chancen

Das chinesische Schriftzeichen für „Krise“ stellt die beiden Zeichen für „Gefahr“ und „Chance“ (oder „Gelegenheit“) gegenüber. Im vollkommenen kosmischen Timing stehen wir offensichtlich am Rande eines Abgrunds; aber zugleich erweitern wir auch unser Bewusstsein, um besser zu begreifen, wie wir die Kluft, die vor uns liegt, überwinden können.

Wir mussten uns bisher selbst davon überzeugen (wie alle Schauspieler, die eine Rolle übernehmen, es tun müssen), dass die Sicht der Wirklichkeit durch die Brille der Polarität die einzig richtige sei für das Stück, das wir aufführen. Jetzt sind wir jedoch zum ersten Mal in der Geschichte der Menschheit in der Lage, persönlich und kollektiv die Beschränkungen eines auf Polarität ausgerichteten Bewusstseins auszugleichen und zu überwinden. Wir können inzwischen Einheitsbewusstsein verwirklichen, so wie es die Avatare getan haben, die durch die Zeitalter hindurch unsere spirituellen Wegweiser waren. Und wir schaffen das, ohne unsere persönliche Kraft und Selbständigkeit an irgendeinen anderen „Mittler" abzutreten.

Als spirituelle Wesen, die eine physische Erfahrung machen, sind wir dazu bereit, eine größere Herausforderung anzunehmen und eine größere Chance zu nutzen. Endlich können wir die Energien und die Bewusstheit des achten Chakras manifestieren und damit die grundlegende Oktave von Bewusstsein vollenden und ganz bewusst die Ganzheit unserer Seele wieder in Anspruch nehmen.

Transpersonale Chakras

Jenseits des siebenteiligen Chakrasystems unserer Persönlichkeit gibt es fünf höhere, transpersonale Chakras. Mit immer höheren Schwingungsraten der holographischen Wahrnehmung vervollständigen sie das zwölffache Energiefeld und erreichen die dreizehnte Stufe der Ganzheit, der Erfahrung des Einheitsbewusstseins.

Das achte Chakra

Das achte Chakra des universellen Herzen bildet die Brücke zwischen der auf dem Ego beruhenden Wahrnehmung und unserer höheren Bewusstheit. Auf einer kollektiven Ebene erleben wir derzeit unsere Resonanz mit diesem Chakra als ein zunehmendes globales Mitgefühl. Die meisten Menschen fühlen seine Existenz als ein Energiezentrum, das sich zwischen dem Herz- und dem Halschakra befindet.

Energetisch kann man das achte Chakra so betrachten, dass es die dreiteiligen Energien von Verstand, Herz und Willen zusammenführt, wie sie sich einzeln im Alta-Major-Chakra, dem Herzchakra und dem Solarplexuschakra zum Ausdruck bringen. Die triadische Natur des universellen Herzens erschafft damit ein Energietor, durch das unsere

Bewusstheit ausgeglichen und auf eine transpersonale Ebene gehoben wird.

Bedingungslose Liebe ist die Schwingung dieser Bewusstheit. Wenn wir in dieser Essenz mitschwingen, gewinnen wir ein neues Verständnis vom archetypischen Bewusstsein, das unsere menschliche Erfahrung leitet.

Das neunte Chakra

Das neunte Chakra befindet sich etwa eine Handlänge unterhalb unserer Füße. Die Energien dieses so genannten Erdsternchakras übermitteln uns eine sehr viel tiefer gehende Verbindung mit der Erde als unser persönliches Wurzelchakra. Wenn wir uns über das Erdsternchakra mit der Erde verbinden, dann können wir auf sehr viel tieferen Ebenen mit den Reichen der Devas und Elementarwesen der lebendigen Erde kommunizieren.

Das zehnte Chakra

Das zehnte Chakra findet sich energetisch ungefähr eine Handbreit über unserem Kopf. Es verbindet uns mit der Matrix der Gruppenseele, die das Bewusstsein unseres gesamten Sonnen- und Seelensystems ist.

Indem Menschen diese höheren Chakras erfahren, beginnen sie die Verletzungen ihrer Seelen zu heilen und sich an ihre Seelenidentität auf den irdischen, innerirdischen und außerirdischen Ebenen zu erinnern.

Das elfte Chakra

Das elfte Chakra ist ungefähr 45 Zentimeter über unserem Kopf; es verbindet uns mit galaktischen Bewusstseinsebenen.

Während wir unsere Wahrnehmung ausdehnen, um auch das Bewusstsein dieser transpersonalen Chakras in uns aufzunehmen, erhalten wir Zugang zur Weisheit und Führung der multidimensionalen Bereiche des Kosmos und zu unserer eigenen höchsten Bewusstheit und intuitiven Führung.

In diesen Zeiten einer globalen Krise kann uns eine solche höhere Weisheit die Schlüssel zu einer Zukunft bieten, in der wir uns in bewusster Harmonie mit dem Kosmos befinden und bereit sind, zu meisterhaften Steuerleuten unseres individuellen und kollektiven Schicksals zu werden.

Das zwölfte Chakra

Das zwölfte Chakra befindet sich gut 90 Zentimeter über unserem Kopf; es verbindet uns mit dem Einheitsbewusstsein des ganzen Kosmos und bietet die Chance, dass wir die höchste und endgültige Stufe des Er-Innerns dessen erlangen, wer wir *wirklich* sind.

Wenn die zwölf Chakras gemeinsam zum transformatorischen dreizehnten werden, kann man die Einheit des Einen erkennen, das alle Relativität transzendiert und sie zugleich gebiert.

Unsere Seelenaufgabe

Das achte Chakra des universellen Herzens schließt die Oktave der Wahrnehmung ab, die auf dem Bewusstsein unserer Persönlichkeit beruht. Zugleich ist dieses Chakra das Portal zu unserer höheren transpersonalen Bewusstheit.

Wir haben in den Kapiteln zuvor gesehen, welche fundamentale Bedeutung Drei-in-Eins-Prinzipien besitzen und wie ihre kombinierten Energien die Spannungen auflösen, die im Ausdruck der Polaritäten enthalten ist. Innerhalb des Bewusstseins unseres Ego-Selbst verkörpern Verstand, Herz und Wille diese kosmische Dreiheit. Indem unsere inneren Gedanken und Gefühle und unsere Interaktionen mit der Außenwelt durch unseren Willen übermittelt werden, erleben wir, was es bedeutet, Mensch zu sein.

Wir haben auch festgestellt, dass jedes unserer sieben Persönlichkeitschakras weibliche, männliche und kindliche Energien verkörpert; diese passiven, aktiven beziehungsweise neutralen (oder schöpferischen) Prinzipien nennt man in der vedischen Tradition auch *ida, pingala* und *shushumna.*

Auf einer höheren Ebene des kosmischen Hologramms werden Verstand, Herz und Wille ebenfalls diese Drei-in-Eins-Prinzipien des Kosmos verkörpern. Denn unabhängig davon, ob wir nun als Mann oder Frau geboren wurden, sind unsere Gefühle ihrem Wesen nach doch weiblich oder passiv, unsere Gedanken sind männlich oder aktiv, und unser Willen bringt sich durch die kreativen Energien des „kosmischen Kindes“ zum Ausdruck.

Wenn diese drei im Gleichgewicht sind, dann stehen uns die Energien des achten Chakras zur Verfügung. Wenn jedoch entweder die männlichen oder die weiblichen Energien dominant werden, wird ihr kreativer Ausdruck durch den Willen unausgewogen.

Im Verlauf der letzten beiden Jahrtausende ist unsere kollektive Psyche durch die anwachsende Dominanz des Verstandes geprägt worden. Ob wir nun körperlich Mann oder Frau sind, wir haben als Kollektiv die Kraft des Herzens herabgewürdigt, in einem Maße, in dem unsere kollektive Psyche bereit war, es zu tun. Dieses Ungleichgewicht wieder auszugleichen ist die Voraussetzung für die Öffnung des achten Chakras, des universellen Herzens.

Wenn wir das universelle Herz öffnen, gehen wir über die Begrenzungen unseres vom Ego bestimmten Bewusstseins hinaus und realisieren, dass wir multidimensionale Wesen sind. Wir beginnen damit auch, die Aufgabe und den Sinn unserer Seele zu verstehen.

* * *

Um das zu tun, müssen wir zunächst überlegen, wie unser eigenes sich erweiterndes Bewusstsein im Verhältnis zu den Matrizen des Bewusstseins schwingt, zuerst das der Erde und dann das unseres Sonnen-Seelen-Systems. Obwohl die Krisen unserer Zeiten große Risiken und Gefahren bergen, bieten wir uns durch diese selbst auch eine unglaublich große Gelegenheit, unsere Beziehung mit diesen innersten Aspekten des kosmischen Hologramms wieder aufzunehmen und neu zu begründen.

7.
Die lebendige Erde

Die Erde ist ein lebendiges Wesen. Sie ist nicht einfach nur ein passiver Hintergrund unseres Lebens. Sie ist auch kein Feind, der unterworfen und überwunden werden müsste. Und schließlich ist sie auch keine ersetzbare Ware, die man gebrauchen, missbrauchen und wegwerfen könnte. Dennoch behandeln wir sie mit einer derartigen Ignoranz, Aggression und Verachtung. Nichtsdestotrotz fährt sie fort, uns zu ernähren – aber wie lange noch?

Die Erde ist nicht nur das einzige Heim, das wir jetzt haben, sie ist auch das einzige Zuhause, das wir in der vorhersehbaren Zukunft haben werden. Und sie ist, wie wir noch sehen werden, unsere evolutionäre Partnerin im Bewusstseinswandel, der uns jetzt bevorsteht.

Manche von uns sprechen davon, „die Erde zu retten", während andere solche dringlichen Bitten ignorieren oder sie übergehen. Die Realität ist: Nicht die Erde muss gerettet werden, sondern wir. Sie wird nämlich schlussendlich ohnehin überleben, ganz gleich, welchen dummen Missbrauch wir mit ihr treiben und ganz gleich, welche Veränderungen derzeit stattfinden. Wir werden allerdings nicht unbedingt überleben.

Wir vergiften und zerstören unsere Umwelt exponentiell zunehmend, eine Umwelt, die uns Hunderte von Jahrtausenden mit ihrer Fülle ernährt und erhalten hat. Wie ein Virus, der sich rasend verbreitet, bis er seinen Wirt zerstört hat, stürzen wir gedankenlos ins Unglück, in Katastrophen, die vermeidbar sind.

Die riesigen Ressourcen, die wir für die so genannte Verteidigung ausgeben, bieten keine Abwehr vor der größten

Bedrohung, der wir uns gegenüber sehen. Wenn nur ein Bruchteil der global verfügbaren Energie und Ressourcen, die für die Entwicklung und Anwendung von Waffen ver(sch)wendet wird, für die Entwicklung harmonischer Technologien und Industrien in Partnerschaft und Zusammenarbeit mit der Erde eingesetzt würde, dann hätten wir alle noch große Überlebenschancen. Das verlangt aber von uns mehr, als nur unsere Meinung zu ändern und neu nachzudenken – es erfordert auch einen Wandel des Herzens und des Willens. Und es verlangt eine Erweiterung unseres Bewusstseins.

Es gibt diese angesprochenen harmonischen Technologien zwar, aber in einem verschwindend geringen Maße angesichts der jetzt dringenden Notwendigkeiten. An dieser Stelle möchte ich mich mit dem Bewusstsein und dem Biofeld von Gaia beschäftigen, wie die alten Griechen den Geist der Erde nannten. Wenn wir das tun, beginnen wir, andere Möglichkeiten zu entdecken, wie wir uns wieder sinnvoll mit der Erde verbinden, wie wir auf ihre tiefe Weisheit hören und wie wir lernen können, wieder in Harmonie mit ihr zu leben.

Von der Beherrschung zur Behütung

Während wir uns darum bemüht haben, die Erde zu beherrschen statt sie zu behüten, haben wir aus Unwissen und Gedankenlosigkeit das natürliche Funktionieren von Gaia beschädigt. Bis vor Kurzem hat die Naturwissenschaft die Erde mit einer überwältigend reduktionistischen und materialistischen Grundanschauung betrachtet.

Inzwischen ist die Wissenschaft auf dem Weg, die holographische Natur des Universums zu entdecken – auf allen seinen Ebenen und in jedem Maßstab, von den winzigsten Strings, die die „Grundtöne“ von Energie und Materie bilden, bis hin zu solch komplexen Systemen wie Klimamustern und Erdbeben. Auch in allen biologischen Systemen gibt es eine derartige holographische Resonanz, angefangen bei einzelnen Organismen bis hin zu ganzen Ökosystemen. Die harmonischen Muster dieser Resonanz liegen der gesamten Evolution zugrunde. Die alte Auffassung von einer harmonischen Partnerschaft zwischen der natürlichen Umwelt und dem biologischen Leben wird wieder ernst genommen und man begreift, dass darin der Schlüssel zur gemeinsamen Evolution steckt.

Die Pionierarbeit von James Lovelock, dem ersten Menschen, der seit der griechischen Antike die Erde wieder mit dem Namen Gaia bezeichnete, hat eine neue Ära der Ökologie und der Wertschätzung der irdischen Biorhythmen eingeleitet. Lovelock war unter den ersten, die die subtilen, sich selbst organisierenden Mittel und Methoden von Gaia beschrieben hat, mit denen sie das biologische Leben seit nunmehr fast vier Milliarden Jahren aufrechterhalten konnte – trotz mindestens vier Kataklysmen, die immer drei Viertel des jeweils existierenden Lebens zerstörten. Er erkannte auch die Folgen des gedankenlosen Missbrauchs unserer planetarischen Heimat und schreibt darüber in seinem Buch *Gaias Rache*.

Achtung

Wir teilen unsere Ökosysteme mit den Tieren und Pflanzen, die uns ernähren und erhalten, und doch achten nur wenige Menschen diese Mitgeschöpfe. Und noch weniger gestehen ihnen zu, dass auch sie Gefühle haben. Tiere erleben, wie man inzwischen festgestellt hat, Gefühle wie Liebe und Leiden, Trauer und Angst. Wie sollten sie auch keine individuellen Gefühle haben, zumindest auf irgendeiner Ebene, schließlich sind die Wissenschaftler heute eifrig bemüht, jede menschliche Emotion als eine evolutionäre Entwicklung darzustellen.

Wir haben uns entschieden, unsere Augen vor dem Leiden von Tieren zu verschließen. Vertreter der industrialisierten Landwirtschaft leugnen, dass solche Methoden grausam sind. Es gibt jedoch unwiderlegbare Beweise dafür. Wie ist es möglich, dass wir dennoch weiterhin diese barbarischen Verhaltensweisen hinnehmen?

Es gibt gute ökologische Gründe und Gründe der persönlichen Gesundheit, wesentlich weniger Fleisch zu essen, als wir es gemeinhin tun. In den letzten zehn Jahrtausenden haben wir mit domestizierten Haustieren zum gegenseitigen Nutzen zusammengelebt. Erst seit etwa 50 Jahren ist unser Verhalten ihnen gegenüber derart von Missbrauch geprägt.

Das muss aber nicht so bleiben. Es gibt menschlichere Methoden der Aufzucht und sogar des Tötens von Tieren, um unsere Nahrung zu beschaffen. Tierfabriken jedoch sind ein abscheuliches Greuel. Nicht nur die Tiere leiden, was schon schlimm genug ist, sondern die energetischen Muster dieser Art von Aufzucht und Tötung prägen sich auch auf der Zellebene ein. Jedes Tier, das in Leid aufgezogen wird und unter Schmerzen stirbt, reicht diese Emotionen an alle weiter, die von seinem Fleisch essen. Bedenken Sie die Auswirkungen auf die menschliche Gesundheit.

Fühlende Pflanzen

In den 1960er Jahren hat Cleve Backster gezeigt, dass Pflanzen fühlen und auf Freude und Schmerz reagieren. Backsters Experimente wiesen allerdings nach, dass die Pflanzen unmittelbar auf seine Gedanken reagierten, nicht auf seine erst danach erfolgenden Handlungen. Wenn er nur so tat, als ob er eine Pflanze verletzen wollte, gab es keinerlei Reaktion; die Pflanzen schienen zwischen einer wahren Absicht und einer nur vorgeschobenen unterscheiden zu können. Backster war auch in der Lage, eine Reaktion der Pflanze selbst dann noch festzustellen, wenn das Blatt, mit dem er experimentierte, bereits von ihr abgetrennt war.

Die Pflanzen reagierten sogar auf nicht ausgesprochene Bedrohungen. Wenn eine Pflanze von einer überwältigend großen Gefahr oder Beschädigung bedroht war, „spielte" sie einfach tot, indem sie sich in einen tiefen Ruhezustand versetzte. Backster führte auch Tests mit einem Lügendetektor durch und stellte fest, dass Pflanzen Wahrheit und Lüge unterscheiden konnten. Weitere Experimente ergaben, dass Pflanzen ein Gedächtnis besitzen und dass sie eine Beziehung zu einem Menschen, auf den sie sich einmal eingestimmt hatten, auch dann aufrechterhalten konnten, wenn sich die Person an einem anderen Ort befand.

Andere Forscher wie Marcel Vogel, Randall Fontes und Robert Swanson haben Backsters Ergebnisse bestätigt, dass Pflanzen Empfindungen haben und fühlende Wesen sind. Und indem er Elektroden an einzelne Zellen, an Amöben, Hefe, Schimmelpilzkulturen, Biofilme, Blut und Sperma ansetzte, konnte Backster selbst zeigen, dass sie alle Reaktionen aufweisen, die denen der Pflanzen ähnlich sind.

Solche Untersuchungen stehen erst am Anfang, und wir brauchen verbesserte Methoden und Verfahren sowie eine erweiterte Forschung, um die Feststellungen einiger weniger Wissenschaftler zu verifizieren, die schon jetzt auf diesem Gebiet arbeiten. Der Anfang ist jedoch gemacht und seine Ergebnisse stützen die Berichte jener sensitiven Gärtner mit dem „grünen Daumen", die immer schon erzählt haben, dass sie mit den Pflanzen sprechen. Solche Gärtner wissen auch, dass man mit einer Pflanze kommunizieren kann, bevor man sie pflückt oder kocht, um sie zu beruhigen und die Energie von Angst gar nicht erst aufkommen zu lassen.

Im Gewebe des Lebens spielen viele Pflanzen für unser Wohlergehen eine unschätzbare Rolle. Alles, was sie von uns erbitten, ist, dass wir ihre Gaben achten und ihnen dankbar sind, so wie es die Urvölker weltweit noch heute zeigen.

Der wahre Preis unserer Nahrung

Die Neubegründung einer respektvollen Beziehung zu Tieren und Pflanzen, die den Planeten Erde als Heimat mit uns teilen, ist von höchster Dringlichkeit. Die Nahrung, die wir im Westen essen, mag gut aussehen. Sie besitzt allerdings nur noch ein Viertel des Nährwertes der Lebensmittel, wie es sie noch vor zwei Generationen gab. Wir essen mehr als unsere Vorfahren und leiden doch unter Fehlernährung. Wir nehmen chemisch verarbeitete Nahrungsmittel zu uns, die voller Giftstoffe stecken, und das führt zusammen mit unserem Lebensstil dazu, dass unsere Kinder zunehmend fehlernährt oder sogar vergiftet sein werden.

Die industriellen Methoden, die seit zwei Generationen bei der Nahrungsmittelerzeugung angewendet werden, und die enorme Zunahme an stark verarbeiteten Lebensmitteln hat zu weit verbreiteten Krankheiten geführt, die es so vorher nicht gab: Übergewicht und Fettsucht, Diabetes, Allergien, Herzbeschwerden.

Da wir die krankheitsbedingten Folgekosten nicht in den Preis für die Nahrungsmittel einbeziehen, täuschen wir uns selbst und meinen, Nahrung sei billig. Wenn man die Krankheitskosten, die durch industriell gefertigte Nahrungsmittel ausgelöst werden, mit einrechnen würde, dann müssten biologisch angebaute, frische Lebensmittel preislich viel günstiger sein als industrielle Massenware.

Der Markt für die minderwertige Massenware ist so riesig geworden, weil wir geschäftiger sind als unsere Eltern und Großeltern, wir sehen diese Produkte als schnell zu haben und bequem an. Oberflächlich betrachtet scheinen sie das zu sein. Wenn wir aber die Zeiten addieren, die wir durch Krankheiten verlieren, und jene Zeit, um die diese Billigprodukte unsere Lebensspanne verkürzen, dann erkennen wir, wie blind wir gegenüber den Monaten und Jahren gewesen sind, die uns die vermeintlich „schnellen“ Mahlzeiten tatsächlich kosten.

Wenn wir unsere Gesundheit wiedererlangen möchten, müssen wir diesen schrecklichen Trend sofort umkehren, nicht nur unseretwegen, sondern auch um unserer Kinder willen. Die gesamte nachwachsende Generation muss heute dringend im Hinblick auf ihre Essgewohnheiten „umerzogen“ und gebildet werden, wenn sie nicht eine Lebenserwartung und eine Lebensqualität haben soll, die weit schlechter als unsere ist.

Unser Körper ist der heilige Gral, mit dessen Hilfe unser Bewusstsein die physische Welt erforscht. Die Verwirklichung und Verkörperung höherer Bewusstseinsebenen, die uns jetzt möglich ist, verlangt zugleich danach, dass wir uns um unser körperliches Wohlergehen kümmern. Wenn wir unsere Bestimmung erfüllen sollen, dann müssen wir nach Gesundheit streben und ein Gleichgewicht zwischen der inneren und der äußeren Umwelt bewahren.

Auch die äußere Umwelt trägt den Schaden und die Kosten unserer industriellen Methoden nicht nur bei der Nahrungsmittelerzeugung, sondern praktisch durch alle Technologien, mit deren Einsatz wir die Ressourcen von Gaia ausbeuten. Um zu verstehen, wie wir unsere Beziehung mit der lebendigen Erde wieder versöhnen und neu begründen können, müssen wir uns mit dem neunten Chakra, mit dem Erdsternchakra befassen, dass sich unter unseren Füßen befindet.

Das Erdsternchakra

Im Kapitel zuvor haben wir darüber gesprochen, wie sich unser Bewusstsein über das Wurzelchakra auf einer persönlichen Ebene mit der Erde verbindet. Wenn wir nun über unsere transpersonalen Chakras einen Zugang zu einer höheren Bewusstheit gewinnen, müssen wir diese stärkeren Energien jetzt über den Erdstern erden, nicht mehr über unser Wurzelchakra. Je höher unsere „Energiezweige“ reichen, desto tiefer müssen unsere Energiewurzeln verankert sein, um uns zu erden und zu sichern.

Über die Verbindung mit dem Erdsternchakra, das sich unter unseren Füßen befindet, erfahren wir das Bewusstsein der lebendigen Erde und die Weisheit ihrer multidimensionalen Ebenen. Wir werden das im nächsten Kapitel vertiefen.

Im Anhang finden Sie eine Erdsternchakra-Meditation, die auch als Einstimmung 3 bezeichnet wird. Diese Meditation mit dem universellen Herzen und dem Erdstern wird Ihnen helfen, diese transpersonalen Aspekte des Selbst zu integrieren und zu erden.

Elektromagnetische Wesen

Wir alle sind elektromagnetische Wesen, die nicht nur innerhalb ihrer selbst interagieren, sondern durch Resonanz auf elektrische und magnetische Einflüsse auch mit der physischen Umgebung im Austausch stehen.

Unsere Wahrnehmung der Realität hängt nicht nur von den Eindrücken ab, die wir über unsere fünf Sinne aus der Umwelt aufnehmen. Bestimmte Energien aus der Umwelt können die fünf Sinne umgehen und unmittelbar mit den Energiesystemen des Körpers in Resonanz gelangen, um veränderte Wirklichkeitszustände zu erzeugen, die dann genau so „real“ sind wie unser normales Alltagsbewusstsein.

Zum Beispiel können bestimmte niederfrequente Feldstärken und Schwingungen die Gehirntätigkeit verlangsamen, abschalten oder auch stimulieren. Eine Überstimulierung durch solche geringen elektrischen Ströme hat man mit visuellen Illusionen und Halluzinationen in Verbindung gebracht.

Um 1980 hat man entdeckt, dass das Magnetfeld der Erde auch auf unsere Zirbeldrüse und unsere innere biologische Uhr einwirkt. Wenn wir vom Magnetfeld der Erde abgeschirmt werden, werden unsere Tagesrhythmen entscheidend aus ihrem natürlichen Gleichklang gebracht, sie laufen dann sozusagen „asynchron“. In Raumschiffen finden sich inzwischen ganz routinemäßig Generatoren, die ein niederfrequentes Magnetfeld erzeugen, damit die Astronauten während langer Raumflüge ihren natürlichen Biorhythmus beibehalten.

Nicht nur das Gehirn wird beeinflusst. Der ganze menschliche Körper wirkt wie ein Instrument, das auf gewisse Frequenzen der elektromagnetischen Strahlungen besonders stark reagiert. Neben dem Gehirn sind der Ethmoid Sinus*, die Thymusdrüse, Leber, Milz, Herz, Lungen und das Häm** in unserem Blut besonders sensibel für diese Energien.

Pulsierende schwache Magnetfelder werden derzeit verwendet, um Knochenbrüche zu heilen, und man benutzt Magneten, um die Symptome von Arthritis und Rheumatismus zu lindern. Es scheint so, als ob auch natürliche Radioaktivität dazu führen kann, Zeit subjektiv anders wahrzunehmen; außerdem kann sie in schwachen Dosen günstige Heileffekte erzeugen.

* Stark vereinfacht gesagt handelt es sich um Luftkammern im Nasenbereich. Anm.d.Ü.

** Häm: komplexe Molekularverbindungen um ein Eisen-Ion. Anm.d.Ü.

Die Medizin nutzt Röntgenstrahlen, die vor 1900 entdeckt wurden, schon lange, um in den Körper hineinzusehen. Computertomographie und Magnetresonanzbilderzeugung sind weitere Anwendungen, bei denen bestimmte Strahlungen in Verbindung mit Computerauswertungen als bildgebende Verfahren benutzt werden.

Inzwischen sind zahlreiche Forscher damit beschäftigt, neue Methoden zu entwickeln, die sich der Strahlen des Lichtes unterschiedlicher Wellenlängen sowie verschiedener elektromagnetischer Felder bedienen, um Gesundheit zu fördern und Krankheit zu heilen. Fokussiertes Infrarotlicht wird zum Beispiel angewendet, um Herpesentzündungen zu behandeln, unter denen vermutlich 60 Prozent zumindest der englischen Bevölkerung leiden. Dabei treten keine Nebenwirkungen auf, und die Entzündungen heilen doppelt so rasch wie bei anderen Verfahren oder Medikamenten.

Die Schumann-Frequenz

Gaia ist ein elektromagnetisches Wesen, das von Energien in sehr vielen Frequenzen erfüllt wird. Viele dieser Energien haben niedrige Frequenzen, die sowohl durch die Erdkruste als auch durch die Atmosphäre dringen, ihnen entsprechen unsere Gehirnwellen. Auf Ebenen unterhalb unseres Wachbewusstseins werden wir von den Schwingungen des Erdbewusstseins regelrecht geprägt.

1952 hat W. O. Schumann entdeckt, dass innerhalb der Atmosphäre und rund um die Erde herum ein harmonisches Muster stehender Wellen existiert, die ein kontinuierliches Energiefeld erzeugen, das 7,83 Mal pro Sekunde schwingt. Man nennt dies die „Schumann-Frequenz"; sie entspricht der mittleren Schwingung der Alpha-Wellen unseres Gehirns und damit dem Spektrum von Schwingungen, die wir in einem meditativen Zustand aufweisen. Seit Schumanns Entdeckung wurden „Obertöne“ zu dieser in der gesamten Umwelt existierenden ständigen Frequenz entdeckt, die allesamt im Bereich der menschlichen Gehirnwellen liegen.*

Die Umkehrung der Magnetpole

Das elektromagnetische Feld der Erde ist entscheidend für das biologische Leben, das sie erhält. Wie dieses Feld entstanden ist und wie es sich über fast vier Milliarden Jahre erhalten hat, bleibt der Wissenschaft ein Rätsel. Geologen wissen zwar etwas über den äußeren Kern Gaias, sie wissen etwas über geschmolzenes Eisen, das von Edelmetallen wie Platin und Gold durchsetzt ist und das als ein Geo-Dynamo wirkt, aber sie wissen nicht, wie dieser äußere Kern arbeitet.

In bestimmten Abständen springt die Polarität des Magnetfeldes der Erde um; es kommt zu einem Polsprung. Was jetzt der Nordpol ist, war einmal der Südpol – und wird das auch wieder sein, möglicherweise sehr bald. Derzeit befindet sich der magnetische Nordpol über 1500 Kilometer vom geographischen Nordpol entfernt. Gemessen an geologischen Vorgängen bewegt sich der magnetische Nordpol sehr rasch, nämlich über 30 Kilometer pro Jahr; gegenwärtig befindet er sich außerhalb der Westküste Grönlands. Die Stärke des Magnetfelds hat in den letzten 150 Jahren um rund zehn Prozent abgenommen, und das Feld wird immer schneller schwächer. Beides zusammen sind Anzeichen dafür, dass uns ein Polsprung bevorsteht, eigentlich sogar schon überfällig ist. In der Vergangenheit hat ein solches Phänomen der Umkehrung der Pole etwa 4000 Jahre gedauert; das letzte Mal geschah dies vor rund 700 000 Jahren.

* Alphawellen entstehen bereits, wenn man die Augen schließt; sie zeigen einen leichten Schlaf an und erstrecken sich von 8 bis 12 Hertz. Thetawellen, die eine Tiefenentspannung signalisieren, liegen zwischen 4 und 8 Hertz. Anm.d.Ü.

Aufgrund von Fossilienfunden wissen wir, dass solche Polsprünge keine schädlichen Auswirkungen für Tiere haben. Unsere menschenähnlichen Vorfahren sind während der letzten Umkehrung über die Erde gewandert. Die Funde sagen jedoch nichts darüber aus, welche Wirkungen eine derartige Umkehrung auf das Bewusstsein haben könnte. Wir wissen also nicht, ob eine Polumkehrung auch eine Bewusstseinsveränderung mit sich bringen beziehungsweise auslösen könnte. Manche metaphysisch Interessierten sagen eine solche Veränderung für 2012/2013 voraus.

Wir sollten dabei jedoch nicht übersehen, dass für unsere Mitgeschöpfe, die Zugvögel und Wale zum Beispiel, eine Umkehrung ihrer magnetischen Wegweiser sehr ernste Konsequenzen haben könnte.

Drachenwege

Bekanntlich gibt es Meridiane im Körper, Bahnen, durch welche Energie fließt. Ein ähnliches Netzwerk überzieht den Energiekörper von Gaia. Die alten Chinesen nannten diese Bahnen *lung mei* oder „Drachenwege". Sie bauten ihre Häuser so, dass diese Drachenbahnen nicht in ihrem Fluss gestört wurden.

1921 hatte ein englischer Unternehmer namens Alfred Watkins eine Vision: Er sah die Landschaft in seiner Heimat, der Grafschaft Herefordshire, von Linien durchzogen, die er „leys" nannte – nach alten Lichtungen in jenen Wäldern, die vor Jahrtausenden das Land bedeckt hatten. Er nahm wahr, dass es geradlinige Spuren, eben die dann „ley lines" genannten Bahnen gab, die alten Wegen folgten und antike Plätze miteinander verbanden.

Das Interesse an diesen Energiebahnen nahm zu, und Rutengeher fingen an, die Erdenergien zu erspüren, die mit diesen Bahnen verbunden sind. Jedoch stellten sie fest, dass es sich nicht um gerade Linien handelte, sondern dass diese wie Sinuskurven verliefen, ähnlich den Drachenwegen, über die chinesische Geomantiekundige berichtet hatten.

In den vergangenen fünfzig Jahren haben westliche Sensitive entdeckt, dass Gaia von energetischen Gitternetzen umfasst wird und dass die feinstofflichen Energien ihres Biofelds die Form eines Dodecahedrons annehmen. Das ist der fünfte von fünf grundlegenden Körpern, die antike Geometer als die idealen Vorbilder für physische Formen und Gestalten ansahen, als eine Schaltstelle für den Austausch mit dem höheren Geistigen. Diese fünf Körper nennt man „platonische Körper" nach dem griechischen Philosophen Platon. Vor zweieinhalbtausend Jahren war er der erste, der ihre geometrischen Eigenschaften beschrieb und sie den fünf Grundelementen Erde, Wasser, Luft, Feuer und Äther zuordnete. Der fünfte Körper, der so genannte Zwölfflächner, entsprach dem Element Äther, einer alles durchdringenden universellen Energie, deren Existenz inzwischen von manchen Kosmologen erneut untersucht wird.

Plato war auch der erste, der das Gitternetz von Gaia als Dodecahedron* beschrieb. In den siebziger Jahren des letzten Jahrhunderts erklärten drei russische Forscher, Nikolai Gonscharow, Vyacheslaw Morozow und Valery Makarow, dass sie ein Gitternetz von Erdenergien entdeckt hätten, das dieser Beschreibung aus der Antike entsprach. Es sind letztlich elektromagnetische Stresslinien rund um den Globus. In bestimmtem Umfang steht dieses Netz auch in Beziehung zur Bildung tektonischer Platten, auf denen sich die Kontinente verschieben und die Gaia erlauben, die Felsen ihrer Kruste laufend zu erneuern und zu recyceln und so die Fruchtbarkeit des biologischen Lebens zu erhalten.

* Ein Körper mit zwölf Flächen. Anm.d.Ü.

Wasser

Wasser bedeckt ungefähr zwei Drittel der Oberfläche von Gaia und macht auch ungefähr genau so viel im menschlichen Körper aus. Es ist lebensnotwendig, besitzt außergewöhnliche Eigenschaften, um Energien zu tragen und zu verwandeln, und es kann etwas wie in einem Gedächtnis speichern.

Seit 1994 untersucht der Japaner Masaru Emoto die Eigenschaften von Wasser; er hat festgestellt, dass es sowohl auf Umwelteinflüsse als auch auf menschliche Gefühle reagiert.

Er hat Wassertropfen unterschiedliches Herkunft gefroren und fotografiert und dabei bemerkenswerte Bilder machen können. Wasser aus reinen klaren Quellen bildete harmonisch geformte, wunderschöne Kristalle, Wassertropfen aus verschmutzten Quellen eher verzerrte Formen.

Emoto hat verschiedene Musik in der Gegenwart des Wassers gespielt und auch dann Tropfen gefroren und fotografiert. Dabei sah er, dass und wie Musik Wasser beeinflusst. Er erkannte, dass das auch für das Wasser in unseren Körpern gelten muss. Klassische Musik oder Volksweisen brachten Harmonie mit sich, Heavy Metal und Rockmusik ließen verzerrte Kristallformen entstehen. Emotos Arbeit hat zur wachsenden Bewusstheit beigetragen, dass wir alle von den Energien in unserer Umwelt beeinflusst werden.

Geomantie

Der gegenwärtig übliche Lebensstil in der westlichen Welt und unsere vorherrschenden Weltanschauungen machen uns unempfänglich für die natürlichen Energien in unserer Umwelt und machen es uns sogar leicht, deren Existenz einfach in Abrede zu stellen. Und doch war unsere Spezies Mensch für Millionen von Jahren mit der natürlichen Umwelt auch bewusst sehr eng verbunden.

Unsere Ahnen wussten um die energetische Bedeutung bestimmter Plätze in der Landschaft, die sie manchmal durch künstlerische Zeichen oder Bauten markierten. In dunklen Höhlen Spaniens und Frankreichs hat man solche künstlerischen Hinterlassenschaften gefunden, die bis zu 34 000 Jahre alt sind. Alte Felsbilder zeigen, dass dies besondere Orte des psycho-spirituellen Ausdrucks waren.

Die Umweltforschung an antiken Stätten steckt noch in den Kinderschuhen. Aber die bislang vorliegenden Ergebnisse geben Anlass zur Vermutung, dass an natürlichen und künstlerisch besonders bezeichneten Kraftorten auch subtile energetische Effekte eine Rolle gespielt haben müssen. Unter den wenigen Urvölkern, die es noch auf unserer Erde gibt, kennen manche bestimmte Handlungen, bei denen Mensch und Natur in einen Austausch treten. So ist dies bei den Aborigines von Australien bekannt, deren geomantische Tradition und deren Wissen der „Traumzeit“ vielleicht 40 000 Jahre alt ist.

Seit einigen Jahrtausenden haben die heiligen Wissenschaften des *Feng Shui* in China und des *Vastu* in Indien die feinstofflichen Energien der Gaia erforscht und genutzt; sie standen im Austausch mit ihrem Geist, um Harmonie und Wohlergehen für Menschen und Orte hervorzubringen. Einiges ist zwar kulturspezifisch, aber vieles aus ihrem Weisheitsschatz hat auch für uns heute noch große Bedeutung. Geomantie und Feng Shui sind immer populärer geworden, europäische Architekturstudenten und Designer lernen immer mehr darüber. Und das ist auch gut so, weil wir in einer Zeit leben, in der die toxische Belastung der Umwelt, des Landes und der Gebäude sowie der so genannte geopathische Stress derart groß geworden sind.

Geopathischer Stress

Unsere natürliche Umgebung ist wie ein Füllhorn und uns zudem wohlgesonnen. Gaia erzeugt jedoch auch bestimmte Strahlungen, die schädlich für uns sein können. Die Meridiane der Erde können unter Umständen auch „verstopfen" oder auf eine andere Weise aus dem Gleichgewicht geraten. Solche geomagnetischen Störungen nennt man allgemein „geopathischen Stress".

Manche Menschen reagieren empfindlicher und auch mit Krankheiten auf solche Störungen. Das scheint vor allem dann der Fall zu sein, wenn jemand aufgrund anderer Faktoren bereits unter Stress steht und sein Immunsystem schon ziemlich geschwächt ist. Gefährdet sind zudem vor allem kleine Kinder und alte Menschen.

Forscher in Europa haben Pionierarbeit dabei geleistet, Verbindungen zwischen geopathischem Stress und Krankheiten nachzuweisen. Um 1930 hat der Rutengeher Baron Gustav von Pohl in Vilsbiburg in Bayern eine Untersuchung durchgeführt, in deren Verlauf er die Häuser dieser Kleinstadt ausgetestet hat. Er vermochte mit hundertprozentiger Genauigkeit zu sagen, in welchem Haus Menschen an Krebs litten. Indem er den genauen Ort lokalisierte, wo geopathische Zonen unter dem Bett der Krebskranken waren, konnte er sogar feststellen, in welchem Körperbereich sich der Krebs entwickelt hatte.

Ein Kanton in der Schweiz nimmt das Thema jetzt immerhin so ernst, dass er sich an den Kosten für einen Rutengeher beteiligt, bevor irgendwo ein neues Haus gebaut wird. Die Baugenehmigung wird nicht erteilt, solange diese Überprüfung nicht stattgefunden hat.

Geologische Gräben und unterirdisches Wasser

Geopathischer Stress kann eine Reihe ganz bestimmter Ursachen haben. Die beiden unterirdischen Hauptursachen dafür sind geologische Gräben und unterirdische Wasserläufe.

Geologen kennen die elektromagnetische Strahlung, die von Spannungen geologischer Gräben, Spalten und Auffaltungen ausgeht. Sie messen die Oberflächenionisation, um solche Gräben aufzuspüren und dann Mineralien und auch Öl zu entdecken, die dort oft zu finden sind.

Die Strahlung durch Ionisation nimmt nachts signifikant zu; sie kann auch aus erheblichen Mengen an radioaktiven Teilchen und hochfrequenten Gammastrahlen bestehen, die für die menschliche Gesundheit schädlich sind. Wenn man dieser Art von Strahlung über eine längere Zeit ausgesetzt ist, kann das zu Krebs führen.

Elektromagnetische Ausbrüche, die von geologisch gespannten Falten ausgehen, werden gern auch „Erdlichter" genannt. Es gibt eine Vielzahl von Anekdoten über ihr Auftreten aus fast allen Kulturen der Welt. Darin wird auch davon berichtet, dass sie veränderte Bewusstseinszustände und visionäre Erfahrungen hervorrufen können.

Die wichtigste Ursache für geopathischen Stress sind allerdings unterirdische Wasserbahnen. Man weiß zwar, dass Rutengeher oft sehr erfolgreich dabei sind, solche unterirdischen Wasserläufe aufzuspüren, aber es gibt keine allgemein anerkannte Theorie darüber, wie das Wasser dort überhaupt hinkommt. Geologen wissen heute, dass es im Meeresboden viele Tausende von Kilometern an Gräben gibt, in denen Felsen und Steinbrocken aus dem geschmolzenen Magma unter der Erdkruste aufsteigen und darin auch wieder versinken. Das Meereswasser mit den enorm hohen Druckverhältnissen, die in dieser Tiefe herrschen, wirkt als eine Komponente bei diesem Vorgang mit.

Sie ist zwar noch nicht bewiesen, aber eine Hypothese lautet: Solches Meerwasser, das unter hohem Druck in die

Spalten und Risse dieser Gräben gepresst worden ist, findet irgendwie Wege, um anderswo im Inland dicht unter der Oberfläche der Erde wieder aufzusteigen. Da das Wasser dort nicht mehr vertikal aufsteigen kann, wo es von Felsbrocken, die in das Magma zurückfielen, in diese Gräben hineingedrückt wurde, sucht es sich nun horizontale Wege.

Derartige Stellen nennen Rutengeher „blinde Quellen". Sie erzeugen machtvolle Energien, und man hat viele solcher „blinden Quellen" unter Kirchen und antiken heiligen Orten gefunden.

Wasser ist auch ein erstaunlich wirksamer Energieträger. Wenn die unterirdischen Energien verschmutzt sind oder gestaut werden, oder wenn das Wasser durch eine Felsschicht läuft, die hoch radioaktive Mineralien birgt, dann kann daraus ein geopathischer Stressor entstehen.

Heilige Orte

Vom Beginn des neolithischen Zeitalters an hat der Mensch die Erde verändert. Natürliche Orte, die man als irgendwie besonders empfand, wurden in ihrer Bedeutung weiter gestärkt, man baute Monumente.

Forscher versuchen mit heutigen Mitteln die Schwingungen und die Resonanz der Energien dieser antiken Plätze besser zu verstehen. Sie möchten den Zweck solcher Anlagen und die heilige Wissenschaft, nach deren Lehren gebaut wurde, kennenlernen.

In den 80er Jahren des zwanzigsten Jahrhunderts hat das Drachenprojekt von Paul Devereux Spezialisten verschiedener Fachrichtungen zusammengeführt, um die energetischen Anomalien heiliger Orte in ganz Brittannien zu untersuchen.

Ihre ersten Ergebnisse stellten eine Reihe von energetischen Anomalien fest, vor allem eine hohe natürliche Radioaktivität, magnetische Effekte und Spitzenwerte von Ultraschall-Energien zu bestimmten Zeiten. Das alles deutet darauf hin, dass Megalithen mit voller Absicht an bestimmten Plätzen aufgestellt wurden, möglicherweise auch, um dort bereits vorhandene natürliche Effekte noch zu verstärken.

Seither haben Rutengeher, Menschen, die sich für die Mysterien der Erde begeistern, und Geomantiekundige solche Orte weiter erforscht und zu einem verbesserten Wissen über die Erde beigetragen.

Ortsgeister

Für viele Forscher beginnt die Reise als eine wissenschaftliche Erkundung, um mehr Wissen zu gewinnen, und erweitert sich dann zu einer spirituellen Suche, wenn der Zauber und die Magie solcher Orte in ihre Aufmerksamkeit einfließt. Sensitive Menschen haben schon seit langem davon gesprochen, dass nicht mehr inkarnierte Wesen an diesen Orten zugegen sind.

Derartige „Ortsgeister" zeigen sich in unterschiedlichen Gestalten. Manche treten offensichtlich als Hüter der Plätze auf, weil sie dort einmal gelebt und sich in den Dienst der heiligen Ziele gestellt haben. Andere sind Elementarwesen oder Devas. Wir werden „Devas", einem alten Sanskritbegriff für „die Leuchtenden", im 12. Kapitel wieder begegnen.

Die Gründer der Findhorn-Gemeinschaft gingen einen Schritt weiter als Gärtner es tun, die über den „grünen Daumen" verfügen, als sie in den 1960er-Jahren auf winddurchtosten, sandigen Plätzen im Norden Schottlands Gemüsegärten anlegten und dabei bewusst mit den Naturgeistern kommunizierten und kooperierten. Sie hatten wenig Geld, und es war überlebenswichtig für sie, das eigene Gemüse anzubauen. Aber die sehr schwierigen äußeren Bedingungen und der ausgelaugte, ärmliche Boden machte das zu einem sehr fragwürdigen Vorhaben.

Dorothy Maclean, eine der Gründerinnen dieser Gemeinschaft, fing damit an, sich mit den Devas des Pflanzenreichs zu verbinden und später auch mit dem Deva, der für das örtliche Gebiet zuständig war, mit dem „Landschaftsengel“. Dank weiterer hellsichtiger Verbindungen und dank der Offenheit für die Führung durch ihre Mentoren aus dem Reich der Devas konnte die Findhorn-Gemeinschaft viele Jahre hindurch eine Fülle von Gemüse anpflanzen und üppige Ernten einbringen.

Kornkreise

Ein weiterer Bote für unsere sich verändernde Wahrnehmung von Gaia und uns selbst ist das Phänomen der Kornkreise. Bis heute sind fast 12 000 solcher „zeitweisen Tempel“ weltweit gesichtet worden. Es gibt sie seit Jahrhunderten. Aber erst in den letzten Jahrzehnten hat die Sichtung enorm zahlreicher und vielfältig gestalteter Kornkreisformationen Reaktionen ausgelöst, die zwischen Erstaunen und Verächtlichmachung schwanken.

Das Kernland dieses weltweiten Phänomens sind die Landschaften im südlichen England. Hier in den rollenden Kreidehügeln der heiligen Orte rund um den großen neolithischen Kreis von Avebury und seinem geomantischen Partner, dem Silbury-Hügel, hat man die komplexesten Kornkreisformationen gefunden.

Bei der Erzeugung von Kornkreisen scheinen elektromagnetische Wirbel und Schallenergien eine Rolle zu spielen. Wenn derartige Energien kohärent fokussiert werden, dann scheinen die bekannten geometrischen Muster zu entstehen, die wir dann sehen.

Man hat auch biologische Prägungen solcher Energien entdeckt. In den Stängeln der betreffenden Pflanzen gibt es natürliche „Schwitzlöcher“ von mikroskopischer Kleinheit;

bei den Pflanzen der Kornkreise sind sie hundertfach größer, als ob sie aufgrund der Freisetzung hoher Energien „explodiert“ wären. Die Pflanzen dieser lebendigen Mandalas selbst bleiben relativ unbeschädigt, aber die Wachstumsmuster ihrer Samen weisen signifikante Unterschiede zu jenen Pflanzen im selben Feld auf, die nicht zu den Kornkreisen gehörten.

Auch die Oberflächenkrume der Erde unter den Kornkreisen wird beeinflusst. Geologische Analysen haben erwiesen, dass Erdmineralien so kristallisiert wurden, als ob sie Hitze und Druck ausgesetzt worden wären. Diese Effekte traten bei Vergleichspflanzen und Vergleichserde nicht auf, die von außerhalb der Kornkreisformationen zur Untersuchung entnommen wurden.

Warum indes die Kornkreise entstanden und wer sie erzeugt hat, bleibt bislang unbeantwortet. Trotz der Behauptung, dass dahinter ein Schabernack stünde, lassen die vielen bisher gesammelten Daten nicht vermuten, dass einzig und allein menschliche Urheber ihre Quelle wären. Meine eigene Ansicht, die sich mit der Meinung vieler anderer Geomantiekundiger deckt, ist, dass das Kornkreisphänomen eine gemeinsame Schöpfung zwischen den Reichen Gaias ist, unserem kollektiven Unbewussten und möglicherweise auch Außerirdischen, und dass sie Vorboten des kommenden Bewusstseinswandels darstellen. Wenn wir bereit sind, ihre Botschaft aufzunehmen, dann teilen uns diese Wegweiser etwas in der archetypischen Sprache von Symbolen und geometrischer Harmonie mit, in der Sprache des kosmischen Hologramms.

Ich habe erlebt, dass mir durch meine Bereitschaft, auf diese Botschaften zu hören und sie zu beherzigen, immer wieder intuitive Einsichten zugeflossen sind. Und es hat mir das Gefühl geschenkt, von Gaia getragen und genährt zu werden. Kornkreise haben mich auf meinem Weg der inneren Heilung wohltuend begleitet und geführt, ähnlich wie sie es für so viele andere auch getan haben. Mit ihrer Hilfe bin ich empfänglicher für feinstoffliche Energien und offener für die leise Stimme des Spirituellen geworden.

Ich habe festgestellt, dass ich aufgrund meiner Bereitschaft, darauf zu hören, mehr und mehr fähig geworden bin, mit den Devas und Elementarwesen der Gaia und den ätherischen Hütern alter heiliger Orte zu kommunizieren und ihre Weisheit aufzunehmen.

Das Einheitsgitternetz der Gaia

Wir werden uns immer stärker darüber bewusst, dass die Erde ein lebendiges Wesen ist. Seit der Antike haben Mystiker und Geomantiekundige ein zwölffaches Energiegitternetz wahrgenommen, das die Erde umschließt. Ich nenne das „Einheitsgitternetz“, weil es als ein holographischer Mikrokosmos des Universums das allgegenwärtige Gedächtnis der gesamten physikalischen Schöpfung enthält und weil es in Resonanz zur nahenden Bewusstseinsveränderung und zur Verwirklichung der künftigen Bestimmung von Gaia und von uns selbst steht.

Während die Menschheit ihr Bewusstsein evolutionär entwickelt, tut es Gaia auch, und umgekehrt. Wenn wir unser Bewusstsein erweitern, dann nehmen wir nicht nur Verbindung mit Gaia auf, sondern schwingen uns auch auf die Energien des Einheitsgitternetzes ein.

Bis jetzt wurden die Energiemeridiane von Gaia entweder als männlich oder als weiblich gemutet, also in den Polaritäten von positiv und negativ. In unserer Zeit wird indes der Aspekt des „Kindes“ als eines Teils der fundamentalen kosmischen Trinität immer mehr aktiviert. Das neutrale oder kreative Prinzip verschafft sich mehr Geltung, während ein neues kosmisches Zeitalter kurz davor steht, geboren zu werden.

Die lebendige Erde

Gaia ist ein lebendiges Wesen, und als unsere planetarische Heimat ist sie unsere Partnerin, deren Evolution parallel zu der unseren verläuft. Wir haben festgestellt, wie grundlegend wir mit ihren Zyklen und Energien mitschwingen und wie unsere holographische Wechselbeziehung auch von der Wissenschaft zunehmend wiederentdeckt wird. Die bevorstehende Veränderung des Bewusstseins ist nicht nur unser gemeinsames kollektives Schicksal, sondern auch das von Gaia und all ihrer Reiche und Ebenen. Wenn wir den Zugang zum achten und zu den höheren Chakras gewonnen haben, können wir unsere Beziehung zu ihr wieder neu begründen und auf ihre Weisheit und Führung in diesen turbulenten Zeiten hören.

Je mehr wir mit ihr kommunizieren, desto mehr besänftigen wir unsere eigenen Ängste und unsere innere Aufgewühltheit und erkennen, dass wir kosmische Reisegefährten sind.

* * *

Im 12. Kapitel werden wir darauf zurückkommen, wie wir unsere Beziehung mit Gaia bewusst wieder aufnehmen und stärken können, indem wir auf die Stimmen aus ihren Deva- und Engelreichen hören und ihrer Weisheit lauschen. Wir werden uns dort auch damit beschäftigen, wie wir energetische Ungleichgewichte und geopathischen Stress in unserer Umwelt heilen können.

Jetzt wollen wir jedoch die Matrix des Bewusstseins unseres Sonnen-Seelen-Systems besser kennenlernen und entdecken, wie auch Sonne, Mond und andere Himmelskörper in einem tiefgreifenden Austausch mit uns stehen.

8.
Kosmische Wellen

Das holographische und bewusste Universum bezieht sich laufend auf allen Ebenen der Erfahrung und in jedem Maßstab auf sich selbst. Jedes Sonnensystem – oder Seelensystem – ist seinem Wesen nach eine Gruppenseele, ein selbstbezügliches Hologramm, in dessen Rahmen sich die individuellen und kollektiven Seelenerfahrungen manifestieren.

Unser eigenes Sonnensystem, das vor etwas 4,5 Milliarden Jahren entstand, ist eine staunenswerte Umgebung für uns als spirituelle Wesen, die eine physische Erfahrung erleben. Die neuere Forschung nimmt zunehmend an, dass es wahrscheinlich ist, dass das physische Leben aus dem Weltraum auf die Erde gebracht wurde. Wir wissen auch, dass der Staub, aus dem unser System besteht, in den Todeskämpfen früherer Sterne entstanden ist. Wir sind wahrlich Sternensamen.

Unser Sonnensystem

Unser Sonnensystem sieht wie eine abgeflachte Scheibe aus, in deren Mitte die Sonne steht, um die herum alle Planeten einschließlich der Erde in derselben Richtung und auch ungefähr in derselben Ebene kreisen. Von der Erde aus betrachtet erstrecken sich die Umlaufbahnen der anderen Planeten ohne größere Abweichungen innerhalb weniger Grade oberhalb und unterhalb der scheinbaren Sonnenbahn um die Erde, die von Astronomen „Ekliptik“ genannt wird.

Aufgrund der Neigung der Erde in ihrer Drehung um die eigene Achse nehmen wir die Planetenbahnen und die Ekliptik selbst wie Wellen wahr, die uns in den Zyklen ihrer Umlaufbahnen umreisen.

Sterngucker der Frühzeit stellten sich die Umrisse von Gottheiten und Tieren am Sternenhimmel vor und ungefähr 500 v. Chr. wurden zwölf Sternbilder oder Konstellationen entlang des 360°-Kreises der scheinbaren Sonnenbahn um die Erde benannt*. Daraus hat sich der Tierkreis der Astrologie gebildet, die in zwölf Kreisabschnitten des Horoskops Sonne, Mond und Planeten in ihren Positionen verzeichnet und deutet.

Der astrologische Tierkreis beginnt bekanntlich mit dem Zeichen Widder, geht dann über zu Stier, Zwillinge, Krebs, Löwe, Jungfrau, Waage, Skorpion, Schütze, Steinbock und Wassermann und wird dann mit dem Zeichen Fische abgeschlossen.

Im Verlaufe der Zeiten entwickelten sich die Eigenschaften, die mit diesen Tierkreiszeichen in Verbindung gebracht wurden, zu einem, wie C. G. Jung sagt, großartigen Instrument der psychologischen Analyse des Menschen. Bedeutende Wissenschaftler wie Isaac Newton und Albert Einstein haben astrologische Einsichten in die menschliche Persönlichkeit sehr geschätzt.

Wir wollen an dieser Stelle erneut hervorheben, dass das Sonnensystem als holographische Matrix von Bewusstsein selbstreferentiell ist, das bedeutet in diesem Zusammenhang, dass sich die Eigenschaften, die man mit den Tierkreiszeichen in Beziehung setzt, nichts mit weit entfernten Sternbildern zu tun haben.

* Es gibt bekanntlich einen Unterschied zwischen den Sternbildern, die aus völlig entfernt liegenden und unzusammenhängenden Sternen gebildet werden und unterschiedlich groß am Himmel sind, und den zwölf Tierkreiszeichen von jeweils 30°-Abschnitten, die den Messkreis formen, der in der westlichen Astrologie Verwendung findet. Anm.d.Ü.

Kosmische Erinnerung

Sonne, Mond und die fünf Planeten, die wir mit dem bloßen Auge erkennen können – Merkur, Venus, Mars, Jupiter und Saturn – stehen mit unserem Energiefeld der Persönlichkeit über unsere sieben Chakras in Beziehung. Ihre energetischen Einflüsse zum Zeitpunkt und am Ort unserer Geburt erzeugen einen astrologischen Klang, der nur uns zu Eigen ist. In den letzten zwei Jahrhunderten, während wir uns als Kollektiv auf einer globalen Ebene entwickelt haben und mehr zusammengewachsen sind, wurden die äußeren Planeten Uranus, Neptun und Pluto entdeckt. Diese Planeten brauchen sehr viel länger, um die Sonne zu umkreisen als die „inneren“ Planeten. Wir verkörpern zwar ihren Einfluss, der jedoch eher auf den Ebenen von ganzen Generationen und Kollektiven wirken soll.

1977 wurde Chiron entdeckt, ein Planetoid, dessen Umlaufbahn zwischen denen von Saturn und Uranus liegt. Er gilt als eine energetische Brücke zwischen der personalen und der kollektiven Psyche der Menschheit. Das wurde als eine Chance oder ein Schlüssel zu innerer Heilung interpretiert.

Diese Qualität steht in Resonanz zu seinem Namen, denn in der griechischen Mythologie war Chiron der weiseste unter den Zentauren, die halb Mensch, halb Pferd waren; er war der Lehrer des großen Heilers Asklepius. Chiron war selbst zwar verwundet worden, da er aber als unsterblich galt, war es sein Schicksal, diese Wunde ewig zu tragen.

Im Oktober 2002 teilte die Nasa mit, dass der erste transplutonische Planet entdeckt worden war, einer aus der wachsenden Zahl, die man inzwischen an den weit entfernt liegenden Rändern unseres Sonnensystems findet und deren Ursprung auf die Zersplitterung vor 4,5 Milliarden Jahren zurückgeht.

Jahrtausende vor der Erfindung des Fernrohrs haben sumerische Gelehrte offensichtlich bereits alle Planetenkörper unseres Sonnensystems gekannt. Eine uralte Tontafel aus dieser Zeit stellt ein Himmelssystem dar, in dem Sonne, Mond und zehn Planeten einschließlich der Erde zu sehen sind. Da neben der Erde nur sieben Himmelskörper mit bloßem Auge sichtbar sind, fragt man sich, wie die Sumerer dann etwas von Planeten wissen konnten, die erst Jahrtausende später mit Hilfe modernster Technik entdeckt wurden?

Und genauso rätselhaft ist es, dass die moderne Astronomie von neun Planeten ausgeht, die um die Sonne laufen, während die sumerische Tafel zehn zeigt.

Der Antikenforscher Zecharia Sitchin und andere Wissenschaftler meinen, dass auch die sumerischen Mythen von diesem zehnten Planeten sprechen und dass das Sonnensystem somit aus zwölf Himmelskörpern besteht. Die Mythen berichten, dass dieser zwölfte Himmelskörper durch das Sonnensystem raste und Chaos verbreitete, bis er schließlich in einer katastrophalen Kollision zerschellte, die zur Bildung des Asteroidengürtels führte. Könnte Chiron ein Überbleibsel dieses Kataklysmus sein und damit ein energetischer Rest dieses zwölften Planeten?

Astrologen meinen, dass Chiron uns das Bewusstsein über unsere inneren Verletzungen bringt und damit unsere individuelle und kollektive Heilung fördert. Gelangen die Überreste und der „Abfall“, der sich aufgrund dieser erdgeschichtlichen Katastrophe in unserem Sonnensystem befindet, nun als zwölfte Harmonie in unser kollektives Gewahrsein, da wir uns an unsere zergliederte und zersplitterte Psyche erinnern? Es sieht so aus, als ob die Reise, die wir durch unsere zwölf Chakras des Energiefeldes des Einheitsbewusstseins unternehmen, zugleich eine Reise ist, die auch vom holographischen Bewusstsein unseres gesamten Sonnensystems unternommen wird.

Unsere astrologische Reise

Als harmonische Matrix des Bewusstseins verkörpert unser gesamtes Sonnensystem Leben. Die Positionen von Sonne, Mond und Planeten in den Tierkreiszeichen und ihre Winkelbeziehungen zueinander zum Zeitpunkt und für den Ort unserer Geburt bilden die holographische Blaupause für unser Geburtshoroskop.

Astrologen betrachten die Interferenzmuster von Entsprechungen zwischen archetypischen Mustern, die im Sonnensystem verkörpert werden, und denen unseres individuellen menschlichen Bewusstseins, die unsere Persönlichkeit ausmachen.

Astrologie ist ein riesiges Gebiet, und Astrologen können ein ganzes Leben damit zubringen, ihre Nuancen zu erkunden. Ihre Grundlagen sind jedoch recht klar. Wir wollen uns nun daran machen zu sehen, wie diese die energetische Matrix unserer Persönlichkeit bestimmen. Dieses Verständnis für die Grundlagen der Astrologie wird uns helfen, ein besseres Verständnis unseres eigenen Charakters zu gewinnen und damit unserer Bewusstseinsreise noch mehr Kraft zu geben. Es gibt zwei-, drei- und vierfache Symmetrien in der Astrologie, die wir näher betrachten wollen.

Zweifältige Symmetrie

Es gibt drei vorrangige Ausdrucksformen der zweifachen Symmetrie, in der verschiedene astrologische Aspekte Partnerschaften und Polaritäten bilden.

Die erste ist die Beziehung zwischen Tierkreiszeichen, die sechs Monate auseinander sind und demnach im Horoskopkreis genau gegenüber liegen. Widder und Waage, Stier und Skorpion, Zwillinge und Schütze, Krebs und Steinbock, Löwe und Wassermann sowie Jungfrau und Fische sind solche Partner. Wenn wir überlegen, welchen offenkundigen Einfluss das Zeichen hat, in dem Sonne, Mond oder Planet bei unserer Geburt gestanden haben, müssen wir also auch den subtileren Einfluss seines Partnerzeichens mit bedenken.

Der zweite Ausdruck dieser zweifältigen Symmetrie ist die Polarität des Lichtes, das im Horoskop vom Halbkreis des Himmels über dem Horizont repräsentiert wird, und des Schattens, der vom Halbkreis unterhalb des Horizonts symbolisiert wird. Planeten über dem Horizont wirken deutlich erkennbarer innerhalb unserer Persönlichkeit, während die Einflüsse der darunter liegenden weniger offensichtlich sind.

Drittens wechseln sich die zwölf Zeichen des Tierkreises im Hinblick auf ihre Polarität von aktiv und passiv ab. Widder ist aktiv, Stier ist passiv, Zwillinge ist aktiv, Krebs ist passiv, und so fort, bis zum Wassermann, der aktiv ist und den Fischen, die passiv sind. „Aktiv“ entspricht auch dem männlichen Prinzip, „passiv“ dem weiblichen.

Dreifache Eigenschaften

Die dreifältige Symmetrie ist durch Eigenschaften eingebettet, in denen sich der natürliche Rhythmus aller Erfahrungen widerspiegelt, nämlich dass sie Wellen sind, die entstehen, sich verdichten und wieder auflösen. In der Astrologie finden wir dies in der Gruppe der Kardinalzeichen (Widder, Krebs, Waage und Steinbock), die mit Aufbau zu tun haben; den Fixzeichen (Stier, Löwe, Skorpion und Wassermann), bei denen es um vollen Ausdruck und Manifestation geht; und schließlich den veränderlichen Zeichen (Zwillinge, Jungfrau, Schütze und Fische), die mit Integration und Wandel verbunden sind.

Vierfältige Elemente

Die letzte Unterteilung des Tierkreises ist die vierfache Symmetrie, die von den vier archetypischen Elementen Feuer,

Erde, Luft und Wasser gebildet wird. Wer seine Sonne in einem Feuerzeichen hat (Widder, Löwe, Schütze) gilt als enthusiastisch und extrovertiert. Erdzeichen (Stier, Jungfrau und Steinbock) neigen zu Vorsicht und Praktikabilität. Luftzeichen (Zwillinge, Waage und Wassermann) weisen Klarheit des Geistes auf und kommunizieren gern. Wasserzeichen (Krebs, Skorpion und Fische) gelten als medial und mitfühlend.

Der astrologische Zyklus

Die Sonne beginnt ihren jährlichen astrologischen Zyklus, indem sie im Tierkreiszeichen Widder aufgeht, zur Frühlingstagundnachtgleiche. Widder ist das aktive kardinale Zeichen des Feuerelements. Damit gehen energische Eigenschaften wir Dynamik, Begeisterungsfähigkeit und Direktheit einher. Bei einem Menschen, der viele Planeten in diesem Zeichen hat, kann sich das auch als übertriebene Selbstbehauptung, Aggressivität und Eigensucht ausdrücken.

Das Zeichen Stier ist ein passives, fixes beziehungsweise festes Erdzeichen. Seine Energie ist stabil, geduldig und auf Sicherheit und materielle Greifbarkeit ausgerichtet. Stiere sind im Allgemeinen praktisch und haben viel gesunden Menschenverstand. Ein Horoskop mit einer sehr starken Stierbetonung zeigt unter Umständen Sturheit und eine materialistische Einstellung an.

Das Zeichen Zwillinge ist ein aktives, veränderliches Luftzeichen, das Vielseitigkeit, Wandelbarkeit, Kommunikation und Interessenvielfalt anzeigt. Es ist jedoch möglich, dass Menschen mit sehr starker Zwillingsbesetzung oberflächlich sind, sich schlecht auf eine Sache konzentrieren können und rasch Langeweile verspüren.

Das vierte Zeichen Krebs ist ein passives kardinales Wasserzeichen. Seine Energien sind emotional, fürsorglich und intuitiv. Wenn hier eine Überbetonung besteht, weist das eventuell auf launisches Verhalten hin und die Neigung, sich in die eigene Schale zurückzuziehen, wenn man sich bedroht fühlt.

Der Löwe ist ein aktives, festes Feuerzeichen. Er ist bestimmt und mächtig, muss seine Kreativität zum Ausdruck bringen, und zwar öffentlich, um sich erfüllt zu fühlen. Wenn ein Löwe sein Licht unter den Scheffel stellen soll, dann kann er leicht die Scheune anzünden. Wenn dieses Zeichen stark besetzt ist, kann der Mensch Aufmerksamkeit zu erzwingen versuchen und störend wirken.

Das Zeichen Jungfrau ist ein passives, veränderliches Erdzeichen. Seine Energien sind praktisch, analytisch und ordnend. Normalerweise kann dieses Zeichen seine Energien mit Intelligenz und Fertigkeit ausdrücken. Überkritisch oder prüde wirken diese Menschen unter Umständen dann, wenn das Zeichen stark von Planeten aspektiert wird.

Waage ist ein aktives kardinales Luftzeichen. Seinem Urbild gemäß sind seine Energien ausgewogen; sie wirken auf diplomatische Art und Weise und sind an einer natürlichen Gerechtigkeit interessiert. Wenn zu viele Planeten hier wirken, dann kann das mitunter jedoch auch dazu führen, dass die Persönlichkeit unentschlossen ist oder voller Groll steckt.

Skorpion ist ein passives fixes Wasserzeichen. Es verfügt über starke physische und emotionale Ressourcen. Die Skorpionenergien sind sehr intensiv und können auch zu Eifersucht oder Rastlosigkeit neigen.

Der Schütze ist ein aktives, veränderliches Feuerzeichen. Er wird meist als ein Zentaur dargestellt, also ein Wesen mit einem männlichen Oberkörper und dem Rumpf eines Pferdes. Dieses Zeichen kombiniert körperliche Stärke mit einem machtvollen Intellekt. Es ist expansiv und vielseitig, braucht Abwechslung und Herausforderung. Als ständiger Sucher wird ein solcher Mensch frustriert sein, wenn er in seinem Bewegungsspielraum eingeschränkt wird.

Das zehnte Zeichen Steinbock ist ein passives, kardinales Erdzeichen. Es ist allgemein ehrgeizig und strebt danach, „das Richtige“ zu tun. Es ist statusorientiert und strukturiert, setzt sich Ziele und arbeitet gewissenhaft daran, sie zu erreichen, besonders im Rahmen des Beruflichen. Ein übermäßiger Ausdruck dieser Energien zeigt sich in autoritären Verhaltensweisen.

Der Wassermann ist ein aktives fixes Luftzeichen, dessen Energien innovativ und idealistisch sind. Oft tritt er als Pionier auf. Die Energien dieses Zeichens brauchen sowohl Freiraum als auch die Gesellschaft von Gleichgesinnten. Wenn dieses Zeichen astrologisch zu stark besetzt ist, dann können sich seine Energien allerdings in Unberechenbarkeit oder Exzentrik ausdrücken.

Das letzte Zeichen im Tierkreis, die Fische, ist ein passives, veränderliches Wasserzeichen. Seine Energien sind einfühlsam und spirituell intuitiv. Fische können inspirieren, aber auch übermäßig beeindruckbar sein und im Extremfall Suchtthemen haben.

Sonne, Mond und Aszendent

Bei unserer Geburt entsprechen die Einflüsse von Sonne, Mond und Planeten jeweils einer bestimmten psychologischen Funktion oder Motivation, die dann von den Energien des Tierkreiszeichens geleitet werden, in dem diese Himmelskörper stehen. Die drei wichtigsten Aspekte unseres Horoskops sind die Position von Sonne, Mond und Aszendent, dem aufsteigenden Zeichen.

Die Position der Sonne zum Zeitpunkt unserer Geburt zeigt die äußere Identität unserer Persönlichkeit in diesem Leben an – wie die Sonne symbolisiert sie, wie wir leuchten.

Das Zeichen, aus dem ihre Energie ausstrahlt, weist demnach darauf hin, wie wir auf das Leben zugehen. Die anderen Planeten, zu denen sie Aspekte hat, zeigen uns, wie unser Gefühl von Identität mit anderen Aspekten unserer Psyche verbunden wird.

Der Mond spiegelt die Sonne astrologisch, wie er es auch astronomisch tut. Er symbolisiert unsere innersten Gefühle und instinktiven Reaktionen. In unserem Geburtshoroskop weist seine Stellung in einem Zeichen darauf hin, was wir brauchen, um uns mit uns selbst wohlzufühlen. Damit bekommen wir ein Signal, wie wir am wirkungsvollsten auf das Leben eingehen können. Seine Aspekte zu anderen Planeten offenbaren, wie die Beziehung unserer Gefühle zu anderen Persönlichkeitsaspekten ist.

Der Aszendent ist kein Himmelskörper, sondern das Tierkreiszeichen, das am östlichen Horizont gerade zum Zeitpunkt unserer Geburt auftaucht beziehungsweise aufsteigt. Seine Energien beeinflussen, wie wir unseren Weg durch das Leben gestalten. Der Aszendent bestimmt das Fundament unserer Persönlichkeit, die Art, wie wir uns auf die Umwelt einstellen, und er zeigt uns etwas über uns selbst an.

Die meisten von uns kennen ihr Sonnenzeichen, das ja auch von Zeitungen und Illustrierten für regelmäßige Horoskopkolumnen benutzt wird. Aber es ist genauso wichtig, das Mond- und das Aszendentenzeichen zu verstehen, um eine ausgewogene Sicht der Persönlichkeit zu gewinnen.

Die persönlichen Planeten

Wenden wir uns nun den Planeten unseres Sonnensystems und ihren Entsprechungen mit anderen Merkmalen unserer menschlichen Erfahrung zu.

Von den frühesten Zeiten an bis zum 18. Jahrhundert waren Astronomen zugleich immer auch Astrologen. Die heutigen Namen der Planeten sind romanisierte Bezeichnungen griechischer Götter, nach denen die Planeten zunächst benannt wurden.

Merkur, der Götterbote, ist der Planet mit der nächsten Umlaufbahn um die Sonne. Er symbolisiert Kommunikation. Seine Position im Horoskop repräsentiert nicht nur die Art und Weise, wie wir uns selbst zum Ausdruck bringen, sondern auch, wie wir denken. Er hat überdies mit dem Reisen zu tun. Wenn Merkur vorübergehend (von der Erde aus betrachtet) rückwärts zu laufen scheint, was einige Male im Jahr passiert, dann werden in der Regel alle möglichen Reisepläne und Kommunikationsvorhaben gestört oder verzögert. Während dieser Zeiten sollte man besonders gut auf Details in Vereinbarungen oder Verabredungen achten oder, wenn das möglich ist, wichtige Vorhaben auf eine günstigere Zeit verschieben.

Als nächste folgt Venus; dieser Planet symbolisiert Beziehungen und Freuden. Im Horoskop eines Mannes spiegelt die Venus das Idealbild der Frau wider, von der er sich angezogen fühlt.

Die Symbolik des Planeten Mars, des römischen Kriegsgottes, bezieht sich auf Tätigkeit, Impulsivität, Aggression und den Sexualtrieb. In unserem Horoskop zeigt der Mars an, wie wir uns durchsetzen und was unsere Wünsche bestimmt. Im Horoskop einer Frau spiegelt der Mars ihr Idealbild eines Mannes wider.

Jupiter war der König der Götter. Der Planet symbolisiert Weisheit, Expansion und Fülle. Im Kontrast dazu steht Saturn, dessen Einfluss auf Disziplin und Beschränkung gerichtet ist. Wie unser Atem, der aus Einatmen und Ausatmen besteht, wirken die sich ergänzenden Einflüsse von Jupiter und Saturn unser ganzes Leben lang wie Ebbe und Flut.

Bis zur Entdeckung von Uranus gründeten Astrologen ihre psychologischen Profile auf die sieben sichtbaren Himmelskörper unseres Sonnensystems, die sich auf die sieben Chakras unseres persönlichen Energiefeldes beziehen. Mit der Entdeckung des Uranus 1781, des Neptun 1846 und des Pluto 1930 vermochten Astrologen neue Einsichten in unsere kollektive Psyche gewinnen.

Die kollektiven Planeten

Die Umlaufzeiten der Planeten sind sehr unterschiedlich. Der Merkur braucht 88 Tage, um einmal die Sonne zu umkreisen; der Saturn benötigt dazu ungefähr 29 Jahre. Diese Zeitspannen bewegen sich im Rahmen der Dauer eines Menschenlebens. Die drei äußeren Planeten hingegen brauchen deutlich länger: Uranus 84 Jahre, Neptun 185 Jahre und Pluto rund 248 Jahre. Damit sind ihre Einflüsse weniger individuell für einzelne Menschen als vielmehr für Generationen und größere Gruppen und Kollektive gültig.

Sonne, Mond und die fünf sichtbaren Planeten stehen in Resonanz zu unserer Persönlichkeit, zu unserem Ich; die äußeren Planeten beziehen sich dagegen auf transpersonale Ebenen in uns. Damit bilden sie eine Brücke vom persönlichen Selbst zur Gemeinschaft.

Die Entdeckung dieser äußeren Mitbürger unseres Sonnensystems begann zu einer Zeit, als die Menschen anfingen, auf einer immer stärker globalen Ebene miteinander in Austausch zu treten. Wir können sagen, dass unsere kollektive Bewusstwerdung des Planeten Uranus am Ende des 18. Jahrhunderts energetisch den revolutionären Umsturz der Imperialstaaten auslöste und zugleich zur Ausbildung der Individualität, zu frühen Stadien von Demokratie und zur unternehmerischen Gestaltung der industriellen Revolution führte. Astrologen beschreiben Uranus auch als großen Erwecker der persönlichen und gesellschaftlichen Möglichkeiten – Möglichkeiten jedoch, die sich eher revolutionär Bahn brechen als evolutionär ausgedrückt zu werden.

Die Entdeckung des Neptun in der Mitte des 19. Jahrhunderts geschah zu einer Zeit, als die Psyche die Menschen mehr zu interessieren begann. Dieser Planet ist nach dem römischen Meeresgott benannt; sein Einfluss steigt aus dem Unterbewusstsein und kann uns entweder helfen, ein tieferes Verständnis der Wirklichkeit zu entwickeln oder dazu verleiten, uns in Illusionen zu flüchten.

Anfang der 1930er Jahre, als Plutos Existenz in unser Bewusstsein trat, waren wir als Kollektiv an der Schwelle einer Epoche angekommen, die letztlich entweder zu unserer Zerstörung oder zu unserer Transzendenz führt. Denn zu dieser Zeit gelang es zum ersten Mal, das Atom zu spalten und theoretisch so die globale Vernichtung zu bewirken. Pluto war der römische Gott der Unterwelt; Plutonium wurde das neu entdeckte Element unseres potenziellen Verderbens genannt. Pluto zeigt uns aber auch unsere Macht an, alte Verhaltensmuster zu zerstören und neue auszubilden. Sein astrologischer Einfluss ist einer der Transformation. Derzeit steht der Planet Pluto vor dem Zentrum unserer Milchstraße und das ist, wie wir später noch weiter ausführen werden, ein Vorzeichen für unsere transzendenten Chancen eines durchgreifenden Bewusstseinswandels.

Der verwundete Heller

Zwischen den Umlaufbahnen von Saturn und Uranus liegt die Umlaufbahn des Planetoiden Chiron, des so genannten verwundeten Heilers, der uns individuell und kollektiv bei unserer Erinnerung an uns selbst unterstützt.

Die Position des Chiron im Geburtshoroskop zeigt an, welche Bereiche unseres Lebens und unserer Psyche in

Vergessenheit geraten beziehungsweise abgetrennt worden sind. Er bietet uns die Chance, unsere Polaritäten und unausgewogenen Verhaltenweisen zu versöhnen. Solange wir indes fortfahren, unsere persönlichen Leiden auf andere oder auf die Welt ganz allgemein zu projizieren, kann sich der Einfluss des Chiron nicht wirksam zum Ausdruck bringen. Wenn wir unsere Verletzungen und das daraus entstehende Leiden erkennen und Verantwortung für unsere eigene Heilung übernehmen, dann sind das die ersten Schritte dazu, Chiron zu erlauben, uns auf unserem Pfad zur Ganzheit zu führen.

Ein Umlauf des Chiron dauert etwas weniger als 51 Jahre. Zu bestimmten Zeiten unseres Lebens steht er in einem harmonischen Aspekt zu seiner Position im Geburtshoroskop. Wenn solche Transite passieren, dann entsprechen sie sehr oft wichtigen Lebenserfahrungen und Wendepunkten.

In unseren späten vierziger und frühen fünfziger Jahren, wenn der Einfluss des Chiron wieder seiner Stellung im Geburtshoroskop entspricht, bietet er uns eine besondere Gelegenheit für tiefreichende Heilung und inneres Wachstum. Wir stellen vielleicht sogar etwas Bedeutsames fest: Wenn wir diese Chancen nicht ergreifen und nutzen, wird unser Leben unerträglich – so lange, bis wir es endlich doch tun!

Pluto steht jetzt in einer Linie mit dem galaktischen Zentrum. Als Chiron in den späten 1970er Jahren entdeckt wurde, war sein Aszendent genauso ausgerichtet. Die Einflüsse dieser beiden Himmelskörper sind in der gegenwärtigen Ära der Transformation wirklich von entscheidender Bedeutung.

Aspekte und Transite

Bewusstsein drückt sich als Energie aus, und alle Energie existiert in Form von Wellen. In einem Horoskop gibt es dort, wo die Wellen der Planeten in bestimmten Positionen aufeinandertreffen, etwas, was man in der Astrologie Aspekte nennt.

Während unseres ganzen Lebens gibt es immer wieder Zeitpunkte, an denen die Zyklen des Sonnensystems, mit dem wir in Resonanz stehen, die Planeten so zueinander stehen lassen, wie es bei unserer Geburt war. Solche Übergänge nennte man Transite; sie können zwischen einem Tag und mehreren Monaten dauern. Die Einflüsse der Transite sind ähnlich wie die Aspekte im Geburtshoroskop; unsere jeweilige Bewusstheit spiegelt sie auf der entsprechenden Ebene wider.

Themen, die bisher nicht gelöst wurden, und Hoffnungen, die wir vielleicht schon aufgegeben haben, kommen bei der Wiederkehr solcher Transite erneut auf uns zu – im Tanz der Spirale, damit wir uns wieder damit beschäftigen. Dann können wir entweder weiterhin an den alten Mustern festhalten oder die Gelegenheit nutzen, in unserem Leben innerliche und äußerliche Veränderungen durchzuführen.

Es gibt sechs besonders wichtige Aspekte, die von Astrologen beachtet werden: Konjunktionen, Oppositionen, Trigone, Quadrate, Quintile und Sextile.

Planeten stehen in Konjunktion, wenn sie an derselben Stelle im Horoskop oder zumindest sehr dicht beieinander stehen und sich ihre Energien deshalb verbinden. Konjunktionen können je nach Horoskop fördernd oder herausfordernd sein, sie sind aber immer machtvoll, da sich hier die Einflüsse zweier Planeten verbinden.

Oppositionen gibt es, wenn sich zwei Planeten im Horoskop diametral gegenüber stehen. Das bringt eine innere Spannung zum Ausdruck, bis uns unser Bewusstsein gestattet, die in ihnen wohnenden Polaritäten zu erkennen und auszugleichen. Wir leben einen Oppositionsaspekt, wenn wir uns mit der Qualität des einen Planeten identifizieren und die

Eigenschaften des anderen entweder verdrängen oder auf andere Menschen projizieren. Nur wenn wir bereit sind, beide Eigenschaften anzunehmen und zu integrieren, können wir ihrer beider Energien ausgleichen.

Die Einflüsse von Planeten, die in einem Trigon, in einem Winkel von 120°, zueinander stehen, sind harmonisch, und ihre fließenden Energien zeigen Fülle und Förderung für die Bereiche unseres Lebens an, in denen sie wirken.

Quadrataspekte, wenn Planeten 90° zueinander stehen, erzeugen dagegen Konflikte, und fordern uns dazu auf, uns aktiv für deren Lösung einzusetzen. Unter Umständen brauchen wir gerade solche Herausforderungen, um innerlich zu wachsen.

Quintilaspekte bilden sich zwischen Himmelskörpern, die im Winkel von 72° zueinander stehen, dann ist genau ein Fünftel des Himmelskreises zwischen ihnen. Sie weisen auf jene Bereiche unseres Lebens hin, in dem wir machtvoll vorangetrieben werden. Ein derartiger innerer Antrieb ist oft subliminal und zeigt sich an zwanghaften Neigungen und Persönlichkeitsmerkmalen. Die Einflüsse durch Quintile verhelfen uns zum Erfolg, und wenn wir sie verstehen, dann hilft uns das, den Erfolg auf eine gesunde und ausgewogene Art und Weise zu erzielen.

Sextile schließlich, bei denen die Planeten 60° zueinander haben, üben einen harmonischen, leichten Einfluss aus. Solche Aspekte im Horoskop zeigen an, dass wir Konflikten aus dem Weg gehen und Kompromisse im Leben suchen. Die Planeten, die an diesem Aspekt beteiligt sind, zeigen an, in welchen Bereichen unseres Lebens wir solche Kompromisse anstreben.

Präzession

Die Erde kreiselt ständig etwas um ihre eigene Achse herum.

Das führt zu einem Phänomen, das als „Präzession" bekannt ist. Die Sonne bewegt sich „rückwärts" durch den Tierkreis: Während einer Periode von fast 26 000 Jahren steigt die Sonne zur Tagesundnachtgleiche im März immer vor einem anderen der zwölf Tierkreiszeichen am Himmel auf. Diese zwölf Zeitalter, die jeweils rund 2160 Jahre dauern, benennt man nach dem Tierkreiszeichen, die auf dem entsprechenden Sektor des Himmels projiziert werden. Wir befinden uns derzeit im Übergang vom Fischezeitalter zum Wassermannzeitalter.

Astrologen diskutieren darüber, wie sich die Einflüsse jedes Zeitalters in unserer kollektiven Psyche niederschlagen. Eine Ansicht, die ich selbst auch teile, geht davon aus, dass die Welle des Tierkreiseinflusses, die einem Zeitalter ihren Namen gibt, in dieser Ära beginnt, im nächsten ihren vollen Ausdruck findet und im dritten ausläuft. Demnach wird das kommende Wassermannzeitalter die Einflüsse aussäen, die mit diesem Tierkreiszeichen zusammenhängen, die Fischeeigenschaften finden aber jetzt ihre vollste Verwirklichung und die Einflüsse des Widderzeitalters fallen nun ganz ab.

Diese energetischen Einflüsse verkörpern weitere Nuancen aufgrund der harmonischen Beziehungen zwischen ihren Tierkreiszeichen mit anderen Zeichen, die von denselben Qualitäten und archetypischen Elementen bestimmt werden. Im Wassermannzeitalter sollten wir demnach individuell und kollektiv anfangen, die Eigenschaften persönlicher Ermächtigung und Mitarbeit an der Schöpfung zu erfahren. Zugleich würden wir den vollen Ausdruck des Fischezeitalters erleben, das durch Mitgefühl und spirituelle Weisheit gekennzeichnet ist, wie bedeutende geistige Lehrer sie vor 2000 Jahren als Keim gelegt haben. Und wir sollten die Eigensucht der Widderenergien loslassen können.

2012/2013

Während unseres Übergangs in das Wassermannzeitalter kulminieren esoterische Prophezeiungen und bedeutsame astrologische Planetenkonstellationen, die nahelegen, dass um 2012/2013 eine entscheidende Veränderung in unserem kollektiven Bewusstsein eintreten wird.

Die zwölf Zeichen des Tierkreises repräsentieren die psychologischen Attribute ihres jeweiligen Himmelssektors. Es gibt jedoch ein dreizehntes Sternbild entlang der Ekliptik, das Ophiuchus* heißt. Die alten Griechen kannten es auch unter dem Namen Asklepius. Das war der Gott des Heilens, Sohn des Sonnengottes Apollo, der seine Heilkunst von Chiron erlernt hatte. Er wird auch als ein Mann dargestellt, der zwei Schlangen in den Händen hält und damit die ausgeglichenen und zusammengefügten Energien unserer Psyche symbolisiert. In manchen spirituellen Traditionen repräsentiert er auch den vollkommenen Menschen, den Helden der Seelenreise.

Diese archetypische Figur liegt nicht nur entlang des Weges der Ekliptik, sondern auch im Zentrum unserer Milchstraße. Ich habe bereits erwähnt, dass sich auch Pluto und Chiron gegenwärtig, in dieser wichtigen Zeit, in Konjunktion mit dem galaktischen Zentrum befinden. Und zum ersten Mal in fast 26 000 Jahren steht die Sonne während der Wintersonnenwende, dem traditionellen Zeitpunkt der Geburt des Sonnen-Seelen-Helden, direkt dort, wo sich dieses dreizehnte Sternbild befindet, zusammen mit Pluto, Chiron und dem galaktischen Zentrum.

---

* Ophiuchus hieß früher *Serpentarius*, der „Schlangenträger" oder „Schlangenhalter". Er ist einer von 88 Konstellationen (= Sternbildern; nicht Tierkreiszeichen) und war einer unter 48, die von Ptolemäus genannt wurden. Es handelt sich um ein großes Sternbild am Himmelsäquator zwischen Aquila, Serpens und Hercules, nordwestlich des Zentrums der Milchstraße. Anm.d.Ü.

Was offenbaren die erstaunlichen astrologischen und archetypischen Vorzeichen und das, wozu sie in Resonanz stehen, über unsere Reise und deren Kulmination in dieser Zeit?

Den alten Maya-Priester zufolge, die als Meister der Zeit galten, soll sich unser kollektives Schicksal erfüllen, wenn wir die Bewusstseinsveränderung zur Wintersonnenwende 2012 vollziehen würden; deshalb endete ihr Kalender zu diesem Zeitpunkt. Sie waren nicht in der Lage, intuitiv wahrzunehmen, was danach kommen würde und wie sich das Wesen unserer Erfahrung von Zeit danach entwickeln würde.

Meine Meinung und die von immer mehr Menschen rund um die Welt ist, dass wir eine unglaubliche Chance geboten bekommen, eine kollektive Bewusstseinserweiterung herbeizuführen, die sich nicht nur auf uns Menschen, sondern sogar auf Gaia und unser gesamtes Sonnensystem erstreckt.

Uns stehen jetzt die höheren Chakras unseres Einheitsenergiefeldes zur Verfügung. Das achte Chakra des universellen Herzens ist unser Tor zu einer transpersonalen Wahrnehmung. Das neunte beziehungsweise das Erdsternchakra verbindet uns mit der wiederentdeckten Achtung für Gaia und alle ihre Kinder. Und während wir den Zugang zum zehnten Chakra gewinnen, verbinden wir uns auch bewusst mit dem archetypischen Bewusstsein von Sonne, Mond und Planeten unseres Sonnen-Seelen-Systems.

Diese Rückverbindung ist zugleich eine Rück-Er-Innerung. Astronomen sind dabei, die fragmentierten Mitglieder unseres Sonnensystems zu entdecken. Das Wesen des kosmischen Hologramms ist so angelegt, dass wir, wenn wir uns unserer selbst erinnern, damit auch Sonne, Mond und die neun Planeten unseres Sonnensystems mit den Fragmenten ihres – und unseres – zwölften Familienmitglieds versöhnen.

Jenseits des Sonnensystems verbindet uns das elfte Chakra mit der galaktischen Bewusstheit. Es wurde am 23. Dezember 2003 aktiviert, wie ich in meinem Buch *Many Voices, One Heart* ausführe. Ich glaube, dass diese Art von Bewusstsein unser aller Bestimmung ist.

Astrologische Unterstützung für diesen Bewusstseinswandel steht uns reichlich zur Verfügung, wie wir gesehen haben. Aber nur wir selbst können den Sprung machen, indem wir uns für unsere eigene Heilung entscheiden und damit auch das Ganze heilen. Im dritten und letzten Teil dieses Buch werde ich versuchen darzustellen, wie wir diese Reise unternehmen und unsere höchste Bestimmung, unsere Heimkehr nach Hause, erreichen können.

Teil III
Sein

9.
Seelenheilung aus der Herzmitte

Unser menschliches Leben wird manchmal als eine Art Ausbildungszeit umschrieben; viele werden dieser Sichtweise vermutlich zustimmen. Unsere Reise in die physische Welt bringt uns so viele Herausforderungen und Prüfungen, die oft genug verletzen und schmerzen, nicht nur körperlich, sondern auch mental und emotional.

Für viele von uns dauert es ein ganzes Leben, die nichtkörperlichen „blauen Flecken" zu heilen oder noch länger. Im Extremfall ist unsere Psyche regelrecht gespalten. Und dann ist eine lange und schwierige innere Entwicklung notwendig, um diese Spaltung zu überwinden.

Solche Traumata zeigen sich als Ungleichgewichte in unserem persönlichen Energiefeld, wovon wir allerdings nur einen kleinen Teil bewusst wahrnehmen. Wie bei Eisbergen liegt ihr sehr viel größerer Hauptteil in der Tiefe verborgen, vergraben unter den Gewohnheitsreaktionen unseres Unterbewusstseins.

Je nachdem, welche Aspekte unseres Lebens solche Verletzungen vor allem betreffen und abhängig von unseren persönlichen Reaktionsmustern bewirken sie Stauungen oder Blockaden in einem beziehungsweise mehreren Chakras. Sie können sich dabei durchaus auch als bestimmte physische Beschwerden manifestieren. Da sich die Persönlichkeit unseres Ego-Selbst indes durch alle sieben Chakras zum Ausdruck bringt, werden sich Ungleichgewichte immer auf allen unseren energetischen Ebenen niederschlagen.

Archetypische Traumata

Im sechsten Kapitel haben wir untersucht, inwiefern archetypisches und kollektives Bewusstsein einen integralen Bestandteil unserer individuellen Seelenerfahrung ausmacht. In allen Kulturen und durch unsere gesamte Geschichte hindurch haben archetypische Mythen und Symbole unser gemeinsames Erbe widergespiegelt. Archetypische Verhaltensmuster repräsentieren eine Kollektiverfahrung, mit der wir uns alle identifizieren können. Das Gleiche gilt für archetypische Traumata.

Es gibt fünf archetypische Leiden – Verlassenwerden beziehungsweise Verlusterfahrung, Missbrauch, Verrat, Verdrängung beziehungsweise die Tendenz, etwas nicht wahrhaben zu wollen, und Ablehnung –, die wir alle in einem bestimmten Umfang verkörpern. Die meisten unter uns werden mindestens eines dieser Primärmuster kennen, weil es sich in ihrem Leben als sich laufend wiederholender Zyklus der Erfahrung von Leid oder Schmerz zeigt. Dieses Muster ist zwar vielleicht in diesem Leben ausgelöst worden, hat aber seinen Ursprung unter Umständen in einem früheren Leben, in dem dasselbe archetypische Thema akut war.

Alle fünf archetypischen Traumata werden auf physischen, emotionalen und mentalen Erfahrungsebenen erzeugt. Missbrauch muss zum Beispiel überhaupt nicht körperlich ausgeübt werden; er existiert auch auf emotionalen beziehungsweise mentalen Ebenen. Und wir können uns emotional genauso schlimm verlassen fühlen, als wenn wir körperlich allein gelassen würden.

In unserem Erleben dieser Muster gibt es unvermeidlich sowohl Täter als auch Opfer. Wenn wir zum Beispiel den Archetyp des Verlassenwerdens leben, dann kann es sein, dass wir selbst nicht verlassen werden, aber andere Menschen oder Dinge verlassen. Vielleicht verlassen wir uns sogar selbst.

Alle archetypischen Traumata „funktionieren" so, obwohl jeder Primärarchetyp seine ganz eigenen Verhaltensmuster besitzt, durch die wir sowohl seine archetypische Essenz zum Ausdruck bringen als auch versuchen, das daraus folgende Trauma zu vermeiden oder damit irgendwie fertig zu werden.

Auslöser in der Kindheit

Im jetzigen Leben haben solche Verletzungen für die meisten Menschen in der sehr frühen Kindheit begonnen. Nach meiner Erfahrung aus der Arbeit mit vielen hundert Klienten sind die ersten Auslöser in der Zeit von der Entwicklung des Kindes im Mutterschoß bis zum Alter von fünf Jahren zu finden.

In einem solch frühen Alter entwickeln wir unser Selbstgefühl erst, und wir sind dann besonders empfindlich für Verletzungen durch etwas, was in der Rückschau vielleicht wie ein ganz triviales Ereignis wirkt. Aber damals, als es geschah und unsere Fähigkeit, uns zu äußern und die Dinge um uns her zu verstehen – oft genug konnten wir noch gar nicht sprechen – sich noch nicht genügend entwickelt hatte, konnten wir nicht anders reagieren, als den Schmerz und das Leid in uns „hineinzufressen". Wir speicherten alles auf einer unterbewussten Ebene sowie in den Zellen.

Vor ungefähr 30 Jahren zum Beispiel durften Eltern, die ihr Kind im Krankenhaus besuchen wollten, dies nur während sehr knapp bemessener Besuchszeiten. Bei vielen Kindern führte das zu einem tiefen Verlustgefühl und der Meinung, verlassen worden zu sein. Als sie erwachsen geworden waren, haben die meisten Menschen diese frühe Verlusterfahrung rationalisiert, aber ihr emotionales Trauma steckte auf unterbewussten Ebenen fest, und manche kämpfen heute noch darum, damit fertig zu werden. Dementsprechend erleben sie immer wieder Ereignisse, in denen ein Verlustmuster und das Gefühl, verlassen zu werden, auftauchen, oft ohne dass sie wüssten, warum das so ist.

Können wir auch nur annährend verstehen, wie groß das Verlustgefühl und der Schmerz, verlassen zu werden, für ganze Generationen von Kindern der Aborigines, der Indianer in Nordamerika und anderer Urvölker gewesen sein muss, die ohne jede Vorwarnung ihren Familien entrissen und in Kulturen großgezogen wurden, die fremd waren und ihnen gegenüber oft genug feindselig eingestellt waren? Oder denken wir an die Kinder, die aufgrund von Kriegen oder dem Wüten von AIDS zu Waisen werden, überall auf der Welt.

Pubertät

Als kleine Kinder waren wir ganz selbstverständlich offen und empfänglich für die Emotionen der Menschen in unserer Umgebung, besonders für die von Eltern und Geschwistern. Das führt mich zu einem weiteren Beispiel eines archetypischen Traumas: Wenn unsere Eltern bereits ein Missbrauchsmuster haben, können wir das auch dann übernehmen, wenn wir selbst überhaupt nicht direktes Subjekt eines Missbrauchs sind. Wir können den Schmerz des Missbrauchs also sogar dann spüren, wenn er uns nicht unmittelbar betrifft.

Ich habe in meiner Arbeit mit Klienten auch festgestellt, dass während der Pubertät, während dieses schwierigen

Übergangs vom Kindsein zum Erwachsenwerden, oft ein oder zwei wichtige Ereignisse passieren, die ein bereits vorhandenes archetypisches Muster noch vertiefen. Dann haben wir in den späten Teenagerjahren bestimmte Reaktionen und Verhaltensweisen so verinnerlicht, dass daraus schon eine Gewohnheit geworden ist.

Deshalb überrascht es auch nicht sehr, dass es eine direkte Beziehung gibt zwischen der Schwere eines archetypischen Traumas im Leben eines Menschen und Themen, die etwas mit seinem Selbstwert zu tun haben.

Im Folgenden sollten wir uns die Verhaltensweisen näher ansehen, die wir entweder aufgrund eines dieser fünf archetypischen Muster entwickelt haben oder deshalb, weil wir mit deren Folgen fertig werden wollen. Zuvor möchte ich noch einen wesentlichen Punkt betonen: Wenn wir eines dieser Muster haben, so führt das nicht nur dazu, dass wir es gegenüber anderen Menschen ausleben oder dass sie es uns gegenüber ausüben, sondern dass wir es auch uns selbst aufbürden. Ob wir das nun offen oder unterbewusst tun, dieser Mechanismus wirkt immer so, dass unser Mangel an Selbstwertgefühl noch weiter verstärkt wird.

Verlassen werden

Verlassen zu werden ist vor allem eine Verlusterfahrung. Wir sprechen manchmal auch davon, dass jemand desertiert ist*. Wenn wir unsere Augen schließen und uns die weite Leere einer Wüste vorstellen, ihre Einsamkeit und Trostlosigkeit, dann bekommen wir ein Gefühl dafür, was es bedeutet, dieses archetypische Muster des Verlassenwerdens zu empfinden.

---

* Die Autorin ordnet diesem Begriff das englische Wort für Wüste zu. Anm.d.Ü.

Die verschiedenen Wege, wie wir versuchen, damit fertig zu werden, sollen alle dabei helfen, einen Verlust und die sich daraus ergebenden Schmerzen und die Einsamkeit zu vermeiden. Ein Beispiel: Wir sind neu in einer Beziehung oder in einer bestehenden Beziehung an einem Punkt angelangt, an dem wir uns entscheiden können, auf die nächste Ebene von Nähe und Intimität zu gehen. Nun stellen wir unter Umständen fest, dass wir uns selbst dabei sabotieren. Damit wollen wir, vermutlich unterbewusst, jemanden verlassen, bevor er uns verlässt.

Oder wir streben danach, andere zu kontrollieren oder zu manipulieren, um Verlust zu vermeiden. Das passiert dann vielleicht nicht nur im Rahmen von Beziehungen, sondern auch im Hinblick auf unsere Umgebung und auf das Leben allgemein. Wenn wir uns als besonders gefährdet empfinden, in unseren Beziehungen verlassen zu werden, kann es sogar passieren, dass wir umso mehr versuchen, in anderen Bereichen des Lebens Kontrolle auszuüben. Je nach unserer Persönlichkeitsstruktur kontrollieren wir dann ganz offen oder wir versuchen, Umstände versteckt zu manipulieren.

Obwohl es paradox klingt: Es kann auch sein, dass wir die Gefahr, verlassen zu werden, dadurch bekämpfen, dass wir uns selbst isolieren. Auf diese Weise aber nehmen wir uns selbst gefangen, lassen das Leben außen vor und verlassen uns damit letztlich selbst.

Die Wirklichkeit des Lebens ist allerdings ein Prozess von ständigen Wellen der Veränderung. Wenn wir die Unvermeidbarkeit von Veränderungen anzunehmen bereit sind, anstatt uns davor zu fürchten, kann das Leben und die Veränderung frei durch uns hindurchfließen, und wir können nach jeder Erfahrung weitergehen. Wenn wir jedoch den Fluss der Veränderungen zu kontrollieren versuchen, dann dämmen wir den Strom des Lebens ein, und das führt oft zu unvorhergesehenen und manchmal tragischen Folgen für andere und für uns.

Wie bei allen fünf archetypischen Mustern besteht der erste Schritt, um mit dem Verlassenwerden zurechtzukommen, darin, das durch den Verlust entstandene energetische Trauma zu erkennen und aufzulösen. Dazu müssen wir seine Existenz auch jetzt in der Gegenwart wahrnehmen. Wir sind uns vielleicht auf unterbewussten Ebenen seines Einflusses und unserer Reaktionen bewusst, aber wir können die reale Existenz solcher Traumata an sich immer wiederholenden gleichen oder ähnlichen Ereignissen in den Beziehungen und Umständen unseres Leben bewusst erkennen.

Die Illusion der Trennung

Wir sind spirituelle Wesen, die sich der Herausforderung einer physischen Existenz stellen. Das Muster des Verlassenwerdens, das viele von uns in sich tragen, kann einfach auch durch den Eintritt in eine irdische Existenz und die Illusion, dadurch vom Geistigen getrennt zu sein, ausgelöst worden sein.

Seelen, die unter diesem Trauma leiden, haben sich für dieses Leben häufig Ziele ausgesucht, die nicht nur eine große Herausforderung, sondern eine ebenso große Chance darstellen. Der vermeintliche Bruch, die scheinbare Kluft zwischen Geistigem und Stofflichem ist die Ursache für das tiefste Gefühl an Verlusterfahrung, das wir empfinden können. Wenn sie dieses Trauma in sich heilen, können solche Seelen einen großartigen Beitrag für unsere kollektive Psyche leisten.

Viele inkarnieren in Familien, in denen eine extreme Ausprägung dieses Archetyps besteht. Wenn diese Menschen nun ihre und die Muster der Familie erkennen und darum kämpfen, sie zu heilen – für sich und für ihre Umgebung –

dann ist der Mut, dass sie diese Arbeit unter solchen Umständen auf sich genommen haben, umso höher einzuschätzen. Zu ihrer Bewusstseinsarbeit gehört nicht nur die Erinnerung, dass sie sich dazu entschieden haben, sondern auch die Überbrückung dieser vermeintlichen Kluft zwischen Materie und Geist; das Wesen ihrer Heilung ist dann eine Heimkehr in tiefster Freude und Erfüllung.

Der Archetyp des Verlassenwerdens kann besonders dann schmerzlich sein, wenn wir an unseren eigenen Tod oder an den eines geliebten Menschen denken. Letztendlich hat jeder Einzelne von uns eine Verabredung mit dem Tod des Körpers – und damit auch eine Chance, zum nächsten kosmischen Abenteuer aufzubrechen. Doch für jene Menschen, die den Archetyp des Verlassenwerdens erfahren, und für alle, denen die physische Welt alles bedeutet, kann der Tod den größten Verlust darstellen. Somit fürchten sie ihn auf einer sehr tiefen Ebene, die sie bewusst vielleicht gar nicht begreifen.

Der Durchbruch zum Beginn einer Reise der Heilung besteht häufig darin, über die Begrenzungen der physikalischen Welt hinauszublicken und zu erkennen, dass das Geistige, das Nicht-Materielle, uns nie verlässt.

Trauer

Allerdings ist es völlig natürlich und notwendig zu trauern, wenn wir jemanden verlieren, der uns sehr nahe steht. Wenn wir uns die Zeit und die Umstände zugestehen, den Verlust wahrzunehmen und zu betrauern und dadurch den Kummer lösen, dann erst können wir im Leben weitergehen. Wenn wir uns diese Möglichkeit versagen, wird unser Kummer nicht gelöst, sondern nur verdrängt.

Wenn wir jemanden verlieren, hilft es, über den Menschen zu sprechen und im Gedenken an ihn Tränen zu vergießen. Damit anerkennen wir, dass wir ihn vermissen, und wir feiern die gemeinsamen Erinnerungen noch einmal. Wir erinnern uns oftmals zwar bewusst an die Vergangenheit, sind uns unter Umständen aber nicht bewusst, dass wir auch um die Zukunft trauern, die wir nicht gemeinsam erleben können. Wenn wir also trauern, ist es wichtig, dass wir dabei Aspekte aus Vergangenheit, Gegenwart und Zukunft wahrnehmen. Durch unsere Tränen und unsere Dankbarkeit für die Gegenwart der geliebten Menschen, die wir haben erleben dürfen, kann der Kummer durch uns hindurchfließen. Ganz genau so, wie es notwendig ist, damit wir unseren Verlust annehmen und uns mit ihm versöhnen können, um schließlich weiterzuleben.

Missbrauch

Die Grausamkeit, die dahinter steckt, jemandem absichtlich Schmerzen und Leid zuzufügen, kann sowohl offen und sichtbar als auch versteckt und subtil zum Ausdruck kommen. Dieses Muster, das sich von der physischen Demütigung des körperlichen oder sexuellen Missbrauchs bis hin zu emotionalem und mentalem Missbrauch erstreckt, zum Beispiel ständiger negativer Kritik, vermag die tiefsten Narben zu hinterlassen. Manche benutzen dieses Muster und sorgen dafür, dass sich andere schlecht fühlen, um sich selbst besser zu fühlen, wie kurz auch immer. Dieses archetypische Muster wird mehr als die anderen zwischen den Generationen in den Familien ausgelebt.

Wer Opfer eines Missbrauchs war, besonders als kleines Kind, meint vielleicht, dass es seine Schuld gewesen sei, weil uns im Allgemeinen beigebracht worden ist, dass die Erwachsenen, die uns nahe stehen, „recht" haben. Und deshalb müssen wir ja „unrecht" haben.

Missbrauch ist auch ein Verhaltensmuster, das die Täter meist noch irgendwie rechtfertigen; oder sie verdrängen es so stark, dass sie noch nicht einmal bemerken und wissen, dass sie Missbrauch begehen.

Wenn wir uns selbst gegenüber Missbrauch ausüben, häufig als eine Konsequenz des Missbrauchs durch andere, tun wir dies oft über den schleichenden Schmerz einer Sucht. Viele Menschen wenden sich nach Missbrauchserfahrungen irgendetwas zu, wonach sie später süchtig werden. Sie tun dies im Versuch, andere Formen von Missbrauch zu vermeiden. Leider ist es meistens leichter, dem Missbrauch durch andere aus dem Weg zu gehen, als dem Eigenmissbrauch zu entgehen, wenn dessen Einfluss sich einmal in unserer Psyche verankert hat.

Verrat

Die Hinterhältigkeit von Verrat, sei es durch Freunde, Angehörige oder das Land, geht dem Herzen besonders nahe, weil es damit zu tun hat, wie wir uns aufeinander beziehen. Es stillt ein tiefes Bedürfnis nach innerster Sicherheit, wenn wir den Menschen vertrauen können, mit denen wir unser Leben teilen.

Verrat zerstört Vertrauen und beschädigt Loyalität. Von den fünf archetypischen Traumata, die Jesus alle erlitt, schrecken wir vor allem vor dem Verrat durch Judas Ischariot zurück. Und doch hatte Judas eine innere Motivation, seinen spirituellen Führer zu verraten. Die Bibel nennt nur äußere, aber keine Einzelheiten über seine inneren Beweggründe. Das archetypische Muster des Verrats bringt immer mit sich, dass der Verräter für seinen Akt des Verrats eine Rechtfertigung fühlt, warum auch immer. Dafür gibt es verschiedene Gründe, die auf der Ebene des Bewusstseins noch nicht einmal dem Verräter selbst klar sein müssen. Es hat aber immer damit zu tun, wie er sich selbst in seiner Beziehung zur verratenen Person oder Institution sieht.

Um jemanden zu verraten oder um verraten zu werden, müssen wir mit dem anderen in irgendeiner Form von Beziehung stehen. Von einem Fremden kann man nicht verraten werden. Das trifft auch dann zu, wenn eine Nation verraten wird, denn das Vertrauen von jedem Menschen dieser Nationalität wird dabei enttäuscht. Es muss immer schon ein gewisses Maß an Enttäuschung in einer bestehenden Beziehung existiert haben, bevor es zum Akt des Verrats kommen kann.

Um Verrat zu verstehen, müssen wir die Rechtfertigung des Verräters anhören, ob das nun einen Menschen betrifft, der uns verraten hat, oder ob es um unsere Selbstrechtfertigung geht, wenn wir jemanden verraten haben. Diese Rechtfertigung, und sei sie noch so trügerisch, bietet uns Hinweise, um den Verrat besser zu verstehen.

Ob wir nun verraten worden oder selbst Verräter sind, immer weist uns die Rechtfertigung den Weg, unsere eigenen Verhaltensweisen und Motivationen zu verstehen, wenn wir den Mut und die Aufrichtigkeit dafür aufbringen. Die kosmischen Prinzipien des Bewusstseins offenbaren Entsprechungen und Widerspiegelungen, die unsere eigenen inneren und äußeren Umstände in allen unseren Lebenserfahrungen reflektieren.

Verdrängen, nicht wahrhaben wollen

Verdrängen ist der Unwillen, die Wirklichkeit einer Situation wahrzuhaben, ob sie nun uns selbst oder andere betrifft. Hier handelt es sich um ein eigenständiges archetypisches Muster, das jedoch auch zu einem Faktor werden kann, wenn es darum geht, die anderen Muster zu heilen, über die wir hier sprechen.

Wir wollen auf keinen Fall einen Riss in der Panzerung entstehen lassen, die Verdrängung bedeutet, und so vermeiden wir alles, was auch nur ansatzweise zu einem solchen Knacks in unserer Schale führen könnte. Der alte Spruch „Aus den Augen, aus dem Sinn“ ist ein typisches Beispiel für das Primärmuster der Verdrängung. Manche Themen lassen wir zu einem Tabu werden, wir setzen alles daran, bestimmte Dinge, Situationen oder Themen zu vermeiden und entwickeln dabei unter Umständen auch ein Zwangsverhalten, um wirklich sicher zu stellen, dass uns nichts in den Sinn kommt, was wir nicht wahrhaben wollen.

Mit Verdrängung gehen immer auch Vorurteile einher. Denn wenn wir jemanden so sehen, wie wir ihn sehen wollen, anstatt so, wie er ist, leugnet das seine Wirklichkeit. Ein derartiges Vorurteil hilft uns vielleicht, dass wir uns überlegen und damit besser fühlen. Es erlaubt uns aber auch nicht, unsere eigene Realität wahrzuhaben.

Ein Verdrängungsmuster ist seinem Wesen nach nur schwierig zu lösen. Menschen, die in der Suchtberatung tätig sind, berichten immer wieder, dass viele ihre Suchtabhängigkeit derart verdrängen, dass sie erst alles verlieren müssen – Beruf, Familie, Wohnung und fast ihr Leben –, bevor sie bereit sind, ihre Sucht wahrzunehmen. Etwas nicht wahrhaben zu wollen ist einer der Hauptgründe, warum ein schädigendes Verhalten, auch ein uns selbst schädigendes, lange Zeit hindurch fortgesetzt wird.

Sobald eine solche Verdrängung aber gelöst wird, kann die Heilung beginnen.

Ablehnung

Das letzte archetypische Trauma, das wir kurz besprechen wollen, ist die Ablehnung. Es geht um die Abwehr und Ablehnung von Dingen oder Personen, die wir als wertlos beiseite schieben. Wenn wir diesen Archetyp ausleben, meinen wir vielleicht, dass nichts je gut genug ist. Das betrifft dann schließlich oft auch uns selbst, und dann sind wir unfähig, uns als das anzunehmen und zu lieben, was wir sind.

Wenn wir im umgekehrten Fall abgelehnt werden, dann begreifen wir das oft genug nicht als eine Bewertung und Projektion des anderen Menschen, sondern nehmen es uns zu Herzen und fühlen uns irgendwie wertlos.

Wie alle archetypischen Traumata wirkt Ablehnung auf den Ebenen der drei niedrigeren Chakras und beeinflusst damit unseren Selbstwert ganz fundamental. Anhaltende Ablehnung führt zu fortschreitender Isolierung. Wenn wir unser Ich vom Nicht-Ich der anderen trennen, isolieren wir uns. Wir sind dann wie eingefroren und unfähig, frei mit dem Leben zu fließen. Wir fühlen uns so, als ob unsere Seele von Eis eingehüllt wäre und wir keine Wärme, keine Liebe in unserem Leben spüren. Am Ende aber wird es nur die Liebe sein, die es uns möglich macht, aufzutauen und wieder in den Fluss des Lebens zu gelangen.

Familienmuster

Wir erfahren solche archetypischen Traumata zunächst individuell, werden jedoch feststellen können, dass wir Gesellschaftswesen sind, dass es also dieselben Muster auch in unserer engsten Familie gibt – bei Großeltern, Eltern und Geschwistern.

Wenn wir unsere eigenen energetischen Muster erkennen und uns entschließen, sie zu heilen, dann fließt diese Gabe auch wie von selbst den Menschen zu, die an diesen Mustern Anteil hatten – denn unser Bewusstsein ist holographisch. Das kann weitreichende Folgen haben, denn oft bleiben solche Familienmuster einfach unerkannt und unausgesprochen. Wir begeben uns in dynamische dysfunktionale

Beziehungen mit Verhaltensmustern, denen sich jeder Beteiligte auf seine Weise in der eigenen Psyche angepasst hat.

Unter bestimmten Umständen kann Kompensation sinnvoll sein, dann wird zum Beispiel der Verlust von Sehen oder Hören durch eine verbesserte Sensibilität eines anderen Sinnes teilweise ausgeglichen. Kompensationsverhalten aber, um mit Traumata zurechtzukommen, führt lediglich dazu, dass sich das Leiden noch tiefer in unsere individuelle und kollektive Psyche einprägt und eingräbt.

Brüche hellen

Da diese archetypischen Traumata zur holographischen Natur eines Bewusstseins gehören, das auf Polarität aufbaut, entdecken wir sie auch in der Psyche ganzer Volksgruppen, die ein ethnisches, religiöses oder kulturelles Erbe teilen.

Zwei Jahrtausende hindurch haben die verschiedenen Völker auf dem Balkan nach der Regel „Wie du mir, so ich dir" gelebt und gehandelt. Die Wildheit ihrer Konflikte hat im Verlaufe der Jahrhunderte zwar Zeiten der Ebbe und der Flut erlebt, aber ein tief sitzendes Misstrauen und Vorurteile gegenüber den jeweils anderen ethnischen und religiösen Gruppen hat sich stark in die kollektive Psyche eingeprägt.

Auch in anderen Gebieten der Welt sind solche gesellschaftlichen Traumata ungelöst, und jede neue Generation wird mit denselben Vorurteilen und Ängsten und mit demselben Hass kulturell „imprägniert" wie ihre Vorfahren. Der Mittlere Osten ist dafür ein deutliches Beispiel. Die Brüche zwischen Arabern, Juden und Christen reichen symbolisch und energetisch fast viertausend Jahre zurück. In den Zeiten des biblischen Patriarchen Abraham entstanden die beiden Blutslinien des jüdischen und des arabischen Volkes, als Nachfahren seiner beiden Söhne Isaac und Ismael, die er von zwei verschiedenen Frauen hatte, von Sarah und Hagar. Der spätere Bruch zwischen Juden und Christen entstand ursprünglich aus der mangelnden Bereitschaft der Juden, die Blutslinie und damit auch die Autorität von Jesus als Christus anzunehmen. Dessen Anhänger bezeugten diese Linie, woraus sich dann später der christliche Glaube entwickelte.

In unseren Zeiten des Umbruchs können wir mit Hilfe des Zugangs zu den Energien des achten und der höheren Chakras diese althergebrachten Muster in uns selbst, unseren Familien, Gemeinschaften und Nationen erkennen und unterscheiden. Vor allem sind wir, und das ist noch wichtiger, jetzt in der Lage, diese alten Traumata mit der Sichtweise unseres transpersonalen Bewusstseins zu heilen.

Intention

Das Wort „heilen“ hat denselben Ursprung wie das Wort „heil“ und entspricht damit auch in gewisser Hinsicht dem Begriff „ganz“. Wenn wir heilen, werden wir heil, werden wir ganz. Da Harmonie der natürliche Zustand der Welt ist, sollten Disharmonien uns auf Ungleichgewichte und auf einen Mangel an Authentizität und Integrität in unserem Leben hinweisen.

Die innere Reise zu Harmonie und Ganzheit ist eine Reise, die wir alle machen können. Der erste Schritt aber ist, wahrzunehmen und anzuerkennen, dass es überhaupt ein Ungleichgewicht gibt. Der zweite Schritt ist die Intention, die Absicht oder der Entschluss, daran etwas zu ändern. Ohne diese Absicht besitzt unsere Aufmerksamkeit keine Energie, um den Fluss anzuregen, der die Veränderung bewirken kann.

Die Entscheidung hinter einer solchen Absicht entsteht vielleicht nicht unbedingt auf der Bewusstseinsebene unseres Ego-Selbst. Es ist viel wahrscheinlicher, dass sie von höheren Ebenen unseres integrierten Bewusstseins stammt. Wir stellen unter Umständen erst dann fest, dass wir eine solche Absicht gefasst haben, wenn unsere persönlichen Lebensumstände schwieriger werden. Ganz gleich, welches archetypische Muster wir auch ausleben, wir empfinden es dann so, als ob alles viel, viel schlimmer wird. Und wenn wir vorher gar nicht bemerkt haben, dass es ein solches Muster gibt, dann merken wir es spätestens jetzt.

Das ist eine Methode, wie unser höheres Selbst unsere Aufmerksamkeit auf ein derartiges Muster lenkt und uns signalisiert, dass es nicht mehr weiter möglich ist, es in unserem Leben fortzuführen. Wenn wir diese Botschaft nicht begreifen, werden sich unsere Umstände noch weiter verschlechtern, bis wir es kapieren.

Wenn das endlich der Fall ist, können wir allerdings unsere Intention auf eine bewusste Ebene heben und energetisch aufladen, um dann den nächsten Schritt zu machen. Da wir damit den Prozess der Heilung im Rahmen des holographischen Kosmos und seiner Prinzipien weiter führen, werden sich unsere äußerlichen Lebensumstände so verändern, dass sie den neuen inneren Zustand reflektieren. Wenn wir uns innerlich ändern, dann transformieren wir unser Leben von innen heraus.

Neale Donald Walsh hat das in seinem Buch *Gespräche mit Gott* deutlich gemacht. Er veränderte das übliche Mantra „Wenn ich ... habe, werde ich ... tun und werde ich ... sein" zu „Sei ... um ... zu tun und ... zu haben." Wir müssen also zuerst sein, was wir möchten, und nicht zuletzt dazu werden! Wenn wir diese Prinzipien verstehen und sie in unserem eigenen Leben anwenden, dann gewinnen wir profunde Einsichten über uns selbst und können vorangehen.

Eine gute Frage

Vielleicht fragen Sie sich nun, warum unser höheres Selbst

überhaupt derartige archetypischen Muster und die daraus folgenden Leiden in unser Leben lässt. Eine sehr gute Frage!

Die Antwort ist: aus demselben Grund, aus dem ein guter Schauspieler gern eine Rolle annimmt, die ihn fordert. Der Schauspieler weiß, dass er am Ende des Stücks sein Kostüm auszieht, das Make-up entfernt und nach Hause geht. Auch unsere Seele weiß, dass wir am Schluss unserer physischen Erfahrung wieder eins werden und uns Ziel und Sinn der Seele klar werden. Wie ein Schauspieler, der eine Rolle triumphal gestaltet hat, können auch wir uns dann über den Applaus für unsere bemerkenswerte Leistung freuen.

Unsere Erfahrungen und wie wir damit umgehen bestimmen die Darbietung unseres Lebens und definieren, wer wir sind. Wenn wir uns jedoch mit unserer Rolle überidentifizieren, dann klammern wir uns möglicherweise an Gefühlen und Denkweisen fest, die nur ein Teil der Rolle und des Stücks sind, aber nicht wir selbst. Um am Leben ganz Anteil zu nehmen, müssen wir fühlen und alle möglichen Arten von Gedanken haben. Wenn wir es allerdings nicht zulassen, dass diese Gefühle und Gedanken durch uns hindurchfließen, wenn wir sie stattdessen dauerhaft mit uns herumtragen, dann werden sie zu einem immer schwereren Gepäck und verhindern, dass wir vorankommen. Dann fangen wir an, die Muster, die in ihnen stecken, zu recyceln ... und zu recyceln ... und zu recyceln.

Die fünf archetypischen Muster, die wir besprochen haben, bieten uns unglaublich vielfältigen Spielraum, um das große Spektrum eines Bewusstseins zu erfahren, das auf Polarität beruht und somit auf der Illusion der Getrenntheit. Damit bringen uns natürlich auch die Lösung und Heilung solcher Muster auf die Überholspur zur Ganzheitlichkeit. Wir aber halten, so paradox das ist, oft möglichst lange an den Schmerzen des Traumas fest, bis der Punkt kommt, an dem das Leiden größer wird als die Angst davor, das Muster loszulassen.

In solchen Fällen fungiert unser Leid als eine Schmusedecke, obwohl wir das vermutlich abstreiten würden. Ich achte selbstverständlich jeden, der sich entschließt, sein Leiden bis an den Rand des Erträglichen zu führen, bevor er ein Muster loslässt. Dennoch ermuntere ich jeden Menschen, nicht auf eine solch tiefe Verzweiflung zu warten, bevor er den Sprung in das Unbekannte wagt.

Ausgangspunkte

Um die Traumata als Folgen solcher Muster aus unserer Psyche zu lösen, hilft es sehr, die Ereignisse zu kennen und zu verstehen, die sozusagen als Keime oder Samen für sie gewirkt haben. Dann kann man von diesem Ausgangspunkt aus ihre Prägungen energetisch auflösen und wirklich tiefgreifend heilen.

Die Ausgangspunkte archetypischer Muster werden üblicherweise in der Kindheit gesetzt, besonders in der Vorschulzeit und dann wieder in der Pubertät, wenn wir uns in den Mustern verstricken und unsere zunehmend gewohnheitsmäßigen Reaktionen und Verhaltensweisen zu den später ausgetretenen Trampelpfaden unseres Lebens werden lassen.

Diese Ausgangspunkte stellen unter Umständen jedoch immer noch nicht die allerersten Auslöser dar, sondern „Wiederauslöser“. In der Arbeit mit Klienten haben wir gemeinsam erkannt, dass solche archetypischen Muster, besonders wenn sie tief verwurzelt sind, ihren Ausgangspunkt nicht in diesem Leben haben, sondern in einem früheren.

Wir haben schon die vielfältige Ausprägung dieser Muster angesprochen, wenn es darum geht, Aspekte des polaren Bewusstseins zu erfahren. Obwohl die Themen immer dieselben bleiben, gibt es doch eine große Fülle an Ausdrucksmöglichkeiten. Wenn wir anfangen, unser Muster in diesem Leben wahrzunehmen und zu verstehen, dann erkennen wir vielleicht auch, dass wir dasselbe archetypische Muster schon in vielen anderen Inkarnationen ausgelebt haben.

Wir werden feststellen, dass wir über das Tor des achten Chakras in der Lage sein werden, den energetischen Ausgangspunkt des Musters und das Ereignis, das es in diesem Leben erneut ausgelöst hat, zu identifizieren. Damit sind wir dann fähig, dieses Muster aufzulösen und seine Prägung in unserer Psyche zu heilen.

Integrierte Medizin

Traumata werden auf unterschiedlichen energetischen Ebenen festgehalten, und deshalb müssen wir für ihre Auflösung auch einen ganzheitlichen Ansatz wählen. Normalerweise steckt nur ein kleiner Teil auf der kognitiven Ebene, also dort, wo man das Muster hinter dem Trauma als solches erkennen kann. Das meiste bleibt unterbewusst und führt zu Reaktionen, die man noch gar nicht wahrnehmen oder gar verstehen könnte. Wenn jedoch auch nur ein ganz kleiner Teil des Archetyps in unser Alltagsbewusstsein dringt, ist das bereits ein Zeichen dafür, dass unsere Heilung beginnt.

Eine integrierte Medizin wird immer stärker als die wirksamste Methode erkannt, um unterschiedliche Therapieansätze so zu verbinden, dass die besonderen Bedürfnisse eines Menschen berücksichtigt werden können. Dieser neue Ansatz, der sich laufend weiterentwickelt, kombiniert zweierlei: das Ziel, mit Hilfe von Information und Bewusstseinsbildung über Lebensstile Krankheiten zu verhindern, mit einem holistischen Ansatz der Behandlung. Man setzt dabei gern die modernsten Technologien ein, um Krankheiten zu diagnostizieren und körperliche Verletzungen zu behandeln; zugleich wendet man komplementäre Therapie an, um chronische Krankheiten zu behandeln, Schmerzen zu lindern und Energieblockaden aufzulösen. Dabei spielt die Erkenntnis unserer holographischen Natur und der Beziehungen zwischen Denken, Fühlen und körperlichem Wohlbefinden eine immer größere Rolle. Elemente aus einer integrierten Medizin eignen sich auch zunehmend, um Traumata aus unserem energetischen Biofeld herauszulösen.

Energiemedizin

Alle Techniken aus der Energiemedizin wenden dieselben Grundprinzipien der Resonanz und der acht kosmischen Prinzipien an, die wir im 4. Kapitel genannt haben. Nicht jedoch die Energie selbst heilt, sondern die Information und die bewusste Wahrnehmung, die damit verbunden ist beziehungsweise von ihr „übertragen wird. Gedanken und Gefühle sind Muster, die auf Informationen über Energiekonfigurationen aufbauen. Die Neuordnung dieser Muster verhindert oder erneuert Gesundheit.

Die vielen Techniken der Energiemedizin, die Traumata auflösen, richten sich deshalb darauf aus, frei fließende Energiebahnen zu schaffen beziehungsweise zu fördern, über die es dann möglich ist, harmonische Glaubens- und Verhaltensmuster zu „reprogrammieren“.

Viele neue Techniken sind in den letzten Jahrzehnten aufgetaucht; auch die alten östlichen Techniken der Energiemedizin wie Akupunktur sind wieder geachtet. Im Allgemeinen verlangen solche speziellen Methoden eine qualifizierte Ausbildung. Die Grundlagen der Energiemedizin können indes auch von jedem Individuum sinnvoll angewandt werden, denn sie sind einfach und wirksam in der Selbstanwendung.

Der Nutzen regelmäßiger Meditation, die uns auf die kosmische Harmonie einstimmt, ist wohlbekannt. In der Antike war die Heilkraft von Tönen und Musik bekannt, wie wir erwähnt haben. Die fundamentalen Harmonien, die in dem „Tönen“ oder „Chanten“ von östlichen Mantras zum Ausdruck kommen, eigenen sich gut, um im Alltag unsere Energien auf den Fluss allen Lebens einzustimmen. Das bekannteste Mantra ist dabei wohl das *Om* oder *Aum*.

Das achte Chakra

Wenn wir den Zugang zu den Energien des achten Chakras nutzen, dann werden uns dadurch tiefer liegende Verhaltensmuster bewusst, die sich durch unser Leben ziehen. Wenn uns diese Muster nicht länger nutzen, können wir uns für die Weisheit unseres höheren Selbst öffnen und eine Seelenheilung auf der Ebene des universellen Herzens geschehen lassen.

Die dreifachen Energien des achten Chakras verbinden das Bewusstsein, das sich in unserem Geist, unserem Herzen und unserem Willen ausdrückt. Es hebt ihre Frequenzen auf die transpersonale Ebene an.

Unser Geist und Verstand hat im Rahmen des Ego-Selbst die Funktion, unsere Wahrnehmung aufrechtzuerhalten, dass wir getrennte Individuen seien und dass die scheinbare Polarität der physischen Welt keine Illusion ist, sondern Realität. Die Rolle unseres Herzens besteht indes darin, sich darum zu kümmern, dass wir eben nicht die Tatsache völlig vergessen, dass wir alle miteinander verbunden und letztendlich Eins sind. Und der Zweck unseres Willens ist es, die Rolle zu optimieren, die wir bei der Mitwirkung an der Erschaffung unserer Realitäten spielen, indem wir unsere Bereitschaft stärken, am Spiel des Lebens wirklich aktiv teilzunehmen.

Je mehr wir daran Anteil haben, desto mehr neigen wir allerdings auch dazu, uns mit der Rolle zu identifizieren, die wir spielen. Die Identifikation an sich ist nicht das Problem. Nur wenn wir uns an die Implikationen und Konsequenzen einer derartigen Identifikation klammern, entsteht das Problem, dass uns unsere vermeintlich völlig realen Erfahrungen gefangen nehmen.

An dieser Stelle verkörpert dann die Bewusstheit unseres personalen Verstands, Herzens und Willens unsere Identifikation und die damit verbundenen Traumata. Um damit fertig zu werden, strebt unser bewusster Verstand danach, uns zu beschützen, indem er die Kontrolle übernimmt. Dann versuchen wir vielleicht, künftigem Leiden aus dem Weg zu gehen, indem wir uns vor der Stimme unseres Herzens verschließen oder uns weigern, auf die Kreativität unseres Willens zu hören. Das Leiden, an das wir uns dann gewöhnen, kann als weniger schlimm „wegrationalisiert" werden als die Angst davor, dass wir die Kontrolle loslassen und in das Unbekannte springen. Leider ist das, was unser Ich-Verstand für einen Schutz hält, oft genug nichts anderes als ein Gefängnis, in dem wir uns selbst einschließen.

Wenn wir jedoch mit der Bewusstheit des achten Chakras vorgehen, dann können wir das archetypische Muster erkennen, in das wir uns verstrickt haben. Wir nehmen dann ohne Angst oder Bewertung seine Themen und seine Ausgangspunkte in diesem Leben wahr sowie möglicherweise die Keime in früheren Leben, die dieses Muster überhaupt erst ausgelöst haben.

Wenn wir die sieben persönlichen Chakras ausgleichen und auf gesunde Art und Weise manifestieren, gelangen wir aus Trennung und Verlust zum Gespür eines verkörperten Selbst, zu unserer Wahrnehmung eines All-Eins-Seins. Wenn wir dann noch weiter gehen und die folgenden höheren Chakras erforschen und aktivieren, dann gelangen wir vom All-Eins-Sein zur Er-Innerung daran, dass Wir-Alle-Eins sind. Wenn wir uns also nach und nach daran erinnern, wer wir wirklich sind, kommen wir vom Alleinsein zum All-Eins-

Sein und zum Wir-Sind-Alle-Eins, und dann dazu, dass wir Gott bewusst verkörpern.

Wissenschaftler haben entdeckt, dass die Natur des kosmischen Hologramms ein Maximum an Bewusstheit innerhalb der Raumzeit zum Ausdruck gelangen lässt. Die unglaubliche Vielfalt des Lebens und die Einzigartigkeit des individuellen Bewusstseins machen es möglich, dass diese Vielfalt in den physischen Verkörperungen von Lebenserfahrungen tatsächlich ihren irdischen Ausdruck finden. Denn letztlich ist der Sinn und Zweck unseres integralen Bewusstseins – unserer Seele – und seiner Entscheidung, hier zu sein, an der Schöpfung aktiv mitzuwirken und zu lernen.

In dem Maße, wie wir unsere ego-basierte Persona heilen, können wir nicht nur unser Bewusstsein erweitern, sondern dieses Mitschöpfertum auch verwirklichen und unser Verständnis als Mitglied der Gemeinschaft allen Lebens entscheidend vergrößern.

Die Absicht zu heilen

Wir können die Wahl für unsere eigene Heilung nur im Augenblick der Gegenwart treffen. Wenn wir bei unserer herzzentrierten Seelenheilung die Vergangenheit wieder Revue passieren lassen, dann tun wir das nur, um zu verstehen, wie unsere Muster und Blockaden entstanden sind und wie wir sie am besten auflösen können.

Nur wenn wir die energetische Prägung an den Ausgangspunkten klären, in diesem Leben und unter Umständen auch in früheren, können wir ihre Wirkung auslöschen. Wenn wir nicht an die Wurzel des Musters gehen, wenn wir uns nicht anschauen, wann und wo und wie das Muster entstanden ist, werden sich seine Folgen weiter in unserem Leben verbreiten.

Wie bei jeder Energiearbeit müssen wir unser Bewusstsein gut erden. Über das Wurzelchakra können wir unser Ego-Bewusstsein mit dem Boden verbinden. Wenn wir mit höheren Energien arbeiten, geschieht diese Erdung über das neunte, das Erdsternchakra.

Wenn ein Verhaltensmuster aufgelöst wird, bleibt zunächst eine Leere zurück. Jede Leere wird automatisch wieder mit Energie aufgefüllt. Deshalb ist es wichtig, dass Sie darauf achten, dass sich diese Leere nicht mit irgendeiner beliebigen Energie auffüllt, sondern dass Sie ganz bewusst bedingungslose Liebe in diese Leere hineinfließen lassen.

Während Sie dieses Buch über das achte Chakra lesen und seine Botschaft in sich aufnehmen, sind Sie bereits auf dem Weg zu einer Seelenheilung durch das universelle Herz. Die 3. Einstimmung im Anhang bietet Ihnen eine einfache Meditation, die Ihnen helfen kann, diese höheren Schwingungen und Energien zu nutzen.

Nun wollen wir eine Reihe von Möglichkeiten betrachten, wie wir diese alten Traumata, die uns nicht mehr dienen und nicht mehr zu uns passen, erkennen und auflösen.

Der traumatische Ausgangspunkt in diesem Leben

Unser erster Schritt ist es, den energetischen Ausgangspunkt des Musters in diesem Leben zu erkennen.

Der energetische Ausgangspunkt

Fangen Sie dazu immer damit an, schweigend in das achte Chakra hineinzuatmen mit der Absicht, dass Ihre höchste Führung Ihnen deutlich die Umstände zeigt, unter denen der Ausgangspunkt für das Geschehen entstanden ist.

Dabei bietet Ihnen Ihr höheres Selbst vielleicht eine Vision oder ein Gefühl oder ein Gespür an, oder es taucht in Ihrem Bewusstsein plötzlich eine Erinnerung auf.

Ihre höhere Führung kann sich in vielen Gestalten zeigen – „real" oder surreal, in Symbolen verpackt oder durch Farbblitze. Es kommt immer nur darauf an, was das für Sie selbst bedeutet. Was auch auftaucht und in welcher Form es sich auch zeigt: Vertrauen Sie, dass es einen Sinn enthält, und hören Sie auf seine Botschaft.

Wenn nichts erscheint, entspannen Sie sich und lassen sich den Prozess weiterentfalten.

Innenansicht

Eine andere Möglichkeit, den Ausgangspunkt herauszufinden, besteht darin, in das achte Chakra hineinzuatmen und innerlich darum zu bitten, dass Ihr höheres Selbst Sie in diesem Leben zeitlich zurückführt. Gestatten Sie Ihrer Intuition, Sie zu führen, bis Sie bei einer bestimmten Szene anhalten und Ihnen eine besondere Erinnerung bewusst wird.

Atmen Sie in das achte Chakra, und lassen Sie die Szenen und Geschehnisse aus Ihrer Erinnerung in Ihrem Inneren ablaufen.

Es ist dabei wichtig, dass Sie die Dinge eher spüren oder fühlen und nicht nur visualisieren. Wie Ihre innere Führung Ihnen die Bilder auch sendet: Es dient Ihrem tieferen Verstehen und ist gut für Sie.

Wenn Sie beginnen zu verstehen, wo der Ausgangspunkt war, fahren Sie fort, in das achte Chakra zu atmen. Bitten Sie darum, dass Ihre höhere Führung Ihnen das volle Verständnis für den Ausgangspunkt ermöglicht. Wenn Sie intuitiv wahrnehmen, dass Sie es bekommen haben, fragen Sie Ihre innere Führung, was Sie tun müssen, um die energetische Prägung in Ihrer Psyche zu heilen.

Schwere lösen

Während Sie sich ganz in die Energien des achten Chakras eingelassen haben, können Sie miterleben, wie sich Verstehen mit Mitgefühl und ohne Bewertung entfalten. Dabei können anfangs unter Umständen auch schmerzliche oder schwere Gefühle aufsteigen. Falls das geschieht, atmen Sie durch das achte Chakra ein und lassen Sie die Gefühle durch sich hindurchfließen.

Sie können das visualisieren, indem Sie die Energien sehen oder spüren, welche in einem bestimmten Körperteil festgehalten werden. Spüren Sie, wie sich diese Blockade auflöst und die schweren Energien durch das Erdstern-Chakra unter ihren Füßen in die Erde hineinfließen. Wenn Sie das fühlen, danken Sie Gaia für die Aufnahme und Auflösung dieser schweren Energien.

Lassen Sie jedoch keine energetische Leere dort, wo sie vorher gestaut waren, sondern visualisieren oder spüren Sie, wie die Energien der bedingungslosen Liebe durch das achte Chakra in den betreffenden Körperteil fließen.

Liebevolle Wahrheit

Wenn Sie den Ausgangspunkt eines Musters in diesem Leben herausgefunden haben, werden Sie höchstwahrscheinlich Angehörigen, Freunden oder anderen Menschen begegnen, mit denen Sie dieses Muster „ausgespielt" haben. Ihnen werden jene Menschen ins Bewusstsein kommen, die wirklich wichtig für diese Erfahrung waren. Sie können in Ihrer Innenschau des Sehens und Empfindens all jene Menschen auch zu sich rufen. Wenn Sie das tun, atmen Sie in das achte Chakra und erlauben Sie Ihrer höchsten Führung, durch sie hindurchzufließen und Ihnen zu zeigen, was Sie tun müssen, um das Muster aufzulösen und zu heilen.

Es kann sein, dass Sie zunächst in einen inneren Dialog mit der Person treten müssen, die Ihnen erschienen ist. Denken Sie daran, dass Sie deren höheres Selbst genauso anrufen können wie Ihr eigenes. Beide führen Sie durch diesen Prozess.

Sprechen Sie direkt mit Ihrem inneren Gegenüber und sagen Sie, was Ihnen am Herzen liegt mit liebevoller Aufrichtigkeit und ohne falsche Zurückhaltung. Hören Sie umgekehrt auch dem anderen zu, was er oder sie Ihnen zu sagen hat. So gewinnen Sie vielleicht ein neues Verständnis für die Gründe seines beziehungsweise ihres Verhaltens.

Schon dieser innere Dialog allein kann das Muster aus Ihrer Psyche herauslösen. Wenn es dazu jedoch noch mehr braucht, bitten Sie Ihre höhere Führung, Ihnen zu offenbaren, wie Sie weitermachen sollen.

Wenn Sie fühlen, dass sich das Muster aufgelöst hat, spüren Sie in Ihre intuitive Bewusstheit hinein, um sich zu vergewissern, dass sich dieser Ausgangspunkt des Musters in diesem Leben wirklich aufgelöst hat und Sie nun davon befreit sind. Bei einem sehr tiefen Muster stellen Sie möglicherweise fest, dass noch andere Umstände oder Personen auftauchen, wenn Sie weiter offen bleiben. Falls das geschieht, gehen Sie durch denselben Prozess erneut hindurch, um das, was nun zusätzlich aufgetaucht ist, ebenfalls zu lösen. Das führen Sie durch, bis keine neuen Umstände oder Personen mehr erscheinen. Durch Ihre Intention, das Muster an seinem Ausgangspunkt bereits aufzulösen, wird Ihre Aufmerksamkeit wie von selbst dort hingezogen.

Achten und geschehen lassen

Vielleicht begegnen Sie während dieses Vorgangs Personen, die sich mit Ihnen in diesem Schmelztiegel des Bewusstseins überhaupt nicht austauschen wollen oder auch können. In diesem Fall achten Sie deren Entscheidung und erlauben Sie ihnen, sich wieder zu entfernen.

Sie sind beide dann jedoch immer noch über dieses archetypische Muster energetisch verbunden, und deshalb müssen Sie sich selbst und auch die andere Person von dessen Beschränkungen auf eine andere Art und Weise befreien. Fragen Sie dazu wieder Ihre höhere Führung, wie Sie das am Besten bewerkstelligen können.

Eine Möglichkeit, die oft gut hilft, ist sich vorzustellen, wo Sie in Ihrem Körper oder Ihrem Energiefeld spüren, mit einem energetischen Faden an den anderen gebunden zu sein. Das kann von Kopf zu Kopf gehen. Oder vom linken Ellenbogen zum rechten Knie oder von einem Chakra zum anderen und so fort.

Was auch auftauchen mag: Vertrauen Sie Ihrer inneren Führung. Dann atmen Sie bedingungslose Liebe durch das achte Chakra und stellen sich vor, dass dieser Faden aufgelöst wird (auf eine Weise, die Sie intuitiv fühlen).

Wenn Sie spüren, dass Sie davon befreit sind, lassen Sie sich auf Ihre intuitive Bewusstheit ein, um sich zu vergewissern, dass diese Verbindung jetzt tatsächlich gelöst ist. (Wie zuvor erwähnt, kann bei tiefen Mustern ein mehrfaches Wiederholen dieses Prozesses mit verschiedenen Personen oder Umständen nötig sein.)

Wenn Sie Ihre Intention, dass das Muster an seinem Ausgangspunkt geheilt wird, die ganze Zeit über aufrechterhalten, wird Ihre Aufmerksamkeit von selbst dazu führen, dass das Ursprungsgeschehen geheilt wird.

Ausgangspunkte in anderen Leben

Wenn ein archetypisches Muster in diesem Leben gelöst wird, muss auch der Ursprung in einem früheren Leben geheilt und aufgelöst werden, damit es nicht wieder auftaucht. Die holographische Natur des Kosmos bringt es mit sich, dass die Heilung am ursprünglichen Ausgangspunkt in einem früheren Leben Lösung und Heilung für alle nachfolgenden Leben bringt, in denen dieses Muster gelebt wurde bis hinein in unser Jetzt.

Wenn Sie ursprüngliche Ausgangspunkte in früheren Leben verstehen und ihre Folgen heilen, verändern Sie damit nicht die Geschichte. Sie erhöhen jedoch die Ebene Ihres Bewusstseins und transformieren dadurch Gegenwart und Zukunft.

Wenn Sie dazu bereit sind, den Ausgangspunkt des archetypischen Musters, das Sie verkörpert haben, in einem anderen Leben wahrzunehmen, beginnen Sie mit den Energien des achten Chakras. Fassen Sie die Absicht, dass sich Ihre höhere Führung offenbart, und öffnen Sie sich für alles, was auch kommen mag.

Es kann sein, dass Dinge, Szenen oder Menschen in Ihrem Bewusstsein auftauchen, so wie bei der Ausrichtung auf den Ausgangspunkt des Musters in diesem Leben. Das muss jedoch nicht unbedingt so sein und deshalb sollten Sie das auch nicht erwarten. Es könnte sein, dass Sie auf eine ganz andere Weise etwas wahrnehmen. Also entspannen Sie sich einfach, und bleiben Sie offen.

Unter Umständen wird Ihnen die Situation jenes Lebens, in dem der ursprüngliche Ausgangspunkt entstand, in allen Einzelheiten gezeigt. Oder Sie sehen oder spüren nur eine bestimmte Szene oder ein einzelnes Ereignis. Denken Sie daran, dass Sie selbst die bewusste Kontrolle über diese kosmische DVD haben und behalten; atmen Sie also durch das achte Chakra, und erlauben Sie Ihrem höheren Selbst, Sie auf jene Ebene des Verstehens zu führen, die Sie brauchen, um die Heilung und Lösung zu erfahren, nach der Sie streben.

Uns selbst befreien

Wenn wir uns in der energetischen Schwingung unseres achten Chakras befinden, dann wird es uns dadurch auch erleichtert festzustellen, wo andere Ungleichgewichte und Verletzungen in unserer Psyche sind. Wir erhalten dann gleichfalls die Führung und das Verständnis, um uns von begrenzenden Glaubensmustern und Ängsten zu befreien. Dazu eignet sich auch die Meditation mit dem universellen Herzen und dem Erdsternchakra, die im Anhang als Einstimmung 3 beschrieben wird.

Die Klarheit und die konzentrierte Ausrichtung Ihrer Intention sind entscheidend. Bevor Sie also beginnen, überlegen Sie, worum Sie bitten wollen beziehungsweise was Sie sich wünschen oder anstreben.

Wenn Sie in die Energie des achten Chakras gelangt sind und durch es hindurch atmen, richten Sie Ihre Absicht bewusst aus. Sprechen Sie Ihre Intention innerlich aus, so dass Ihr Ziel in Ihnen schwingt.

Wie bei der Heilung archetypischer Muster können sich begrenzende Glaubensmuster und die Erkenntnis, wie man sie heilen kann, auf ganz unterschiedliche Art und Weise zeigen. Was sich auch in den heilsamen Energien des achten Chakras als Gabe Ihres höheren Selbst zur Heilung offenbaren mag: Vertrauen Sie dem.

Seelenheilung aus dem Herzen

Vom höheren Standpunkt des achten Chakras des universellen Herzens aus können wir archetypische Traumata von Verlassenwerden, Missbrauch, Verrat, Nicht-wahrhaben-Wollen, Ablehnung und so fort nicht nur für uns, sondern für die gesamte Familie der Menschheit heilen. Die Entscheidung dazu ist ein wesentlicher Aspekt unserer inneren Heilung. Eine derartige Heilung vollzieht sich Schritt für Schritt, denn es geht ja letztlich dabei auch darum, die Ganzheit dessen, wer wir wirklich sind, zu erfassen. Alte Mythen nennen das die Reise des Helden.

Weisheitslehren sprechen davon, dass die Gesamtheit der menschlichen Seele eine Harmonie von fundamentalen Energien verkörpert, in denen eine Zwölfheit in eine Dreizehnheit integriert ist. Wir Menschen sind somit mikrokosmische Widerspiegelungen jener kosmischen Harmonie, die auf der Tonleiter der 13 Noten zu finden ist.

In einem größeren Maßstab schwingt diese Harmonie im alljährlichen Tanz von Sonne, Mond und Erde, mit den zwölf Sonnenmonaten und 13 Mondmonaten von Vollmond zu Vollmond während eines Jahres. Die Himmelsbahnen von Sonne, Mond und den Planeten unseres Sonnensystems führen durch die zwölf Tierkreiszeichen und erschaffen dabei ein Muster astrologischer Einflüsse, die sich in unserem individuellen und unserem kollektiven Bewusstsein auswirken.

Die Weisheit der Antike verließ sich auf Metaphern und Mythen, um dieses Verständnis von Zusammenhängen darzustellen. Während der Reise unseres Helden treffen wir deshalb immer wieder auf diese archetypischen Zahlen. Auch die Reise der Sonne ist eine Reise des Helden. Die Reise unserer Seele ist eine Sonnen-Seelen-Reise.

Es ist jetzt an der Zeit für uns zu erkennen, dass wir alle das Potenzial in uns tragen, Sonnen-Seelen-Helden zu sein. Jeder von uns folgt seinem einzigartigen Weg, aber wir alle haben dasselbe Ziel: die Realisierung und Verkörperung jener Einheit, die das Polaritätsbewusstsein transzendiert und es zugleich gebiert. Die Reise jedes Helden besteht letztlich aus zwölf Schritten – und wir unternehmen sie alle. Diese Reise wollen wir uns nun näher ansehen.

10.
Die Reise des Sonnen-Seelen-Helden

Leben ist Bewusstsein, das sich selbst erforscht. Wie sollte es das anders können als durch die Prozesse, die wir Erfahrungen nennen? Und wie könnten sich Erfahrungen anders zeigen als durch Veränderung?

Veränderung ist die einzige Konstante in unserem Leben. Und doch behandeln wir sie oft wie einen Gegner und versuchen, uns gegen ihre Unausweichlichkeit zu verbarrikadieren. Veränderung ist jedoch kein Feind, der vor den Toren der Zitadelle unserer Identität steht. Sondern eine Freundin, die uns auf unserer Heimreise begleitet. Wenn wir sie als Freundin annehmen, als Gefährtin und Führerin während unserer Reise, dann können wir mit dem Fluss des Lebens schwimmen, anstatt zu versuchen, dessen Wasser aufzustauen.

Veränderung ist eine Freundin, die uns herausfordert und überrascht, und dennoch immer nur unser Bestes wünscht. Mutter Teresa hat einmal über ihre Gefühle auf eine Weise gesprochen, von der ich glaube, dass sie in den meisten von uns ein Echo findet. Sie sagte, dass sie zwar immer wusste, dass Gott ihr nie etwas Größeres und Schwereres aufgetragen hätte, als sie in der Lage wäre zu handhaben, aber sich doch manchmal wünschte, dass Gott ihr nicht gar zu sehr vertrauen würde!

Die Veränderungen in unserem Leben bieten uns immer Gelegenheiten, zu kokreieren und zu lernen. Sie bilden die Sprungbretter auf unserem Pfad des inneren Wachstums und sie sind die Wegweiser auf unserer Reise zur Ganzheit. Denn nichts geschieht zufällig, und alles hat einen tieferen Sinn.

Zwölf Schritte

Das höchste Ziel dieser Reise der Selbstverwirklichung ist zwar für uns alle dasselbe, aber die Schritte dorthin sind für jeden anders. Vielleicht wählen wir uns eine breite Straße, die schon von einer der großen Religionen der Welt angelegt worden ist, oder wir entscheiden uns für einen weniger begangenen Pfad. Wir können auch an jedem Punkt dieser inneren Reise entscheiden, innezuhalten, wenn sie zu beschwerlich und schwierig wird.

Ob wir uns nun für die breite Straße oder den schmalen Pfad entscheiden, immer passiert etwas Unerwartetes, wenn wir weitergehen: Wir stellen fest, dass unser persönlicher Weg zwar einzigartig ist, aber es entlang des Weges universelle Stationen gibt, quasi Rastplätze, die uns nähren und zudem bestätigen, dass wir in die richtige Richtung gehen.

Solche Stationen gibt es in jeder spirituellen Tradition und in jedem Heilungsprozess. Manche Lehren gehen davon aus, dass es zwölf dieser Stationen gibt, die wie zwölf Schritte wirken und gemeinsam eine dreizehnte Station bilden, um so vollständig zu sein. Wenn wir das spirituelle Verständnis verwirklichen, das jeder Schritt uns bietet, werden auch wir ganz.

Diese Einsichten wurden mir während einer eigenen Seelenreise offenbart, einer dreijährigen Pilgerfahrt zu zwölf Orten der Erde. Meine eigene Seelenreise dauert an, aber nun, da ich sozusagen eine Landkarte erhalten habe, auf der diese zwölf Stationen vermerkt sind, habe ich das Gefühl, dass ich meine Reise jeden Tag meines Lebens besser kennenlerne und verstehe. Ich habe Gelegenheiten bekommen, ihre kosmischen Wahrheiten zu leben und Zuflucht auf den spirituellen Rastplätzen zu suchen.

Obwohl ich ungewöhnliche Einsichten erfahre, fühle ich mich selbst ganz durchschnittlich. In den gewöhnlichen

Momenten meines Alltagslebens nehme ich die Göttlichkeit wahr, die die Welt *ist*.

Auch ich stolpere oder habe ab und an einmal Tage, an denen ich mich unter der Bettdecke verkrieche, und doch erlebe ich andere Tage, an denen sich Wunder wie Schmetterlinge von früh bis spät auf meinen Schultern niederlassen. Anders als zu Beginn meiner bewussten Seelenreise ist nun jeder Augenblick kostbar, und jeder Tag zeigt mir aufs Neue den unendlichen Zauber des Lebens. Ich habe inzwischen selbst die Einsichten kennengelernt, über die die Mystiker aller Zeiten gesprochen haben. Dieses Abenteuer steht jedem von uns zu. Die nun neu verfügbaren Energien des achten sowie der weiteren höheren Chakras sind unser gemeinsames Erbe; ihre Manifestation ist unsere gemeinsame Bestimmung. Hier sind nun die Einsichten, die ich und die fast 70 anderen Reisegefährten dieser dreijährigen Pilgerreise entdeckt haben.

Der erste Schritt: Verantwortung

Unser erster Schritt ist es, Verantwortung für unsere Entscheidungen und die daraus entstehenden Folgen zu übernehmen. Eine grundlegende Entscheidung unserer Seele war es, jetzt hier auf der Erde zu inkarnieren. Jede und jeder von uns hat sich das ausgesucht.

Auf diese direkte und mutige Feststellung reagieren die Menschen unterschiedlich. Manche sind bereit, dies als ihre eigene Entscheidung zu akzeptieren. Für viele sind jedoch die Herausforderungen im Leben, die sie selbst erfahren, und die Schwierigkeiten, die sie im Leben anderer Menschen sehen, zu viel, so dass sie die Möglichkeit abstreiten, wir selbst hätten uns das alles so ausgewählt.

Wie wir jedoch gesehen haben, hat unser Bewusstsein an allen Ebenen von Bewusstsein Anteil, und wir treffen Entscheidungen nicht nur aufgrund unseres Ich-Gemüts, sondern auch aus der Sicht des höheren Selbst – wie eben bei der Wahl, jetzt zu inkarnieren. Bis sich unser Bewusstsein weiter geöffnet hat, erkennen wir allerdings meistens nur die Entscheidungen, die wir von Verstand und Gemüt her getroffen haben.

Unsere Bewusstheit verändert sich ständig. Gestern war sie anders als heute. In der letzten Woche war sie anders als vor einem Jahr. Wir können immer nur im gegenwärtigen Augenblick und mit unserem gegenwärtigen Bewusstsein Entscheidungen treffen und eine Auswahl vornehmen. Trotzdem sagen wir uns unter Umständen: „Wenn ich damals schon gewusst hätte, was ich heute weiß." Vielleicht schelten wir uns häufig für einen Mangel an Wachheit, aber das ist nichts anderes, als wenn man einem dreijährigen Kind vorwerfen würde, dass es keine E-Mail verschicken kann. (Vermutlich ist das ein schlechter Vergleich, weil manche Dreijährige das inzwischen auch schon können.)

Die Verantwortung zu übernehmen bedeutet, sich aufgrund der Bewusstheit zu entscheiden, über die wir gerade jetzt verfügen. Wir müssen keine Verantwortung übernehmen für die Auswahl, die unser höheres Selbst getroffen hat, es sei denn, wir wären uns seiner Entscheidungen bewusst. Wir brauchen lediglich anzuerkennen, dass wir tatsächlich für alle die Entscheidungen die Verantwortung tragen, die zu treffen wir uns *bewusst* sind.

Wir können diesen ersten Schritt auf unserer Seelenreise jederzeit machen. Wir müssen nicht warten, bis wir älter sind, klüger oder reicher, mehr Zeit haben oder uns glücklicher fühlen. Wie alle anderen Entscheidungen hat auch diese Folgen. Wenn wir beginnen, Verantwortung für unsere bewussten Entscheidungen zu übernehmen, erweitert das unweigerlich unser Bewusstsein. Wir fangen an, auf offensichtliche und auf unscheinbare Weise, die Wahl zu bemerken, die wir jeweils getroffen haben und weiter treffen – etwas, worüber wir uns bis dahin in der Regel nicht bewusst waren.

An dieser Stelle möchte ich daran erinnern – falls das nötig ist –, dass wir die Entscheidungen der Vergangenheit nicht bereuen brauchen. Wir haben sie auf der Grundlage unserer damaligen Wachheit getroffen. Und die Konsequenzen aus den damaligen Entscheidungen haben uns auf unsere jetzige Bewusstseinsebene gebracht.

Nun erkennen wir noch etwas: Wenn wir damit fortfahren, dieselben Entscheidungen zu treffen wie früher, werden wir höchstwahrscheinlich auch dieselben Folgen erleben. Wenn wir die Zukunft also verändern wollen, müssen wir die Gegenwart verändern.

Der zweite Schritt: Angst oder Liebe?

Der zweite Schritt auf der Seelenreise besteht darin, Liebe zu wählen anstatt Angst, und zwar in Gedanken, Worten und Handlungen. Wenn wir uns in einem Zustand der Angst befinden, dann zieht sich unser Körper zusammen, wie Untersuchungen ergeben haben. Wir ziehen uns buchstäblich in uns selbst zurück und sind bereit, entweder zu kämpfen oder zu fliehen. Solche Reaktionen haben wir als Mittel des Überlebens entwickelt. Manche von uns leiden indes ständig an Ängsten, selbst wenn es keinerlei unmittelbare oder realistische Gefahr gibt. Eine solche chronische Angst kann sich in einer Phobie niederschlagen oder auf andere Weise zum Ausdruck kommen, zum Beispiel, indem man Angst hat, sich für etwas zu entscheiden oder erfolgreich zu sein. Bestenfalls schränkt das unsere Fähigkeit ein, am Leben voll teilzuhaben, und schlimmstenfalls macht es uns handlungsunfähig und sperrt uns in einem selbst geschaffenen Gefängnis ein.

Es ist *unsere* Angst. Wir besitzen sie, denn letzten Endes kann uns gar kein anderer Angst machen. Selbstverständlich gibt es zwar Menschen, die versuchen, anderen Angst einzuflößen, aber damit haben sie nur dann Erfolg, wenn die anderen darauf entsprechend reagieren. Während des Zweiten Weltkriegs fasste der britische Staatsmann Winston Churchill diese Wahrheit einmal so zusammen: „Wir müssen uns nur vor der Angst fürchten."

Wie ist unsere Beziehung zu den Menschen in unserer Umgebung? Voller Liebe oder voller Angst? Für die meisten von uns sind unsere Partner, Freunde und Angehörigen die „geliebten Menschen". Während der schrecklichen Ereignisse des 11. Septembers 2001 bestanden die letzten Botschaften der Sterbenden aus Worten der Liebe für ihre Eltern, Frauen, Männer und Kinder. Wie sieht es mit unseren Beziehungen über diesen Kreis der „geliebten Menschen" hinaus aus? Sind unsere Beziehungen von Liebe erfüllt?

Mit „Liebe" meine ich eine innere Einstellung, die die Welt als ein vernetztes Ganzes begreift, eine Haltung, die all das betont, was uns gemeinsam ist, anstatt jene Dinge, die uns scheinbar trennen. Eine solche Liebe ist nicht blind für die Umstände der manifesten Welt, sondern sie nimmt die holographische Harmonie und den Sinn wahr, die der Welt zugrunde liegen und sie leiten, so flüchtig diese sein mögen.

Die Energien von Angst haben immer etwas mit Mangel und Getrenntheit, mit Absonderung zu tun. Dem gegenüber sind die Energien der Liebe von Fülle und Streben nach Verbindung erfüllt. Es ist gar nicht so einfach, eine solche Art der Liebe für Menschen zu empfinden, von denen wir glauben, sie seien anders als wir selbst. Im Umgang mit „Fremden" bestimmt uns eher Angst als die erste unmittelbare emotionale Reaktion. In dynamischen zwischenmenschlichen Beziehungen und vor dem Hintergrund unserer ethnischen, kulturellen und religiösen Vielfalt gibt es noch viel für uns zu versöhnen und zu heilen.

Versöhnung kann nur in jedem Einzelnen beginnen. Unser kollektives Schicksal hängt mit davon ab, ob wir uns für Versöhnung in uns entscheiden. Wir leben in bedeutsamen Wendezeiten. Martin Luther King sagte einmal: „Entweder schwimmen wir zusammen als Brüder und Schwestern, oder wir ertrinken alle als Narren." Wir können die vor uns liegenden globalen Herausforderungen nicht bestehen, indem wir unabhängig und isoliert agieren. Wenn wir nicht den Prozess einer wirklich echten Zusammenarbeit beginnen, kann keine Familie, Gruppe oder Nation mehr auf eine nachhaltige Zukunft hoffen, in der sie allein überleben würde.

Wir sprechen hier nicht über eine „weichgespülte" Liebe. Echte Liebe macht sich nicht gemein mit Handlungen, die auf Angst beruhen, und schließt damit auch keine Kompromisse. Vielmehr ist sie von Mitgefühl getragen und strebt danach, jene zu verstehen, die als „Täter" auftreten. Echte Liebe zielt darauf ab, Menschen, die voller Angst sind, eine neue, liebevollere und im eigentlichen Sinne mächtigere Art und Weise zu zeigen, wie sie leben und sich verhalten können.

Das funktioniert aber alles nur, wenn jene, die bewusster sind, auch selbst mehr lieben. Wir können nicht sagen: „Tut, was ich sage, nicht was ich tue." Als Individuen, Gruppen und Nationen können wir nicht hoffen, dass andere bewusst liebevoll agieren, wenn wir es selbst nicht tun. Die Energien unserer Intention und Motivation führen direkt zu den Folgen unserer Entscheidungen und Handlungen. Ein Ziel rechtfertigt energetisch nie die Mittel! Denn die Mittel, der Weg, wie wir etwas tun und verwirklichen, werden zum Ziel

– wir täuschen uns nur selbst, wenn wir uns etwas anderes einbilden.

Liebe ist nicht „mögen"

Wie aber wählen wir Liebe statt Angst? Zunächst einmal: Jemanden oder etwas zu lieben ist nicht unbedingt dasselbe, wie ihn oder es zu mögen. Wir mögen jemanden, weil er oder sie mit uns persönlich auf einer Wellenlänge ist. Wir mögen jemanden, weil er oder sie uns ähnlich ist.

Damit meine ich, dass wir dazu neigen, Menschen zu mögen, die unsere Werte oder Weltanschauungen teilen, mehr noch als Übereinstimmungen in persönlichen Vorlieben oder Abneigungen. Wenn wir jemanden auf dieser Grundlage mögen, fällt es uns leichter, von dort weiterzugehen und ihn oder sie zu lieben.

Manchmal passiert es uns, dass wir jemanden auf der persönlichen Ebene lieben, obwohl wir ihn oder sie eigentlich gar nicht mögen. Das geschieht nach meiner Erfahrung am häufigsten in Familien, wenn wir das Gefühl haben, mit einem Bruder oder einer Schwester, mit Eltern oder Kindern sehr wenig gemeinsam zu haben – und trotzdem lieben wir sie.

Häufig werden die größten archetypischen Traumata in Familienbeziehungen ausgelebt. Diese Art von Leiden vertieft sich dann aufgrund der Tatsache, dass wir mit jemandem zu tun haben, der uns doch eigentlich lieb und teuer sein sollte.

Wenn wir auf Bewusstseinsebene unserer niedrigsten drei Chakras bleiben, werden wir immer nach Sicherheit, Genuss und Macht streben, und unsere Gefühle für andere werden auf dieser Haltung beruhen. Erst wenn wir unser Herzchakra öffnen und es mit den höheren Chakras in Ausgleich bringen, können wir beginnen, Liebe zu spüren. Sonst ist das, was wir vielleicht für Liebe halten, auf irgendeiner Art von Kontrollverhalten begründet. Liebe will nichts beherrschen, sondern nur fördern und unterstützen.

Eine solche Liebe verlangt nicht, dass wir den Empfänger unserer Zuwendung unbedingt mögen müssen, und dennoch bleibt sie persönlich. Wenn wir zu den Energien des achten Chakras des universellen Herzens Zugang gewonnen haben, wird unsere Liebe für andere jedoch überpersönlich und zu Mitgefühl. Wir fangen an, eine tiefe und innige Erfahrung der Verbundenheit mit dem gesamten Kosmos zu spüren, und dann erkennen wir umso deutlicher, dass Angst aus der Illusion der Getrenntheit erwächst. Wir entdecken dann auch Gelegenheiten, diese Angst zu heilen, indem wir Liebe empfinden, sowohl im eigenen Leben als auch in der Umwelt.

Während wir unsere Reise zur inneren Ganzheit fortsetzen, gelangen wir Schritt für Schritt zur Realität einer Liebe, die bedingungslos ist.

Der dritte Schritt: Integrieren

Die Liebe, die der aufstrebende Sonnen-Seelen-Held empfindet, ist nicht blind. Sie erkennt die Vielfalt des Tanzes von Licht und Schatten, die überall in der Welt herrscht. Aber sie erkennt es voller Mitgefühl.

Die meisten von uns, wenngleich nicht alle, würden sich am liebsten im bestmöglichen Licht sehen. In unseren Gewohnheiten stecken vielleicht noch archetypische Muster, die wir geflissentlich übersehen oder rationalisieren, und ich vermute, dass es nur wenige Menschen gibt, die morgens im Spiegel jemanden erblicken, den sie als „schlecht" bezeichnen würden. Und doch steckt in jedem von uns sowohl Licht als auch Schatten. Der dritte Schritt der spirituellen Reise besteht darin, diese Polaritäten in uns selbst zu sehen und zu akzeptieren. Wenn wir das erst einmal tun, dann lösen sich ihre Ungleichgewichte wie von selbst auf. Wir werden ganz.

Wenn wir in uns ein energetisches Ungleichgewicht haben, oft genug unbewusst, fühlen wir uns, als ob etwas in unserem Leben fehlen würde. Wir fühlen uns einsam, und das ist eine Form, wie wir den Verlust oder das Nichterreichen der inneren Ganzheit empfinden. Dann suchen wir vielleicht nach Erfüllung im Außen, meist durch Beziehungen. Wenn wir auf dieser Grundlage in eine Beziehung gehen, stellen wir oft fest, dass auch für unseren Partner seine beziehungsweise ihre Einsamkeit ein Grund dafür war, die Beziehung einzugehen. Ganz gleich jedoch, was unsere Motive gewesen sein mögen, Beziehungen eignen sich als ständig erneuerte Gelegenheit zu heilen.

Allerdings kann niemals jemand oder etwas außerhalb von uns selbst das innere Gefühl unserer Einsamkeit kompensieren. Nur wenn wir das erkennen und nach innen blicken, haben wir die Chance, Schritte zu gehen, um ganz wir selbst zu werden, nicht mehr einsam, sondern vollständig – und all-eins.

Wenn wir uns einsam fühlen, spüren wir, dass uns etwas fehlt. Wenn wir all-eins sind, dann ermächtigen wir uns selbst. Wenn wir ein solches Alleinsein, unser wahres Selbstgefühl, erforschen, gelangen wir zu einem grundlegenden Aspekt der Erfahrung, Mensch zu sein.

Indem wir die innere Heilung und die Erweiterung unserer Bewusstheit weiter fördern, verbinden wir uns mit größeren Aspekten unserer Seele, an die wir uns er-innern. Und wenn wir uns selbst integrieren, dann reisen wir von der Einsamkeit zum All-Eins-Sein.

Der vierte Schritt: Zeig dich!

Der vierte Schritt unserer Seelenreise besteht darin, Kohärenz und Einstimmung in den Fluss des Kosmos und unseren eigenen höheren Sinn zu verwirklichen. Unser höheres Selbst bietet uns jeden Tag Gelegenheiten, derartige Erfahrungen zu machen. Aber wir müssen auch wirklich „da sein", also bereit sein, uns auf diese Erfahrungen einzulassen.

Indem wir uns für unsere eigene höhere Führung öffnen, werden unsere Intentionen von unserem höchsten Zweck getragen, dem der Seele. Auf diese Weise können wir unsere Bestimmung im Leben erfüllen – was immer sie auch sein und was auch damit zusammenhängen mag, wir leben sie mit Bewusstheit und voller Freude.

Selbst wenn unser höchster Sinn darin besteht, dass unsere Lebensumstände genau gleich bleiben wie bisher, werden wir innerlich doch transformiert. Unsere Einstellung gegenüber diesen Umständen wird gewandelt und geht über sie hinaus.

Ob nun die Lebensumstände gleich bleiben oder sich so stark verändern, dass wir sie kaum wiedererkennen, wenn wir uns im Leben „zeigen", uns also einbringen, aktiv teilnehmen und einfach „da sind", dann wird uns unser höchster Sinn offenbart. Dann begreifen wir, warum wir hier sind. Wir sind dann bereit, unsere einzigartigen Gaben im Dienst für alle einzusetzen.

Der fünfte Schritt: Jetzt

Das kosmische Hologramm wird in jedem Augenblick neu erschaffen, von allem und allen zusammen. Es wird „kokreiert". Und nur im kosmischen Geschenk der Gegenwart – im Jetzt – treffen wir unsere Entscheidungen und erfahren unser Leben. Man hat geschätzt, dass ungefähr ein Drittel unserer Energien, die sich auch über unsere Gedanken und Emotionen zum Ausdruck bringen, auf die Vergangenheit gerichtet sind und ein weiteres Drittel auf die Zukunft. Das lässt nur noch ein Drittel unserer energetischen Aufmerksamkeit für die Gegenwart übrig!

Wenn wir an den Energiemustern der Vergangenheit festhalten, führt das zu Bedauern, Kummer oder Zorn. Im Extremfall wiederholen wir Ereignisse im Geiste immer wieder, ohne jede Lösung und ohne davon loszulassen.

Und wenn wir uns ständig in die Zukunft projizieren, suchen wir entweder nach einer illusionären Ausflucht vor den Herausforderungen der Gegenwart, oder wir richten unsere Ängste auf unbekannte künftige Umstände.

Was die Vergangenheit auch gebracht hat: Es ist vorbei. Wir können es nicht mehr ändern, obwohl wir durchaus ein besseres Verständnis erwerben können, wenn wir sie tiefer verstehen, um die Gegenwart zu erhellen und die Zukunft zu heilen. Und wir können die Zukunft nur durch Entscheidungen beeinflussen, die wir im Augenblick des Jetzt treffen.

Je verlockender unsere Zukunft aussehen mag, desto mehr stehen wir vielleicht in der Versuchung, die Gegenwart zu vernachlässigen oder zu ignorieren. Je schwieriger sie hingegen erscheinen mag, desto mehr ziehen wir uns unter Umständen in die Angst zurück und gern in die vermeintliche Sicherheit der Vergangenheit.

Um aber wirklich und aktiv am Leben teilzunehmen und es zu gestalten, müssen wir es so authentisch wie nur möglich führen. Wenn wir die Zukunft vorhersagen oder garantieren könnten, dann wäre das so, als ob man das Ende eines Buches oder Theaterstücks vorher liest. Wenn wir das Ergebnis unseres Lebens schon kennen würden, warum sollten wir dann auf die Ereignisse zwischendurch Acht geben?

Indem wir achtsam durch unser Leben gehen und dabei auch physisch immer nur einen Fuß vor den anderen setzen können, bewahren wir unsere Balance. Auf ähnliche Weise bewahren wir unser spirituelles Gleichgewicht, indem wir immer nur einen nächsten Schritt der Bewusstheit wahrnehmen. Dass hilft uns, unsere Entscheidungen mit größtmöglicher Bewusstheit zu treffen.

Das ist also der fünfte Schritt der Seelenreise: im Jetzt zu leben, jeden Schritt immer im Jetzt zu machen.

Sein als Welle

Viele von uns betrachten das Leben wie ein Rennen. Wir rennen von einer Erfahrung zur nächsten, von einem Termin zum nächsten. Wir überzeugen uns selbst davon, dass wir so leben müssten. Auch dann noch, wenn wir schon längst chronisch erschöpft sind oder nahe einem Burnout stehen, drängen wir weiter vorwärts, anstatt innezuhalten, vielleicht einen Schritt zurückzugehen und zu überlegen, welche Wahl wir eigentlich haben.

Der westliche Materialismus hat eine große Mehrheit davon überzeugt, dass eine solch hektische Lebensführung das einzig Wahre sei, und dass „mehr ...“ und „neu ...“ und so fort Qualitätsmerkmale und sichere Zeichen für Gesundheit und Fülle seien.

Wenn das tatsächlich der Fall wäre, dann würde unser Maß an Glück und Wohlbefinden deutlich höher sein als das unserer Eltern und Großeltern. Jede Untersuchung dazu in den letzten Jahren hat allerdings ergeben, dass unser physisches, emotionales und mentales Wohlbefinden kollektiv betrachtet niedriger ist als das ihre.

Nichtsdestotrotz befähigt uns unsere eigene höhere Bewusstheit und jene des Kosmos in diesem Moment der Krise, dass wir uns wieder an uns selbst erinnern, wenn wir das möchten. Dann können wir unser Geschlecht von einer rasenden Rasse zu einer begnadeten und beseelten Menschheit verwandeln.

Unser eigenes höheres Selbst bietet uns das Verständnis, wie wir unsere bisherige Lebensweise so transformieren, dass wir unser Sein als Welle gestalten. Wenn wir uns dazu entscheiden, können wir uns nicht nur auf den Fluss des Lebens einlassen, sondern *werden* sogar selbst zu diesem Fluss.

Der sechste Schritt: Gegenseitige Achtung, Liebe und Dankbarkeit

Der sechste Schritt unserer Reise ist für viele von uns vielleicht ein großer Sprung. In den vergangenen Jahrhunderten haben uns religiöse und kirchliche Autoritäten gesagt, dass man nur durch Vermittler einen Zugang zum Göttlichen erlangen könne. Die Naturwissenschaft ist weiter gegangen und hat darauf bestanden, dass das Göttliche an sich illusorisch sei und dass nur wir und vielleicht einige wenige höher entwickelte Tiere bewusst seien. Die Einsichten und Erfahrungen alter Urvölker sind als abergläubischer Unfug abgetan worden. Und jeder, der sich mit dem archetypischen Bewusstsein von Devas und Engeln verbindet, ist im besten Fall nur lächerlich gemacht worden.

Aber wir haben ja festgestellt, dass Wissenschaft und Spiritualität dabei sind, sich zu versöhnen. Immer mehr Menschen machen unmittelbare eigene Erfahrungen von Wirklichkeiten, die die etablierten Medien und eine überholte materialistische Wissenschaft ignorieren oder abwerten. Deshalb stehen wir nun vor der Frage: Fahren wir fort, selbst ein Teil des materialistischen Problems zu sein, oder sind wir bereit, Teil einer integrierten Lösung zu werden?

Wenn wir uns entscheiden, ein integriertes Bewusstsein zu entwickeln und zu manifestieren, dann ist damit eine zunehmende Verantwortung verbunden. Denn wir wissen, dass wir uns mit der Erweiterung unseres Bewusstseins und der Verbindung mit den Energien unserer höheren, transpersonalen Chakras auch mit dem multidimensionalen Bewusstsein von Gaia wieder verbinden, mit unserem Sonnen-Seelen-System und dem gesamten Kosmos. Wir leisten diesen höheren Wesen einen schlechten Dienst – und uns selbst auch –, wenn wir nicht anerkennen würden, dass wir alle Reisegefährten sind. Gegenseitiger Respekt, Liebe und Dankbarkeit sind Schlüssel zu diesen spirituellen Beziehungen. Wenn wir weiterhin lernen und wachsen, so sind solche Wesen unsere liebevollen Mentoren und spirituellen Führer. Sie sind nicht unsere Meister und verlangen das auch nicht zu sein. Sie wollen von uns nur, dass wir unsere Bestimmung erfüllen.

Der siebte Schritt: Zuhören, wahrnehmen und verwirklichen

Wenn wir einen Dialog mit unseren spirituellen Mentoren und unserem eigenen höheren Selbst entwickeln, werden wir zunehmend fähig, ihre und unsere eigene intuitive Führung zu vernehmen. Der nächste Schritt auf unserer Reise besteht darin, diese Führung nicht nur zu hören, sondern auch anzuwenden.

Ich habe im Verlaufe vieler Jahre durch eigene Erfahrungen festgestellt, dass die Weisheit, die aus diesen höheren Bewusstseinsreichen kommt, nicht so sehr belehrt, sondern eher einlädt, dass sie inklusiv und nicht exklusiv ist (also nichts ausschließt, sondern alles zusammenführt), und schließlich, dass diese Stimme unseren Sinn für das Dienen sehr viel mehr anspricht als unsere Ego-Interessen. Diese Weisheit möchte uns ermächtigen. Sie ermutigt uns, unsere höchste Bestimmung zu verwirklichen, und sie bietet uns Chancen, dies zu tun.

In der Vergangenheit hat es sehr gute Gründe dafür gegeben, warum initiatorische Reisen, besonders die des Seelen-helden, immer nur Schritt für Schritt absolviert wurden. Denn wenn unser Ego-Selbst nicht im Gleichgewicht bleibt, wenn wir auf höhere Ebenen gelangen, öffnen wir uns nicht für höhere geistige Führung, sondern für niedrigere Bewusstseinsebenen, die den Wunsch des Ichs ansprechen, selbst wichtig genommen zu werden. Das ist der Grund, warum stets wohlmeinende und weise Gurus und Lehrer ihre Schüler während des Weges der spirituellen Initiation begleitet haben.

Jetzt allerdings, da wir inzwischen individuell und kollektiv fähig geworden sind, uns auf die Energien der neu verfügbaren Chakras einzustimmen, die mit unserem Einheitsfeld zu tun haben, hat unser höheres Selbst dafür gesorgt, dass wir nur dorthin gelangen, wenn wir wirklich bereit dazu sind. Diese Bereitschaft erweist sich daran, dass wir unsere egobedingten Verhaftungen loslassen.

Anders als Sucher der Vergangenheit, die einen gewissen Grad an Macht durch Ich-Intellekt oder schiere Willenskraft erringen konnten, bekommen wir den Zugang zum universellen Herzen des achten Chakras nur, wenn unser höheres Selbst weiß, dass wir dazu auch wirklich innerlich bereit sind. Unsere bewusste Bereitschaft, jene Heilung zu unternehmen, die wir in diesem Buch besprechen, bringt uns dorthin.

Der achte Schritt: Liebevolle Wahrheit

Wenn wir die Töne treffen, sprechen wir davon, dass wir richtig singen oder spielen. Wenn wir unsere Wahrheit leben, sind wir im Einklang mit uns selbst und „treffen den richtigen Ton". Die kosmischen Prinzipien, mit deren Hilfe Bewusstsein den holographischen Kosmos entdeckt und erfährt, stellen dann sicher, dass wir nicht nur für uns selbst „den richtigen Ton treffen", also wahr und echt sind, sondern auch allen anderen gegenüber.

Beim achten Schritt unserer Reise geht es darum, dass wir authentisch und liebevoll aufrichtig mit uns selbst umgehen, und so auch in allen unseren Beziehungen und im Hinblick auf die Welt allgemein handeln.

Auf liebevolle Weise aufrichtig zu sein heißt, sowohl liebevoll als auch wahrhaftig zu sein. Wir müssen diese beiden Eigenschaften verwirklichen, um den nächsten Schritt machen zu können. Manchmal nehmen wir eine Wahrheit zur Kenntnis, sind aber nicht bereit, sie zum Ausdruck zu bringen, weil wir keinen verletzen möchten. Unsere Entscheidung wirkt liebevoll, aber auf einer bestimmten Ebene trennen wir damit unsere Verbindung zu dieser Person. Wir erleben zum Beispiel, wie sich ein Freund auf eine Weise verhält, die nicht angemessen ist. Um die Freundschaft aufrechtzuerhalten, entscheiden wir uns, nichts zu sagen. Stattdessen versuchen wir, die entsprechenden Handlungen zu ignorieren oder sie vor uns zu leugnen, oder wir distanzieren uns auf irgendeine Weise von ihm.

Zwei sehr liebe Freunde von mir bemerkten eines Tages, dass sie genau dieses Verhalten untereinander hatten. Jedes Mal, wenn etwas passierte, bei dem sie meinten, es nicht miteinander besprechen zu können, hatte sich ihre Beziehung um eine Stufe verschlechtert. Beide litten darunter. Eines Tages fassten sie Mut und setzten sich zusammen, um von Herz zu Herz alles auszusprechen, was bislang ungesagt geblieben war. In diesem Augenblick entschieden sie sich erneut für ihre Freundschaft und dazu, dass sie ab jetzt immer alles aussprechen würden, um sich selbst und dem Freund gegenüber aufrichtig zu sein und zu bleiben.

Die Art und Weise jedoch, wie sie sich darüber austauschten, war wesentlich. Jeder sprach in der liebevollen Energie der Wahrheit und platzte nicht einfach mit seinem Missfallen und den Meinungsverschiedenheiten heraus.

Jeder konnte dem anderen wirklich zuhören, auch dann, wenn er meinte, nicht richtig verstanden worden zu sein.

Liebevolle Wahrheit ist keine laue Nachgiebigkeit, sie ist nicht passiv. Sie ist auch nicht blind, taub oder stumm. Sie verlangt, dem anderen und seinen Gesichtspunkten wirklich zuzuhören – auch dann, wenn er oder sie diese nicht auf eine liebevolle Weise ausdrückt.

Wir können uns dafür entscheiden, sowohl mit Menschen, die uns nahe stehen, als auch mit Fremden liebevoll aufrichtig zu sein. Eine liebevolle Wahrheit, die aus dem Herzen kommt, besonders wenn sie aus dem universellen Herzen des achten Chakras strömt, wird nie jemanden verletzen. Sie stellt die Wahrhaftigkeit unserer Gefühle und Umstände dar, die der andere Mensch vielleicht nicht hören möchte. Aber das geschieht auf eine solche Weise, dass darin eine Gabe, ein Angebot enthalten ist, dass der andere annehmen kann, um sich selbst umso besser zu verstehen. Es ist dann die Entscheidung dieses anderen Menschen, ob er oder sie selbst ebenfalls auf liebevolle Weise wahr sein möchte.

Der neunte Schritt: Unterscheidungsfähigkeit

Sie kennen sicher den alten Spruch „Beurteile einen anderen Menschen nicht, bevor du nicht in seinen Schuhen gegangen bist." Wie häufig befinden wir uns jedoch in der Situation, dass wir andere beurteilen, ohne die Gründe für ihr Verhalten zu verstehen? Und können wir jemals sicher sein, jemanden wirklich gut genug zu kennen, um eine Bewertung vorzunehmen?

Es gibt allerdings einen wichtigen Unterschied zwischen Bewertung oder Beurteilung und Unterscheidungsfähigkeit. Wenn wir spüren, dass etwas für uns nicht stimmig oder angemessen ist, dann stellen wir das für eine Situation auf der Grundlage unserer eigenen Wahrheit fest. Unsere Wahrheit mag nicht mit der Sichtweise aller Menschen übereinstimmen, aber dennoch können wir uns getrost entscheiden, unsere eigene Wahrheit auf eine authentische und zugleich liebevolle Weise zum Ausdruck zu bringen.

Wenn wir allerdings jemanden oder etwas beurteilen, dann projizieren wir unsere eigenen Anschauungen auf diese Person oder Situation. Jesus sagt, um uns an die Folgerungen aus dieser Tatsache zu erinnern: „Richte nicht, auf dass du nicht gerichtet wirst."

Beurteilungen errichten oft genug Barrieren, die häufig zu noch größeren Missverständnissen und Getrenntheiten führen. Unterscheidungsfähigkeit erlaubt uns jedoch, für uns subjektiv gültige Grenzen zu ziehen. Dies ist der neunte Schritt auf der Reise des Seelenhelden: den Unterschied zwischen den beiden Ansätzen zu verstehen und eher Unterscheidungskraft walten zu lassen als zu verurteilen.

Der zehnte Schritt: Erfahrung wertschätzen

Jeder einzelne Schritt auf unserer Reise ist wichtig. Der nächste Schritt mag zunächst wie *Mission Impossible** wirken, wie aus den bekannten Filmen und Fernsehprogrammen. Jetzt geht es darum, alle Erfahrungen zu achten, ohne sie zu verurteilen, ohne sich insgeheim mit ihnen zu verbünden und ohne zu meinen, etwas verzeihen zu müssen. Vielleicht wissen Sie, wie die genannten Filme immer anfangen: „Deine Mission, falls du dich dazu entscheidest, sie anzunehmen, ist ..."

Auch wir können wählen, ob wir etwas akzeptieren oder nicht; manche unserer spirituellen Missionen mögen ziemlich unmöglich aussehen. Ich persönlich glaube aber nicht, dass sie es sind. Daran erinnert mich das Wort von Mutter Teresa, dass Gott uns nie etwas anderes gibt (und auch, dass

* *Mission Impossible:* „Unmögliche Aufgabe". (Anm.d.Ü.)

wir uns selbst nie etwas anderes geben!) als das, womit wir auch klar kommen und was wir tatsächlich vollbringen können.

Was die Reise des Sonnen-Seelen-Helden auch bringen mag – langweilig wird es nie sein! Jeden Tag bieten uns unser höheres Selbst und der Kosmos interessante, faszinierende und zuweilen irritierende Wege zum Verstehen, sie laden uns ein, diesen Schritt in ein größeres Bewusstsein hinein zu machen.

Wenn wir unsere Erfahrungen achten, bedeutet das, dass wir ihren Sinn erkennen und annehmen, sogar dann – besonders dann, vielleicht – wenn sich dieser Sinn nicht recht fassen lässt. Wenn wir unsere Erfahrungen achten, respektieren wir die Intentionen unseres höheren Selbst und anerkennen die Integrität unseres Bewusstseins. Dass wir sowohl unsere personalen als auch die kollektiven Erfahrungen auf diese Weise achten, hilft uns, anderen und vor allem auch uns selbst zu vergeben. Damit söhnen wir uns mit der Vergangenheit aus, und es fällt uns leichter, mit einem unbeschwerten Herzen voranzuschreiten.

Der elfte Schritt: Die goldene Regel

Der elfte und vorletzte Schritt unserer Reise ist einer, den Jesus uns zeigen wollte. Er ist die „goldene Regel" genannt worden, weil er die kostbarste aller Weisheiten darstellt. Wenn wir nach dieser schlichten und doch profunden Regel leben können, dann manifestieren wir wahrhaftig unsere Ganzheit, weil wir verwirklichen, dass wir alle eins sind.

Die goldene Regel trägt uns auf, andere so zu behandeln, wie wir selbst behandelt werden möchten. Im Verlauf unserer Geschichte haben sich die schlimmsten Dinge immer dann ereignet, wenn wir unwissentlich oder absichtlich diese höchste Anleitung und Regel missachtet haben. Dann wird es unvermeidlich, dass die kosmischen Folgen nach dem „Wie du mir, so ich dir"-Prinzip ablaufen. Im ewigen Jetzt wird das Universum laufend neu erschaffen und von allen miterschaffen. In diesem Augenblick, in dem Sie diese Worte lesen, können Sie sich selbst neu entscheiden und wählen.

Der zwölfte Schritt: Kosmisches Dienen

Wir stehen jetzt an der Schwelle zum zwölften Schritt. Er bringt uns an unsere Bestimmung als kosmische Seelenhelden. Wenn wir uns ansehen, entdecken wir etwas. Wir sehen gar nicht anders aus als zu Beginn der Reise. Wenn wir jedoch diesen letzten Schritt unternehmen, sehen wir uns zum ersten Mal richtig. Wir sehen, dass wir ganz sind und alleins. Im Selbstgewahrsein unserer Seele und in bedingungsloser Liebe verstehen wir endlich, die unglaubliche Verletzlichkeit und zugleich Ehrfurcht gebietende Stärke unseres Ego-Selbst. Und wir wissen jetzt, wie wir die kleine Ego-Macht eines ängstlichen Ichs in die große Ermächtigung eines selbstverwirklichten kosmischen Dienstes verwandeln. Der zwölfte Schritt ist die Verwirklichung des kosmischen Dienens unserer Seele.

Die Reise des Sonnen-Seelen-Helden

Die zwölf Schritte, die der strebende Seelenheld unternimmt, sind mehr eine Art Tanz als eine Reise, da sie selten genau in dieser Reihenfolge gemacht werden. Oft gehört dazu, dass wir auf unserer Spur zurückgehen, wenn wir beginnen, das tiefere Verständnis zu leben, dass diese Schritte uns ins Bewusstsein rufen.

Ein solcher Tanz gelingt umso besser, je leichtfüßiger wir sind. Leichtigkeit findet ihren Ausdruck, wenn wir den kosmischen Tanz ernst nehmen, ohne uns selbst allzu ernst zu nehmen. Je mehr wir über uns und mit uns lachen können, desto mehr vermögen wir Geist, Herz und Willen für die Prüfungen und Herausforderungen zu öffnen, die sich entlang des Weges zeigen werden.

Bevor wir nun die aufwärts gerichtete Spirale der Er-Innerung unserer Seele weiterverfolgen, wollen wir diese zwölf Schritte des kosmischen Tanzes der Ganzheit noch einmal festhalten:

- Übernehmen Sie Verantwortung für Ihre Entscheidungen.
- Wählen Sie Liebe statt Angst.
- Integrieren Sie Licht und Schatten, und blicken Sie über deren Polarität hinaus.
- Stimmen Sie sich bewusst auf den Fluss des Kosmos ein.
- Leben Sie im Jetzt.
- Achten Sie den bewussten Kosmos und alle seine Reiche.
- Hören Sie intuitiv auf Ihr höheres Selbst.
- Bringen Sie liebevolle Wahrheit zum Ausdruck.
- Unterscheiden Sie, anstatt zu bewerten.
- Achten Sie alle Erfahrungen, ohne zu verurteilen, zu bereuen oder insgeheim Stellung zu beziehen.
- Verwirklichen Sie die goldene Regel in Gedanken, Worten und Taten: Behandeln Sie andere nur so, wie Sie selbst behandelt werden wollen.
- Manifestieren Sie die Ermächtigung des kosmischen Dienstes.

Wir leben in Zeiten der Transformation, wie es sie zuvor noch nie gegeben hat. Lassen Sie uns also überlegen, wie wir kraftvoll dienen und helfen können, um die kollektiven Herausforderungen zu bestehen, die vor uns liegen, damit wir die alten Muster der Geschichte überwinden und ein neues kosmisches Zeitalter hervorbringen.

11. Gemeinschaft als Einheit

Das so genannte Genom-Projekt hat in den letzten Jahren die menschlichen Gene, unsere DNA, entschlüsselt. Neben einer Überfülle neuer Erkenntnisse haben die Forschungen erbracht, dass es eine größere genetische Vielfalt und mehr signifikante Abweichungen der DNA zwischen durchschnittlichen Schimpansenfamilien als zwischen den sechs Milliarden Mitgliedern der Menschheitsfamilie gibt.

Unsere Gesichtszüge und das körperliche Aussehen, die rassischen und ethnischen Eigenschaften, die die Auslöser so vieler unserer Vorurteile und Ängste sind, entstehen allesamt aus kleinen Unterschieden, die nur einen Bruchteil unserer genetischen Information ausmachen.

Wissenschaftler haben archetypische genetische „Marker" in der gesamten Weltbevölkerung zurückverfolgt und sind zum Schluss gelangt, dass die frühesten modernen Menschen ungefähr vor 150 000 bis 200 000 Jahren zum ersten Mal auftauchten und sich aus einer winzigen Gruppe von „Ahnen" entwickelten, vermutlich waren es nur wenige tausend. Seither hat unsere ständig fortgeführte „Inzucht" dazu geführt, dass buchstäblich jeder von uns mit jedem anderen verwandt ist; wir sind alle Blutsverwandte.

Die menschliche Familie ist auf der fundamentalen Einheit unserer Spezies als solche aufgebaut. Die Fülle ihrer verschiedenen Ausdrucksformen entspringt nicht unserem genetischen Erbe, sondern vor allem den Interaktionen zwischen unseren Persönlichkeiten sowie den Umständen unserer jeweiligen Umgebung der kulturellen Vielfalt, die sich entwickelt hat.

Die drei Hauptwellen des Bewusstseins, die die harmonische Essenz unseres Ego-Selbst bilden, sind der biologische Bauplan, der in unseren Genen steckt, unsere Persönlichkeit und unsere Umwelt. Mit ihrem Wechselspiel, in uns und in anderen, bilden sie die Grundlage für unsere Individualität und für die Mannigfaltigkeit der menschlichen Erfahrungen.

Einflüsse

Eine seit mittlerweile 20 Jahren laufende Untersuchung von Kindern in Großbritannien hat zu der Auffassung geführt, dass unterschiedliche Persönlichkeitsmerkmale der wichtigste Faktor dafür sind, wie unterschiedlich einzelne Kinder auf die Umwelt reagieren. Die Forscher haben Zwillinge beobachtet, die denselben Umwelteinflüssen ausgesetzt waren, und ebenso unterschiedlich alte Geschwister. Die Persönlichkeit des Kindes, so ihr Ergebnis, ist die wesentliche Ursache, die das Verhalten von Einzelnen auf ähnliche Umstände bestimmt.

Die dritte Welle, die unsere menschliche Lebenserfahrung beeinflusst, sind die zahlreichen Umweltfaktoren. Diese sind sowohl auf der Ebene des Individuums als auch des Kollektivs unglaublich unterschiedlich. Die Familie und das größere kulturelle und ethnische Erbe, mit dem wir geboren werden, beeinflusst uns massiv auf der bewussten und der unbewussten Ebene, und zwar sowohl in entscheidenden Aspekten als auch in trivialen. Wenn wir erwachsen werden und beginnen, das Leben zu entdecken, bilden die sich verändernden Umstände mächtige Führer für unser inneres und äußeres Wachstum.

Oder sie tun gerade das nicht, weil wir uns entschieden haben, uns auf gewohnheitsmäßige Reaktionen zurückzuziehen, anstatt die neuen Herausforderungen anzunehmen, denen wir begegnen.

Meme

Im holographischen Kosmos ist unsere persönliche Reise als Mensch ein Mikrokosmos im Vergleich zum Makrokosmos der Reise der Gesamtheit der Menschen. Jeder von uns ist einzigartig, denn Bewusstsein ist immer schöpferisch. Und doch tragen wir alle ein gemeinsames Erbe und haben eine kollektive Bestimmung. Wir alle erleben die Herausforderung und die Freude, ein Mensch zu sein. Wir alle kämpfen mit unseren Ängsten und schreien nach Liebe. Wir alle hoffen und verzweifeln.

Unser Ego bietet uns jedoch seine eigene Sichtweise der großen weiten Welt, indem es Menschen, Dinge und Situationen etikettiert. Solche Etiketten beinhalten Erfahrungen und Einsichten, aber auch Unterstellungen, Glaubensmuster und verzerrte Sichtweisen. Die komplexeren unter diesen stecken voller psychosozialer und organisatorischer Assoziationen. Solche Etiketten nennt man „Meme"*.

Wie unsere Gene die Spirale unserer DNA bilden und so die Baupläne unseres physischen Körpers gestalten, bauen die Meme, die wir in uns tragen, das Muster oder die Weltsicht, die bestimmt, wie wir den Kosmos emotional und mental wahrnehmen.

Meme setzen unsere jetzige Realität aus den Erinnerungen der Vergangenheit zusammen. Wir bemühen uns ständig darum, uns das, was uns unbekannt ist, vertraut zu machen, indem wir neuen Situationen und Menschen Meme aus unserem Bewusstseinsspeicher zuordnen. Die Etiketten, die wir somit verwenden, sind voller Assoziationen. Wenn wir etwas oder jemand Neuem begegnen, bilden wir uns oft schon eine Meinung, bevor wir überhaupt wissen, wie die Sache oder die Person wirklich ist.

---

* Ein Mem ist eine Gedankeneinheit, die sich selbst vervielfältigen lässt und gleichzeitig als Vervielfältiger wirkt. Anm.d.Ü.

Jeder von uns wird mit einem gewissen kulturellen Erbe geboren, dessen memetische Weltsicht er übernimmt. Wenn wir uns als Individuen entwickeln, erweitert sich unser Bewusstsein – dann können wir in einem gewissen Rahmen memetische Normen der Kultur entweder bewusst vertiefen oder ablehnen. Unsere eigene Bewusstheit, die sich durch unsere Persönlichkeit zum Ausdruck bringt, bildet letztlich die Grundlage für die Weltsicht, die wir für richtig halten.

Spiral-Dynamik

Die Entwicklung der Wahrnehmung, sowohl persönlich als auch gesellschaftlich, ist kein linearer Prozess, sondern erfolgt in Wellen, die auf komplexe Weise aufeinander einwirken. Wir haben uns in diesem Buch bislang vor allem damit beschäftigt, wie wir als Individuen unser Bewusstsein erweitern.

In einem Versuch zu verstehen, wie ganz unterschiedliche Organisationen und Kulturen wachsen und sich entfalten, hat der amerikanische Psychologe Clare W. Graves in den 1980er Jahren einen völlig neuen Ansatz entdeckt und entwickelt, den er Spiral-Dynamik nannte. Dieser Ansatz ist seither von Don Beck, Christopher Cowan und anderen wesentlich ausgeweitet worden. Die Grundannahme besagt, dass man kulturelle und andere Weltsichten als eine Spirale betrachten kann, die sich zu verschiedenen Bewusstseinsebenen hin entwickelt.

Dieses Modell unterteilt die Gesamtheit der gegenwärtigen menschlichen Gesellschaft in acht Ebenen. Jede verkörpert eine spezielle Psychologie, die einer Ebene von Bewusstsein entspricht und durch besondere Glaubensmuster und Gefühle, gesellschaftliche, wirtschaftliche und politische Gruppen sowie durch bestimmte kulturelle Normen für Werte, Motivationen und Ziele gekennzeichnet wird. Jede dieser Ebenen, meinen Beck und Cowan, stellt eine notwendige historische Reaktion auf gewisse Lebensbedingungen dar, die immer komplexer wurden. Keine dieser Ebenen ist allerdings starr und unbeweglich. Jede bildet eine Welle von ständig zunehmendem Bewusstsein, und jede beinhaltet die Eigenschaften einer Welle, mit den Phasen von Anfang und Aufschwung, Höhepunkt und dann wieder Abfall.

Die allgemeinen Eigenschaften der acht Ebenen dessen, was man integrierte Spiral-Dynamik nennt, will ich im Folgenden kurz darstellen. Sie basieren auf dem gleichnamigen Buch von Beck und Cowan*.

Beck und Cowan haben bestimmte Farben gewählt, weil sie jede Ebene so neutral wie möglich bezeichnen und alle Bewertungen vermeiden wollten. Der authentische und „gesunde“ Ausdruck jeder dieser acht Ebenen trägt zur „Gesundheit" der gesamten Spirale des menschlichen Bewusstseins und der Entwicklung der Menschheit bei.

Die Spirale der Bewusstheit

Die **beigefarbene** Ebene ist archaisch und wird, wie die Ausrichtung unserer eigenen niedrigeren Chakras, von der Grundmotivation bestimmt zu überleben. Diese Ebene ist jetzt zwar nur für eine Minderheit der Weltbevölkerung gültig, aber in extremen Zeiten, wie während eines Kriegs oder einer Hungersnot, tritt sie zunehmend erneut in den Blickpunkt.

Die **purpurfarbene** Ebene wird von Stammesgemeinschaften gebildet, die entfernte Verwandtschaft aufweisen. Hier geht es um eine Weltsicht, in der Magie und Rituale vorherrschen

* Christopher C. Cowan, Don E. Beck: *Spiral Dynamics Leadership, Werte und Wandel*; erschienen bei Kamphausen. Anm.d.Ü.

und durch diese eine tiefgreifende Bewusstheit von der Vernetztheit des Lebens und seiner Geheimnisse besteht.

Die alten Reiche verkörperten die **rote** Ebene der Bewusstheit. Sie waren autoritär, hierarchisch und beuteten andere aus. Auf dieser Ebene gelten Helden und Mythen viel, und sie erheischen die Achtung der Gemeinschaft.

Die **blaue** Ebene ist im Allgemeinen konformistisch und loyal dem gegenüber, was als Gruppenwahrheit anerkannt ist. Abweichende Meinungen oder „Häresien" werden gefürchtet und als Verrat angesehen.

Die **orangefarbene** Ebene bringt ein Gegengewicht zum Konformismus einer Gemeinschaft im Hinblick auf die Erfüllung persönlicher Bedürfnisse und die Beachtung persönlicher Rechte. Damit geht eine individualistische Orientierung einher, die auf materiellen Erfolg und persönliche Vorteile schaut, weniger auf damit im Zusammenhang stehende Verantwortlichkeiten.

Die **grüne** Ebene strebt danach, die Bedürfnisse des Einzelnen mit jenen der Gemeinschaft in Einklang zu bringen; sie wirkt von einer humanistischen Sichtweise aus. Die Bedeutung von Menschen allgemein, ihre Gefühle und soziale Fürsorge sowie gemeinschaftliche Aufgaben stehen im Mittelpunkt.

Diese sechs Ebenen stellt man sich als eine erste Schicht von Bewusstsein vor, die vor allem historische Weltanschauungen beschreibt. Die siebte und die achte Ebene bilden dann die ersten beiden Ausdrucksformen einer zweiten Schicht von Bewusstsein, die sich jetzt in unserer Zeit offenbart. Das sind die gelbe und die türkisfarbene Ebene.

Die **gelbe** Ebene von Bewusstheit ist die erste einer Reihe von Ebenen, die sich an vielfältige Sichtweisen anpassen kann. Sie strebt Integration an und besitzt zunehmend ganzheitliche Anschauungen des Kosmos. Sie ist im Allgemeinen offen für Veränderung und wird durch ein systemisches Denken gekennzeichnet, in dem die Ganzheit als etwas Größeres begriffen wird als nur die Summe ihrer Teile.

Die noch sehr junge **türkisfarbene** Ebene ist im Begriff, in der Welt verwirklicht zu werden. Sie richtet sich auf globale Ganzheitlichkeit aus, auf spirituelle Vernetzung und auf ein Leben, das von einem tieferen Sinn getragen ist. Sie versöhnt Herz und Verstand und ist sich der holographischen Natur des Kosmos bewusst. Diese achte Ebene zeigt sich parallel dazu, dass uns die Energien des achten Chakras zunehmend verfügbar werden. Türkis ist die Farbe, die viele Menschen, die Zugang zum achten Chakra haben, mit der Schwingungsenergie des universellen Herzens gleichsetzen.

Holographische Spiralen

Spiralen gibt es überall in der Natur, in allen möglichen Größen und Maßstäben. Das beginnt mit den Spiralen der DNA in den Zellen jedes biologischen Lebens und führt hin bis zu den majestätischen Spiralen ganzer Galaxien. Spiralen sind ihrem Wesen nach kreativ, denn ihre Zyklen sind dynamisch, expansiv und zudem offen, ohne Ende.

Die psychosozialen Spiralen im Modell der Spiral-Dynamik führen uns aus unserer Vergangenheit in die derzeitige Entwicklungsebene, und sie zeigen uns das Potenzial unserer Zukunft. Sie beschreiben unsere soziale Evolution aus Familiengruppen prähistorischer Stämme über Reiche und Nationen der letzten Jahrtausende bis hin zur globalen Gemeinschaft der Gegenwart und Zukunft, wie sie sich abzuzeichnen beginnt.

Unser psychologisches Wachstum kann von diesem Modell ebenfalls beschrieben werden. Individuelles und kollektives Bewusstsein haben sich von einem egozentrischen Standpunkt zu einem ethnozentrischen entwickelt, und sie sind dabei, globalzentrisch zu werden.

Beck und Cowan betonen indes, das unsere menschliche Familie in allen diesen Ebenen *zugleich* zu Hause ist. Wir sind im Begriff, die Vernetzung und gegenseitige Abhängigkeit einer echten globalen Gemeinschaft zu erfahren. Deshalb müssen wir erkennen, dass diese Übergangszeit wahrlich eine Periode der Krise ist, die sowohl Risiken als auch Chancen bietet.

Situationen

Ein weiterer Gesichtspunkt, den die Spiral-Dynamik anbietet, ist, dass unterschiedliche Umstände und Stresssituationen verschiedene Ausdrucksweisen hervorbringen. Ein Einzelner (oder eine ganze Kultur) wirkt vielleicht im Hinblick auf die eigene Gesellschaft auf der orangefarbenen Ebene, aber gegenüber Menschen oder Gruppen, die ihn als Fremden betrachten, wirkt er von der roten Ebene aus. In Notzeiten geht man sogar von der orangefarbenen Ebene auf die blaue zurück.

Was das Erwachen unserer Chakras angeht, werden ungelöste Themen der niedrigeren Chakras aktiviert, wenn wir diese nicht integriert und ausgeglichen haben und uns von niedrigeren psychologischen Ebenen auf höhere zu bewegen. Die Untersuchungen der Spiral-Dynamik haben ergeben, dass etwas Ähnliches im gesellschaftlichen Maßstab geschieht, wenn sich Menschen und Gruppen einer radikalen Veränderung gegenüber sehen, aber innerlich und kulturell darauf noch nicht vorbereitet sind.

Beck und Cowan meinen deshalb, dass dauerhafte Veränderung nur in kleinen Schritten erfolgen kann. Deshalb betonen sie in ihrer Arbeit, dass es sinnvoll ist, Wandlungsprozesse auf eine Weise zu verfolgen, die die Menschen achtet und sie „abholt“, wo sie derzeit stehen. Das ist effektiver als zu versuchen, eine radikale Transformation zu verlangen, die oft genug nur zu Versagen und Regression führt. Sie schlagen vor, jeweils nicht mehr als eine halbe Ebene Wandel anzustreben, um Menschen dabei zu unterstützen, neue Paradigmen zu erkennen und sich anzueignen.

Die Spiral-Dynamik geht davon aus, dass Einzelne und Gesellschaften entweder offen für Veränderung sind oder sich dagegen verschlossen haben oder dass sie „auf halbem Wege“ blockiert sind. Wenn sie offen sind, kann man ihnen anbieten, von sich aus auf eine höhere Bewusstseinsebene zu kommen. Wenn sie in einem gewissen Stadium blockiert sind, dann ist es sinnvoll, evolutionäre Strategien zu verfolgen. Wenn sie sich allerdings verschlossen haben, dann kann im Allgemeinen die Veränderung nur erfolgen, wenn es zu einer revolutionären Veränderung in der Umwelt kommt, die die Menschen zwingt, sich entweder zu verändern oder unterzugehen.

Bedingungen

Die dynamische Natur des Modells der Spiral-Dynamik erlaubt es uns, nicht nur die Bewusstseinsebenen von Menschen und Kulturen sowie ihre Fähigkeit zur Veränderung einzuordnen, sondern auch die Bedingungen, die notwendig sind, damit eine dauerhafte Veränderung gelingen kann.

Es gibt nach Beck und Cowan sechs grundlegende Voraussetzungen für eine dauerhafte Veränderung. Wenn Sie diese durchlesen, werden Sie vielleicht auch überlegen wollen, wie sich diese nicht nur auf das Leben in der Gesellschaft, sondern auch auf Ihr eigenes auswirken.

Die **erste** Bedingung haben wir schon besprochen: Es bedarf einer Offenheit, Wandel und Veränderung für möglich zu halten.

Die **zweite** stellt wieder eine holographische Resonanz zu unserer persönlichen Entwicklung dar. Wenn es auf niedrigeren Ebenen noch ungelöste Themen gibt, wird eine Veränderung auf höheren Ebenen entweder unmöglich sein oder sie wird auf eine unausgeglichene Weise erfolgen, bis die niedriger liegenden Probleme und Blockaden gelöst sind.

Drittens muss eine gewisse Unzufriedenheit mit beziehungsweise eine „Dissonanz" zu den herrschenden Umständen und dem gegenwärtigen Bewusstseinszustand bestehen, weil sonst die Chancen für eine Veränderung ignoriert, abgelehnt oder verschmäht werden.

Viertens braucht es ein Verständnis für die Ursachen, die einer solchen Unzufriedenheit oder auch Dissonanz zugrunde liegen. Man muss zudem erkennen können, welches geeignete Strategien sind, um diese zu lösen.

Fünftens müssen Hindernisse identifiziert werden, und man muss entsprechend mit ihnen umgehen.

Schließlich und **sechstens** wird es fast unvermeidlich Unsicherheiten und Verwirrung in Bezug auf die neuen Wege geben. Während einer Zeit der Konsolidierung, wenn neue Meme nach und nach verankert werden, bedarf es einer anhaltenden Förderung und Bestätigung für die neue Weltanschauung.

Gezeitenwende

Der Vorteil des Ansatzes der Spiral-Dynamik ist, dass er dynamisch, offen und fließend ist und alle Möglichkeiten einschließt. Spiral-dynamische Prozesse beziehen sich auf Metaphern, die die grundlegende Natur des holographischen Kosmos beschreiben: Wellen, Ströme, Harmonien und Resonanz. Dieses Modell berücksichtigt auch das Wechselspiel zwischen allmählichem evolutionärem Wandel und Quantensprüngen des Bewusstseins.

Im Verlaufe der Jahre ist die Evolutionstheorie nach Darwin entscheidend modifiziert worden. Man weiß heute, dass eine allmähliche Entwicklung auch von revolutionären Veränderungen unterbrochen beziehungsweise beschleunigt werden kann. Letztlich ist es auf die komplementären Funktionen der verschiedenen Formen von Veränderung zurückzuführen, dass die menschliche Spezies entstehen konnte.

Unsere gesamte Geschichte als Rasse ist von langsamen evolutionären Anpassungen und schnellen revolutionären Sprüngen bestimmt. Es fällt schwer, irgendwelche Paradigmenwechsel zu finden, die nicht sowohl durch ihre Schnelligkeit als auch durch die mit ihnen verbundenen quasi chaotischen Veränderungen gekennzeichnet wären. Es gibt ein altes Sprichwort, das lautet: „Das Rad der Zeit hält niemand auf." Ich glaube, dass wir heute an einer Gezeitenwende stehen.

Konkurrenz oder Kooperation?

Eine der entscheidenden Voraussetzungen für eine wahrhaft gemeinschaftliche Entwicklung ist, dass wir Wettbewerb und Zusammenarbeit sinnvoll ausgleichen. Der Impuls für Konkurrenzdenken entsteht aufgrund der Sicht, dass Ressourcen in der Welt eine Mangelware seien. Beim Wettbewerb entsteht eine Gleichung, in der einer gewinnt und einer verliert.

Kooperation dagegen erkennt zwar, dass viele Ressourcen knapp sind, bemüht sich jedoch um eine Situation, in der alle gewinnen können. Wie aber können wir lernen zu kooperieren?

Nicht jeder begreift, dass Kooperation nützlich und vorteilhaft ist. Auf der persönlichen Ebene ist uns sicher schon eigensüchtiges und antisoziales Verhalten begegnet, das zumindest kurzfristig zu einem materiellen Erfolg geführt hat. Es gibt viele Gruppen und sogar Länder in der heutigen Welt, die immer noch glauben, dass Konkurrenz und Aggression ihren Interessen besser dient als Zusammenarbeit. Und doch sind die globalen Herausforderungen heutzutage größer als zu irgendeiner anderen Zeit in der Geschichte der Menschheit. Wie können wir also lernen, kollektiv zusammenzuarbeiten?

Der Politologe Robert Axelrod stellte diese Frage in den 70er Jahren des 20. Jahrhunderts. Er forderte Menschen auf, die ihren Lebensunterhalt mit Mannschaftssport verdienen, die beste Strategie für die Kooperation zwischen zwei Spielern zu entwerfen, gemessen in Bezug auf gegenseitiges Vertrauen und harmonische Beziehungen untereinander.

Eine Schlüsselvoraussetzung für das Spiel bestand allerdings darin, dass die Spieler nicht miteinander kommunizieren und deshalb auch nicht verhandeln konnten. Unter solchen Bedingungen, wie sie für menschliche Beziehungen nicht ungewöhnlich sind, stellte sich eine Strategie als die beste heraus, die man TFT* nannte.

Die einzige Regel bestand darin, dass ein Spieler in der jeweils nächsten Runde genau das tat, was sein Gegner in der vorhergehenden gemacht hatte. Axelrod stellte fest, dass es vier Merkmale für eine erfolgreiche Strategie gibt:

- Sei nicht der Erste, der einen anderen angreift oder verletzt beziehungsweise beleidigt.
- Gib immer genau zurück.
- Reagiere auf den anderen Spieler, anstatt dir zu überlegen, was er wohl im Sinn hat.

* TFT = steht für *tit for Tat*, ein idiomatischer Ausdruck, der zum Beispiel als „Wie du mir, so ich dir“ übertragen werden könnte. Anm.d.Ü.

- Tu das Beste für dich selbst und jene, die du vertrittst, ohne zu versuchen, den anderen Spieler auszuschmieren.

Versöhnen

In der Ausgangslage gestattete der Mangel an Kommunikation zwischen Spielern, der zur Spielregel gehörte, keine andere Reaktion auf einen Angriff als „Wie du mir, so ich dir". Wenn dieser Angriff jedoch nicht absichtlich war, sondern aufgrund eines Irrtums oder Fehlers erfolgte, führte das TFT zu einer Angriffsreaktion, und die Strategie des Spiels wurde blockiert; beide Spieler kamen aus dem Teufelskreis des „Wie du mir, so ich dir" nicht mehr heraus.

Wenn die Strategie allerdings leicht verändert wurde, um menschliche Fehlbarkeit in Rechnung zu stellen und deshalb dafür zu sorgen, dass manche Angriffe nicht durch Gegenangriffe bestraft wurden, gelang es, aus dem Teufelskreis von Angriff und Gegenangriff auszubrechen.

TFT und andere Spiele dieser Art haben gezeigt, dass ein Verhalten des „Wie du mir, so ich dir" uns nie aus einem aggressiven Verhaltenszyklus herauslässt. Tragödien dieser Art, die sich seit mehreren Generationen schon fortsetzen, beobachten wir auf dem Balkan und im Nahen Osten. Nur wenn man bereit ist, sich gegenseitig ein bestimmtes Maß an Fehlbarkeit zu vergeben, kann der Teufelskreis durchbrochen werden. Erst dann gibt es eine Chance auf Frieden.

Versöhnung setzt allerdings auf beiden Seiten die Intention voraus, sich wirklich darauf einzulassen. In einer Atmosphäre von Misstrauen und Zynismus kann man nur sehr begrenzte Fortschritte erreichen. Es bedarf einer Entscheidung zur Aufrichtigkeit, eine Bereitschaft zur Vergebung und der Entwicklung einer gegenseitigen Haltung der Achtung und der Annahme des anderen.

In Südafrika haben F.W. de Klerk und Nelson Mandela mit Unterstützung der internationalen Gemeinschaft das Ende der Apartheid ausgehandelt, weil beide Führer eine solche Haltung verinnerlicht hatten.

Gerechtigkeit ist der Schlüssel zur Versöhnung und zur Belastbarkeit jeder Vereinbarung. Um den Prozess der Vergebung und Versöhnung voranzubringen, wurden nach dem Ende der Apartheid in Südafrika besondere Gerichte installiert, um Übergriffe und Gewalt der früheren Jahre ausdrücklich zu thematisieren, um Täter zu belangen und sowohl Einzelne als auch die Gesellschaft von Schuld und Wut zu lösen.

Südafrika hatte das Glück, solche visionären Führer zu haben, die über die scheinbare Unvermeidlichkeit des Status quo hinausblicken konnten und bereit waren, die Hoffnungen ihrer Völker zu verwirklichen. Derartige Führungspersönlichkeiten mögen als Katalysatoren im Brennpunkt der gesellschaftspolitischen Veränderungen stehen. Aber heutzutage kommen sie nicht mehr nur aus den Rängen der politischen Parteien in der Welt. Jedes ermächtigte Individuum, das Zugang zu den Energien des achten Chakras gewonnen hat, kann jetzt seine eigene authentische Stimme entdecken und zum Keim oder Angelpunkt von globalen Veränderungen werden.

Die Ganzheit heilen

Die kollektive Heilung spiegelt die persönliche Heilung wider und umgekehrt. Wenn wir einen Teil heilen, heilen wir damit auch das Ganze. Jeder Schritt, den wir unternehmen, um uns selbst zu heilen, ist ein Schritt, der irgendwo in dieser Welt heute notwendig ist.

Die Bewusstwerdung der zweiten Schicht der menschlichen Entwicklung, die gelbe und die türkisfarbene Ebene, manifestiert zugleich die Erkenntnis des holographischen Kosmos. Das Bewusstsein, das sich durch die Weltsicht der gelben Ebene zum Ausdruck bringt, erkennt den wunderbaren Fluss der Natur in seiner ganzen zauberhaften Fülle. Flexibilität und Bereicherung in den Erfahrungen, ohne anderen dabei zu schaden, bestimmen das Leben. Die Vernetzung und Vielfalt der schöpferischen Manifestationen und alle Kulturen weltweit werden geachtet. Alte Lehren werden wiederentdeckt und geschätzt; die Erde wird wieder als ein lebendiges Wesen angesehen, heilige Stätten werden wiederentdeckt, und die Weisheit des Herzens gilt wieder etwas. Menschen sind offen, ein ganzes Leben hindurch zu lernen und Wissen zu erwerben. Die Weisheit des Lernens entspricht dem Einzelnen: Für manche erfolgt es vor allem intellektuell, für andere durch eigene Erfahrungen. Dazu gehört, dass man sich Fertigkeiten aneignet, die sowohl nützlich sind als auch Freude bereiten. Veränderung wird als unvermeidlich betrachtet; die Angst vor dem Unbekannten nimmt damit ab, und das „Surfen auf den Wellen der Veränderung" wird zu einer Schlüsselvoraussetzung für inneres Wachstum und persönliche Zufriedenheit. Man hält es für weniger wichtig, Einzelheiten vorauszuplanen, als möglichst bewusste Entscheidungen im jeweiligen Augenblick zu treffen.

Das auf der gelben Ebene konzentrierte Bewusstsein ist indes nichtsdestotrotz vor allem auf einen selbst gerichtet. Wenn sich die gelbe Ebene zur türkisfarbenen hin verändert, tauchen eine wahrhaft globale Sichtweise und ein sehr viel tiefer reichendes Gespür für Gemeinschaft auf. Wissenschaft und Spiritualität werden miteinander versöhnt, als Teil einer erweiterten Weltsicht und eines holistischen Verständnisses von Bewusstsein.

Auf dieser Bewusstseinsebene wird die Einzigartigkeit jeder Person wertgeschätzt, und zugleich zielt diese Ebene darauf ab, ein Kollektiv von Individuen zu bilden. Sie erleichtert es den Organisationen und Institutionen zu wirken, die sich auf viele richten, flexibel und kokreativ sind und in denen eine Vielzahl von Interessen aktiv vertreten werden können.

Gemeinsame Werte

Wir kommen jetzt zu einem Ansatz, der die gemeinsamen Werte der gelben und türkisfarbenen Ebenen herausstellt. Es gibt acht solcher Werte, deren Bedeutung unvergänglich ist. Sie waren gestern richtig und werden es auch morgen sein. Wenn wir gemeinsam in das universelle Herz des achten Chakras eintreten, sind wir bereit, die Weisheit dieser Werte in unserem Leben anzunehmen und zu verwirklichen. Es sind:

- Gleichgewicht zwischen Rechten und Pflichten
- Gleichgewicht zwischen der Erfüllung unserer Bedürfnisse und unserem Dienst für andere
- Gleiche Chancen für alle
- Gegenseitige Achtung
- Authentizität und Integrität in allen unseren Vorhaben und Handlungen: Wahrheit, Transparenz und Gerechtigkeit
- Offenheit für alle; keiner wird ausgeschlossen
- Mitgefühl im Umgang mit anderen, indem wir sie so behandeln, wie wir behandelt werden möchten
- Achtung für Gaia und alle ihre Kinder

Diese Werte brauchen wir gerade jetzt in dieser entscheidenden Zeitenwende, in der die Veränderungen nicht evolutionär, sondern revolutionär verlaufen. Auf der grundlegendsten physische Ebene müssen wir unsere individuelle und unsere kollektive Lebensführung verändern, um überleben zu können.

Gemeinschaft als Einheit

Die Bewusstseinsebenen, die wir hier untersucht haben, sind offen und unbegrenzt; die Spirale unseres individuellen und kollektiven Bewusstseins entwickelt sich ständig weiter. Im nächsten Kapitel besprechen wir, wie wir uns nicht nur als Teile der menschlichen Familie untereinander austauschen, sondern wie wir beginnen können, auch mit Gaia und den vielfältigen Dimensionen des Kosmos zu kommunizieren.

Wenn wir für unser eigenes höheres Bewusstsein erwachen, sehen wir vielleicht zum ersten Mal nicht nur, wie weit wir inzwischen schon entlang des Weges der scheinbaren Getrenntheit gereist sind, sondern auch, wie wir wieder heimkehren können.

12.
Er-innern

Mindestens schon seit 5000 Jahren haben Geomantiekundige und Schamanen, Rutengeher und Sensitive die holographische Natur des Kosmos erkannt und sich darum bemüht, Himmel und Erde, Menschen und Orte zu harmonisieren und damit Wohlbefinden und Fülle zu bewirken. Die verschiedenen Traditionen haben Wissen angesammelt, das mit ihrer Zeit und Kultur zu tun hat; ihnen allen gemeinsam sind jedoch dieselben kosmischen Prinzipien, und sie alle haben die Welt als heilig betrachtet und geehrt.

Die intuitiven Einsichten dieser Weisen gewinnen durch die Entdeckungen der modernen holistischen Wissenschaft neuen Wert und finden eine Erweiterung. Man erkennt jetzt, dass jene Elemente, die unvergänglich und universell sind, zu den Grundlagen des neuen Paradigmas des holographischen Kosmos gehören.

Um den Kosmos und unseren Platz darin zu verstehen, haben Geomantiekundige geistiges Wissen gesammelt, haben Schamanen die Weisheit des Herzens gesucht und haben Mystiker sich darum bemüht, sich auf den göttlichen Willen einzustimmen, der die Welt erschafft. In unserer Zeit ist es zum ersten Mal möglich, auf das gesammelte Wissen und die ganze spirituelle Weisheit unserer gesamten Menschheitsfamilie zurückzugreifen; wir erkennen, dass es diese drei Wege zum Verstehen und zur Erleuchtung gibt.

Im universellen Herzen des achten Chakras können wir diese drei Wege zusammenführen, da es die drei fundamentalen Aspekte unserer selbst widerspiegelt: Geist, Herz und Willen. So gewinnen wir eine tiefere Sicht des Kosmos, als es je zuvor möglich war. Wenn wir die Energien des achten

Chakras und der höheren transpersonalen Chakras verkörpern, können wir uns direkt mit dem größeren Kosmos und höheren Aspekten unserer selbst verbinden. Wir werden fähig, mit Gaia als einem lebendigen Wesen zu kommunizieren und eine grundlegende Beziehung mit ihr und ihren multidimensionalen Ebenen wiederzubegründen.

Zuhören lernen

Wenn wir jemandem zum ersten Mal begegnen und diesen Menschen kennenlernen möchten, ist es am besten für uns, wenn wir zuhören, was er zu sagen hat. Anders als unsere Ahnen und die wenigen kostbaren Ureinwohner der Erde, die es noch gibt, haben die meisten von uns das planetarische Heim, Gaia, das wir bewohnen, bislang nicht als ein lebendiges Wesen betrachtet. Vielleicht haben wir ihre Schönheit bewundert und ihre Fülle genossen, ihre Wechselfälle gescholten und ihre Macht ehrfurchtsvoll bestaunt. Und doch hat unsere Kultur noch nicht erkannt, dass sie ein lebendes Wesen ist. Wenn wir sie wieder besser kennenlernen möchten, sollten wir ihr zuhören.

Als kleine Kinder begegneten wir häufig Repräsentanten der Gaia mit ihren vielen Stimmen: Feen und Devas, Elementarwesen und Engeln. Wir sprachen mit ihnen, bis die Erwachsenen in unserer Umgebung deren Existenz abstritten und uns davon überzeugten, unseren eigenen Erfahrungen zu misstrauen.

Parapsychologen erkennen zunehmend, dass wir buchstäblich unfähig sind, über die Grenzen des Ich-Verstands hinaus zu sehen, solange dieser „Verstand“ für alles verschlossen ist, was keine materialistische Realität besitzt. Wenn wir also nicht offen für die Möglichkeit der Gegenwart dieser Wesen sind, werden wir sie auch nicht „sehen“ können. Die meisten Menschen weigern sich immer noch, die Möglichkeit ihrer Existenz anzunehmen. Aber immer mehr wache und gut geerdete Menschen öffnen sich aufgrund eigener Erfahrungen wieder mehr für diese Ebenen.

Devas

Die meisten Leser und Leserinnen werden die in diesem Buch verwendeten Begriffe bereits kennen. Sensitive und medial Begabte nehmen wahr, dass es Elementarwesen gibt, die auf ätherischen, feinstofflichen Ebenen existieren, und dass sie in der Lage sind, mit der physischen Ebene in Kontakt zu treten.

Das Sanskritwort *devas* bedeutet „die Leuchtenden“. Damit meint man oft Wesen, die Naturkräfte bewegen und Prozesse bewirken, die Teil des planetarischen Bewusstseins sind, das wir Gaia nennen. Seit alters her hat man davon gesprochen, dass es Naturwesen und Devas gibt, von kleinen Naturgeistern bis hin zu großen Landschaftswächtern. Sie haben mit den archetypischen Elementen von Erde, Wasser, Luft und Feuer zu tun. Man kennt manche dieser Wesen auch unter den Namen Gnome, Undinen, Sylphen und Salamander. Daneben gibt es auch Naturgeister, die mit Pflanzen und Bäumen verbunden sind und meist Dryaden* genannt werden. Manche geistigen Lehren sprechen von einer siebenfältigen spirituellen Hierarchie solcher Naturwesen, die sich von Naturgeistern bis hinauf in die Engelreiche erheben.

Meine Sicht entstammt meiner eigenen direkten Kommunikation mit Devas und Engeln, an der ich mich viele Jahre hindurch erfreuen durfte. Im Verlaufe der Äonen können sich Naturgeister, die zunächst auf ein einziges archety-

---

* Dryaden sind ursprünglich Baumgeister der Eichen; der Begriff kommt aus der griechischen Mythologie und wird heute vielfach auf Baumgeister und manche anderen Naturgeister allgemein angewendet. Anm.d.Ü.

pisches Element beschränkt sind, weiterentwickeln und zwei, drei oder alle vier Elemente miteinander verbinden. Diese Naturwesen nennen wir dann Devas, und sie sind es, die als spirituelle und physische Wächter und Hüter der Orte und Landschaften fungieren. Sie können sich dann weiterentwickeln zu Wesen, die wir Engel nennen.

Kommunizieren

Durch meine eigene Erfahrung und in der Arbeit mit vielen Menschen überall in der Welt habe ich einige einfache Prinzipien entdeckt, um mit solchen Wesen zu kommunizieren, die wir uns nun näher ansehen wollen. Ich möchte betonen, dass jeder von uns andere Formen der Kommunikation haben und pflegen kann. Manche erleben Visionen, andere spüren etwas, wieder andere hören innere Stimmen. Es gibt keinen richtigen und keinen falschen Weg, sondern nur den Weg, der für den Einzelnen stimmig ist.

Wie auch immer Ihr persönlicher Zugang sein mag: Ich möchte Sie ausdrücklich dazu ermuntern, diesen Zugang zu nutzen und zu vertiefen, anstatt zu versuchen, einen anderen Weg zu gehen. Wenn Sie ein Talent für das Klavierspiel haben, macht es mehr Sinn, sich dem voll und ganz zu widmen anstatt zu versuchen, Violine zu lernen. Wenn Sie Ihre Sensitivität und Medialität weiter entwickeln, stellt sich unter Umständen heraus, dass sich weitere Zugänge und Mittel der Kommunikation mit Natur- und Geistwesen für Sie öffnen. Wenn das geschieht, können Sie diese sich ganz natürlich entfalten lassen, brauchen aber nichts zu forcieren.

Ein weiterer wichtiger Punkt ist, dass auf der physischen Ebene die Formen und Gestalten zwar ziemlich festgelegt sind. Auf den mentalen und höheren Ebenen, auf denen Naturgeister wohnen, ist es jedoch möglich, die äußere Gestalt und Erscheinung willentlich zu verändern. Sie können sich

Ihnen so zeigen, wie es Ihrer kulturell bedingten Erwartung am besten entspricht oder wie Sie Ihre Botschaften am besten übermitteln können.

Engel

Wenn wir die Intention dazu haben, üben und Erfahrungen sammeln, dann können wir mit allen Ebenen der Devas und Engeln der Gaia kommunizieren. Das ist überall möglich, ganz gleich, wo wir gerade sind. Unter freiem Himmel draußen in der Natur ist es natürlich besonders schön, aber der Zugang zu Deva- und Engelebenen ist überall möglich. Die Einstimmung 3 im Anhang ist besonders gut geeignet, sich in die Energieschwingungen des achten Chakras und des Erdsterns einzulassen und auf diese Weise die Verbindung mit diesen Ebenen der Gaia zu fördern.

Die wichtigste Voraussetzung für solche Verbindungen sind die Bereitschaft dazu und Offenheit. Wie bei allen guten Beziehungen muss es auch hier gegenseitigen Respekt geben, Aufrichtigkeit, Liebe und Dankbarkeit. Die Ebenen der Devas und der Engel verkörpern genau das, und Sie müssen dies ebenfalls tun, wenn Ihre Beziehung zu diesen Wesen wachsen und Ihre innere Entwicklung fördern soll.

In den vergangenen Jahren sind viele Bücher darüber erschienen, wie man mit den Engelreichen kommuniziert. Vier Erzengel wurden vor allem genannt, deren Führung und Einfluss entscheidend sei: Uriel, Gabriel, Raphael und Michael. Jeder von ihnen übernimmt spirituelle Führung und Schutz für jeweils eines der archetypischen Elemente für den gesamten Planeten. Michael halten viele außerdem für den spirituellen Führer, der uns durch die Veränderung des menschlichen und des planetarischen Bewusstseins in dieser Zeit geleitet. Damit ist er ein wundervoller Mentor für unsere Kommunikation mit dem gesamten Reich der Engel und

Devas. Wenn wir ihn um seine fortwährende Führung bitten, so sichert und stärkt das unsere weitere Erforschung der Reiche Gaias.

Wenn wir Inspiration brauchen und das Feuer der Kreativität und der Wahrheit durch uns fließen soll, dann wird uns Michael helfen.

Wenn wir eine Intention oder ein Ergebnis verwirklichen wollen oder wenn unsere innere Suche beziehungsweise unser Thema mit dem Element Erde zu tun hat, dann können wir um die Hilfe von Uriel bitten.

Wenn wir größere gedankliche Klarheit brauchen oder unsere Suche mit dem Element Luft zu tun hat, können wir uns um die Förderung durch Raphael bemühen.

Und wenn wir das Bedürfnis nach Heilung spüren, Heilung für uns selbst oder für andere, oder wenn es um das Element Wasser geht, können wir Gabriel anrufen, um uns zu stärken und zu unterstützen.

Risse heilen

In diesem Buch geht es um eine Reise der Heilung. Wie es Energierisse in uns und in der Familie der Menschheit zu heilen gilt, gibt es auch überall auf der Erde Risse, für die wir aufgrund von Umweltverschmutzung und Umweltzerstörung verantwortlich sind. Es gibt auch sehr viele Plätze, an denen die Prägungen durch menschliche Traumata energetische Narben hinterlassen haben. Die Restenergien dieser eingeprägten Leiden wirken über inzwischen nutzlos gewordene Verhaltensmuster immer noch auf uns. Es ist wichtig, dass wir diese Narben jetzt heilen, um immer mehr Menschen dazu zu verhelfen, sich von der energetischen Gefangenschaft der Vergangenheit zu befreien.

Die holographische und bewusste Natur des Kosmos zeigt, dass die äußere Umgebung unseren inneren Zustand widerspiegelt. Wir müssen diese natürliche Resonanz zur Kenntnis nehmen, wir müssen Umweltungleichgewichte erkennen und mit Hilfe der Engel- und Devaebenen versuchen, sie besser zu verstehen und zu harmonisieren.

Im siebten Kapitel haben wir gesehen, wie die Energiemeridiane von Gaia blockiert werden. Das mag nicht immer der Erde selbst schaden, aber diese disharmonischen Energien klingen in uns auf eine ungünstige Weise wieder an. Lassen Sie uns deshalb überlegen, wie man geopathischen Stress feststellt und heilt – mit der höheren Führung durch die Ebenen der Engel und Devas.

Geopathische Belastungen und Elektrosmog

Unser Bewusstsein bringt sich energetisch durch Kohärenz und die Interaktionen elektromagnetischer Felder zum Ausdruck. Ungleichgewichte in solchen elektromagnetischen Feldern in der Umwelt sind die Hauptursache und der entscheidende Mechanismus für geopathische Belastungen und Elektrosmog.

Vor nur einem Jahrhundert wussten wir erst sehr wenig von solchen Feldern, und inzwischen sind wir fast völlig abhängig von Technologien geworden, die auf ihren Prinzipien aufbauen. Unsere Umwelt wird durchtränkt von künstlich erzeugten Energiewellen, und es sind Felder entstanden, die man sich vor einigen Jahrzehnten gar nicht hätte ausmalen können.

Es häufen sich die Beweise dafür, dass elektromagnetische Felder, die von Überland-Stromleitungen oder von Mobiltelefonen ausgehen, unsere Gesundheit schädigen. Das wissen Rutengeher und Sensitive schon seit einiger Zeit.

Die hohe Zahl von elektrischen Geräten, die wir in unseren Büros und Wohnungen haben, tragen ganz sicherlich zu einer schlechten Gesundheit bei. Das gilt insbesondere dann, wenn ihre Wirkungen mit anderen Faktoren zusammentreffen bei Menschen, die auch sonst schon unter energetischem Stress stehen. Stress aufgrund unseres Lebensstils ist unter Umständen der wesentliche Faktor, warum unser Immunsystem so stark geschwächt wird, dass es mit diesen neuen Energiefeldern nicht so recht fertig wird.

Energetische Prägungen

Energetische Störungen werden nicht nur von geopathischem Stress und Elektrosmog verursacht. Es leben zwar immer weniger Menschen in älteren Häusern, aber neue Häuser werden oft auf Grundstücken gebaut, auf denen früher schon einmal andere Gebäude standen. Unsere Häuser werden somit von den energetischen Prägungen der Vergangenheit durchdrungen.

Diese Energien reichen von einfach gestauten Energien bis hin zu solchen, die aufgrund von Schlachten immer noch die Prägung von Leiden in sich tragen. Es gibt auch Restenergien von fühlenden Wesen. Negative Gedankenformen und emotional geladene Präsenzen können an einem Gebäude „kleben“ oder sich auf einem Stück Land aufhalten, auf dem gebaut wurde. Wenn wir an die Vielfalt der kosmischen Dimensionen denken, dann gibt es auch Plätze, die eine Art Verbindungspunkte sind, an denen sich mehrere Dimensionen begegnen.

Wenn Sie sich auf die Engelebene einstellen und insbesondere Michael um Führung bitten, um die Ursachen für geopathischen Stress zu erfassen, dann kann es sein, dass Sie erfahren oder spüren, dass es sich um eine historische Prägung oder um ein fühlendes Wesen handelt, das die energetische Störung bewirkt. Wenn Sie fühlen, dass Sie allein nicht richtig mit diesem Problem fertig werden, sollten Sie unbedingt jemanden um Hilfe bitten, der mehr darüber weiß und

Erfahrung darin besitzt, solche Verstrickungen und Prägungen zu lösen. Aus den Ebenen der Engel und Devas kommt übrigens immer Hilfe für Menschen, die sich selbst ermächtigen, deren Führung zu erfahren und anzunehmen; aber es macht keinen Sinn, wenn hinter der Suche letztlich ein Ego-Motiv steckt.

Geomantisches Raumdesign

Die Feng-Shui-Praktiker des alten Chinas und die Vastu*-Weisen Indiens haben die Energieprinzipien des geomantischen Raumdesigns schon vor Jahrtausenden gekannt. Ihr Wissen und das noch weniger bekannte Wissen früher europäischer Geomantiekundiger findet inzwischen immer größere Anerkennung.

Diese Lehren zielen darauf ab, den Fluss der lebensfördernden Energien zu optimieren. Das tun sie durch Anordnung der Gegenstände im Raum, die Ausrichtung von Gebäuden, deren Form und Grundriss und deren Beziehung zur natürlichen Umgebung. Auch das Timing von Ereignissen, die sich auf das Gebäude beziehen, wird genau beachtet, um die vorherrschenden astrologischen Entsprechungen beziehungsweise Einflüsse zu berücksichtigen.

Derart komplexe energetische Probleme zu verstehen und richtig zu lösen, bedarf einer jahrelangen Erfahrung. Deshalb macht es manchmal Sinn, professionell ausgebildete, seriöse Geomantiekundige zu Hilfe zu bitten. Aber wenn wir die Prinzipien verstehen, die in diesem Buch dargelegt wer-

* Vastu: indische Architekturlehre, verwandt mit Geomantie und Feng Shui. Die Vastu-Lehre geht davon aus, dass auf die Erde verschiedene Energien einwirken: die Strahlen der Sonne, des Mondes und von Planeten, aber auch magnetische, bio-elektrische und thermische „Energiefelder". Des weiteren will Vastu die Eigenschaften von fünf „Elementen" berücksichtigen: Erde, Wasser, Feuer, Luft, Äther (Raum). Anm.d.Ü.

den, und wenn wir uns auf eine höhere Führung einstimmen, können wir intuitiv erkennen, wie wir die Energien in unserem eigenen Heim am besten harmonisieren und wie wir den Raum dort klären beziehungsweise reinigen.

Raumklärung

Dafür sind Einfachheit und eine positive, liebevolle Absicht die Schlüssel zum Erfolg. Wir können den Platz, an dem wir sind, lediglich als einen Wohnort betrachten oder als unser Heim. Bevor Sie also beginnen, bestimmen Sie ganz klar Ihre Intention (unabhängig davon, was Sie früher darüber gedacht haben). Sagen Sie sich, dass es nun darum geht, die Raumklärung für sich selbst und für Ihr *Heim* durchzuführen.

Ihr erster Schritt, um eine Klärung und Reinigung Ihres Zuhauses durchzuführen, besteht darin, dass alles sauber, ordentlich und aufgeräumt ist. Wenn es schmutzig, unordentlich oder voll von „Zeugs“ ist, werden die Energien unweigerlich stagnieren. Alte Kleidungsstücke, Fotos, Bücher oder gesammelte Gegenstände, die Ihnen nicht mehr viel bedeuten oder die Sie gar nicht mehr benutzen, sind gute Kandidaten zur Entrümpelung. Und vergessen Sie nicht, auch an den äußerlichen Zustand Ihres Heims zu denken, an Balkon oder Garten, Eingang oder Grundstück.

Der zweite und der dritte Schritt ist, dass Sie die Einstimmung I aus dem Anhang durchführen und dabei sowohl Ihre eigene höhere Führung als auch Erzengel Michael bitten, mit festzustellen, welche Ungleichgewichte es in Ihrem Heim jetzt gibt und was Sie tun können, um sie zu harmonisieren.

Es kann sein, dass Sie physisch etwas unternehmen müssen, um Energien wieder auszugleichen. Es gibt eine Reihe von

Büchern, in denen Sie Vorschläge dazu finden. Oft können Sie Energiestörungen jedoch auf einer rein energetischen Ebene auflösen. Vielleicht bekommen Sie die Eingabe, dass Sie mit Michael oder einem anderen Erzengel arbeiten und den Raum klären und reinigen sollten, indem Sie visualisieren, wie eine „Energiedusche" von Regenbogenlicht durch den Raum in Kaskaden herabfällt. Oder Sie stellen sich den Duft ätherischer Blumen vor, der durch den Raum schwebt, oder Sie stellen in der Vorstellung eine Pyramide goldenen Lichts über die gesamte Wohnung, das Haus oder das ganze Grundstück.

Am Schluss führen Sie eine schlichte Zeremonie durch, die Sie selbst auswählen, um den Engeln und Devas für ihre Führung zu danken und um darum zu bitten, dass sie Ihr Heim und alle, die darin leben und zu Besuch kommen, segnen. Die Zeremonie kann einfach nur darin bestehen, dass Sie eine Kerze anzünden und Ihren Dank aussprechen. Lassen Sie sich intuitiv zu dem führen, was sich für Sie selbst stimmig anfühlt.

Wenn Sie sich entscheiden, ein Heim zu verlassen, ist es sinnvoll, eine Schlussreinigung durchzuführen. Das hilft Ihnen, sich frei bewegen und für neue Möglichkeiten in Ihrem Leben offen sein zu können, und Ihrem Heim erlaubt es, einen neuen Menschen richtig willkommen zu heißen. Ich kenne viele Menschen, die erfolglos versucht haben, ein Haus beziehungsweise eine Wohnung zu verkaufen, bis sie die Raumklärung gemacht hatten.

Wenn Sie irgendwo neu einziehen, ist die Reinigung des Raums sinnvoll, um alle Prägungen durch frühere Eigentümer oder Bewohner zu klären und von Anfang an ein liebevolles und fürsorgliches Verhältnis zu Ihrem neuen Heim aufzubauen.

Wenn Sie sich an irgendeinem Punkt Ihrer Raumklärung unsicher im Hinblick auf Ihre intuitive Führung fühlen, dann können Sie zum Hilfsmittel des Rutengehens beziehungsweise des Mutens greifen. Das sind alternative Methoden der Einstimmung und Beurteilung der energetischen Situation.

Pendeln und Muten

Muten, wozu Rutengehen und Pendeln gehören, ist eine altbekannte Fähigkeit, bei der ein nonlokales Bewusstsein jenseits der üblichen fünf Sinne eingesetzt wird. Am weitesten ist das Muten verbreitet, wenn man nach Wasser und Wasseradern sucht. Wer muten kann, vermag diese Fähigkeit aber auf beinahe alles anzuwenden.

Man kann muten, um eine Diagnose* zu stellen, um eine Entscheidung zu treffen, um die Gesundheit zu überprüfen, um höhere Führung einschätzen zu lernen und um Räume zu klären.

Dabei müssen wir uns zunächst energetisch auf das einstellen, wonach wir suchen. Es ist ähnlich, wie wenn man das Radio oder den Fernseher auf den richtigen Sender einstellt. Beim Muten sind wir das Radio, und wonach wir suchen ist die Sendestation.

Diese Art von Einstimmung ist im Grunde genommen dasselbe wie die nonlokale Bewusstheit, die Menschen erzielen, wenn sie an entfernte Orte schauen, um dort etwas wahrzunehmen. Bei dieser Art von „Fernsichtung“ können unsere Körper mehr subliminale Information aufnehmen als unser bewusster Geist. Die winzigen Muskelreaktionen unseres Körpers werden von den Instrumenten des Muters dann

---

* In der Kinesiologie sind die verschiedenen Formen des Muskeltests ebenfalls eine Art von „Muten“. Anm.d.Ü.

vergrößert, also von Rute, Tensor, Pendel oder dergleichen aus gebogenem Holz oder Draht, aus Metall oder einer Kombination von Werkstoffen. Diese Instrumente dienen lediglich als Mittel, um die kaum wahrnehmbaren Muskelreaktionen bei der Einstimmung auf das, wonach man sucht, sichtbar zu machen. Man kann übrigens jedes beliebige Hilfsmittel zum Muten verwenden, solange es für einen selbst funktioniert.

Wir alle können muten, und viel Praxis wird unsere Fähigkeiten natürlich verbessern. Muten verlangt, dass wir wie bei der Meditation ruhig sind, in uns geerdet. Dann können wir uns nicht nur auf die leise Stimme unserer eigenen inneren Weisheit einstellen, sondern auch auf die Stimme von Gaia und die Weisheit des Kosmos.

Ruhig und ausgeglichen

Wenn Sie sich für ein Hilfsmittel zum Muten entschieden haben, sollten Sie zuerst zur Ruhe kommen. Sie sollten entspannt und physisch, emotional und mental ausgeglichen sein. Wenn Sie sich aufgeregt fühlen, können Sie sich mit einigen tiefen Atemzügen beruhigen.
Als Nächstes stellen Sie einige Male fest, was eindeutig Ja beziehungsweise positiv und was Nein beziehungsweise negativ in der Anzeige Ihres Pendels oder Ihrer Rute bedeutet. Wenn Sie ein Pendel benutzen, dann schwingt es normalerweise im Uhrzeigersinn oder dagegen. Wenn Sie mit einer Rute arbeiten, sollte sie frei sein, nach links oder rechts zu schwingen (beim Tensor auch auf und ab). Entscheiden Sie sich, welche Bewegung für Sie Ja und welche Nein bedeutet. Überprüfen Sie zwischendurch immer wieder, ob das Ja immer noch Ja ist oder nicht, weil es bisweilen dazu kommen kann, dass sich die Richtung umkehrt.

Üben Sie, indem Sie erst Reaktionen auf Fragen überprüfen, deren Antwort Sie bereits kennen; danach dann auf Fragen, deren Antworten Sie zwar nicht kennen, die Sie aber leicht herausfinden und prüfen können. Bleiben Sie dabei, bis Ihr Selbstvertrauen gewachsen ist. Danach können Sie sich dann an Themen heranwagen, bei denen Ihr Muten die wichtigste oder sogar die einzige Möglichkeit ist, Antworten zu finden.

Lernen Sie auch, klar definierte Fragen zu stellen, auf die es nur ein Ja oder ein Nein als Antwort geben kann. Manchmal reagiert Ihr Pendel oder Ihre Rute nicht; dann sollten Sie die Frage vielleicht neu und anders stellen.

Wenn Sie Antworten suchen, bei denen es um andere Menschen geht oder um umstrittene Themen, sollten Sie zuerst fragen, ob Sie bei diesem Thema jetzt überhaupt pendeln oder muten sollten.

Wenn Sie nach etwas ganz Bestimmtem fragen, können Sie einen kleinen Gegenstand in der Hand halten, der Ihnen hilft, sich auf Ihr Ziel einzustimmen. Das kann zum Beispiel ein kleines Wasserfläschchen sein, wenn Sie versuchen, Wasser zu finden.

Falls Sie prüfen wollen, ob Ihr Heim durch geopathische Belastungen oder Elektrosmog gestört ist, so können Sie fragen, ob es überhaupt irgendwelche derartigen Belastungen bei Ihnen gibt, wo sie sich eventuell befinden, worum es sich dabei handelt (Wasseradern, elektromagnetische Felder oder Strahlungen) und wie stark die unter Umständen vorhandene Belastung ist. Wenn Sie einen Grundriss Ihres Heims auf Papier vorliegen haben, dann können Sie Ihr Pendel verwenden, um nach den Belastungslinien zu suchen.

Wenn Sie im Zusammenhang mit persönlichen Themen pendeln oder muten und spüren, dass sich Ihr Verstand einschaltet, dann können Sie versuchen, „blind" zu pendeln. Sie schreiben auf verschiedene gleichartige Stücke Papier unterschiedliche mögliche Antworten. Dann falten Sie die Papiere, mischen Sie so durcheinander, dass Sie nicht mehr wissen, wo sich welche Antwort befindet. Nun gehen Sie mit dem Pendel nacheinander über jedes Papier mit der Frage, ob diese Antwort zu Ihrem höchsten Besten ist.

Gaia verändert sich auch

Auch Gaia bereitet sich auf eine große Bewusstseinsveränderung vor. Wenn wir uns über die Tore des achten und neunten Chakras mit ihrem Bewusstsein verbinden, können wir ihr (und uns selbst) helfen, diesen Prozess zu absolvieren.

Geomantiekundige stellen die energetische Veränderung von Gaia an einer Reihe deutlicher Anzeichen fest, die über die Klimaveränderungen und Oberflächenverschiebungen hinausgehen. So nahmen sie früher die Meridiane als Polaritäten von zwei Energien wahr; jetzt aber spüren sie, dass die Meridiane der Erde eine dreifache Polung aufweisen, nämlich positiv-männlich, negativ-weiblich und neutral-kindhaft. Diese dreifältigen Energien entsprechen unserem Geist, dem Herz und dem Willen, und wenn sie aktiviert werden, so entspricht das unserer eigenen Aktivierung des achten Chakras des universellen Herzens.

Im siebten Kapitel haben wir das zwölffache Einheitsgitternetz der Gaia besprochen. Es verkörpert das immer präsente „Gedächtnis" des Einheitsbewusstseins. Dieses Gedächtnis erwacht jetzt ebenso, wie wir nun in der Lage sind, Zugang zu den höheren Chakras unseres zwölffachen transpersonalen Bewusstseins zu erlangen. Wenn es vollständig aktiviert ist, wird es ebenfalls die dreizehnte transformatorische Ganzheit des Einheitsbewusstseins verkörpern, und das ist die Veränderung des Bewusstseins, die vorausgesagt worden ist.

Und auch unser Sonnen-Seelen-System

Die Gruppenseele, die unser Sonnensystem ist, wurde seit ihrer Entstehung von kosmischen Wesen geleitet, die in manchen geistigen Traditionen Elohim heißen. Wenn wir beginnen, Zugang zur transpersonalen Wahrnehmung unseres zehnten Chakras zu gewinnen, dann können wir uns bewusst mit den Elohim und mit den planetarischen Wesen unseres Sonnen-Seelen-Systems verbinden. Manche Astrologen haben deren Einfluss schon vor Jahrtausenden festgestellt, aber wir erkennen im Allgemeinen erst jetzt, dass sie archetypische Aspekte unseres Sonnensystem-Bewusstseins sind. Mit dieser erweiterten Bewusstheit können wir nun mit Sonne, Mond und Planeten kommunizieren, so dass wir uns und andere sehr viel besser und tiefer verstehen, als das jemals zuvor möglich war.

Über dem Portal des antiken Orakeltempels in Delphi stand der Auftrag: „Erkenne dich selbst." Wenn wir uns mit dem archetypischen Bewusstsein unseres Sonnen-Seelen-Systems verbinden, können wir erkennen, wer wir wirklich sind. Dann werden wir nicht nur die riesige Weite und Größe des Kosmos erkennen, sondern auch unseren wahren spirituellen Platz in der Funktion, ihn mit zu erschaffen.

Galaktische Bewusstheit

Wenn wir gemeinsam auf den Höhepunkt von Äonen zugehen und tanzen, auf die große Bewusstseinsveränderung der Jahre 2012/2013, dann unterstützen uns kosmische Kräfte dabei und erleuchten unseren Weg.

Im frühen November 2003 bildete eine astrologische Konstellation von Sonne, Mond, Mars, Jupiter, Saturn und Chiron einen vollkommenen sechszackigen Stern am Firmament. Aus diesem einzigartigen komischen Mandala ergab sich eine Schwingungsresonanz, die man harmonische Konkordanz nannte. Die neu auftauchenden Energien des achten und der höheren Chakras förderten jeden von uns dabei, auf unserem Weg des Sonnen-Seelen-Helden weiter voranzuschreiten.

Vierundvierzig Tage nach dieser *harmonischen Konkordanz* erfolgte die Wintersonnenwende 2003. Dieser 23. Tag des 12. Monats dieses Jahres ergab numerologisch die Zahl 13. Dieser kürzeste Tag des Jahres auf der nördlichen Halbkugel vollendete die dreitätige Periode der Wintersonnenwende, wenn die aufgehende Sonne „still steht". Das ist die Zeit der Wiedergeburt des Sonnenhelden. Die Druiden des alten Britanniens, deren Mondkalender von 13 Monaten zu jeweils 28 Tagen eine Summe von 364 Tagen ergab, gingen davon aus, dass dieser Tag das Mondjahr mit dem Sonnenjahr versöhnte, weil er „außerhalb der Zeit" stattfand.

Dies war auch genau der Tag und das Jahr, an dem die Sonne nach 26 000 Jahren wieder in einer Linie mit Ophiucus stand, einem im achten Kapitel bereits erwähnten Sternbild, das nach der Ansicht mancher Astrologen auch die Mitte der Milchstraße einnimmt.

Dies war auch der Zeitpunkt, an dem mich meine eigene höhere Führung zum großen Steinkreis von Avebury in England geführt hatte, wo ich mit anderen Gefährten stand, nach einer außergewöhnlichen inneren und äußeren Reise rund um die Welt. Avebury halten manche geomantisch Interessierte für die planetarische Nabelschnur des galaktischen Zentrums. Dort führten wir aus, wozu mich die Elohim viele Jahre zuvor beauftragt hatten: die Verbindung mit dem galaktischen Bewusstsein aufzunehmen, um für die Erde ein Tor zu einem höheren Bewusstsein zu öffnen.

Wenn wir nun in den kommenden Jahren gemeinsam weiter reisen, dann fungieren die Energiewellen der planetarischen Einstimmungen unseres Sonnensystems als kosmische Wegweiser für unseren kollektiven Bewusstseinssprung. Wir erfahren fast unvorstellbare kosmische Unterstützung, da sich die Ebenen der Engel und der Devas mit dem Pantheon der aufgestiegenen Meister verbinden, um uns auf unserem Weg zu leiten und unsere Reise leichter zu machen. Mit ihrer Liebe und Inspiration, beim Übergang vom 12. zum 13. Jahr dieses neuen Jahrtausends – werden wir den zwölften Schritt der Reise des Sonnen-Seelen-Helden machen und Einheitsbewusstsein sowohl für uns selbst als auch für das Ganze verwirklichen können?

Ich weiß es nicht. Denn meine eigene Reise ist ja auch eine Entdeckungsfahrt in unbekannte Gefilde. Ich weiß allerdings, dass jeder von uns die Entscheidung treffen kann, es versuchen zu wollen. Und das reicht aus.

13.
Heim zu mir

Wir alle haben uns auf der Ebene unseres höheren Bewusstseins dafür entschieden, jetzt hier zu sein. Wir alle haben eine Reise durch Äonen unternommen, um an diesem Punkt anzukommen. Aber jetzt ist es auch an der Zeit, dass wir unsere alten Lasten abladen, die wir uns zwischendurch angesammelt und aufgebürdet haben. Es ist an der Zeit, dass wir frei werden.

Wir sind diejenigen, auf die wir gewartet haben. Hier und Jetzt ist unsere Chance, Meisterpiloten unseres eigenen Bewusstseins zu sein. Wir können die Mitschöpfer unserer künftigen Bestimmung sein – einer Bestimmung, die dem Fluss des Kosmos entspricht und mit ihm in Einklang ist.

Wir sind nicht allein. Wenn wir unsere Bewusstheit auf die transpersonalen Ebenen ausdehnen, die uns jetzt offen sind, dann können wir nicht nur die Reise des Sonnen-Seelen-Helden unternehmen, sondern wir können dann auch wahrnehmen, dass wir dieselbe Unterstützung und Führung haben, wie es die Helden der Mythen und Legenden hatten. Wir sind jetzt in der Lage, uns direkt mit den archetypischen Aspekten unserer individuellen und kollektiven Bewusstheit zu verbinden, mit den spirituellen Führern, zu denen auch die Versammlung der Engel und der aufgestiegenen Meister aller spirituellen Traditionen zählen.

Wir sind gemeinsam an dieser Schwelle der Transformation angelangt. Die Entscheidungen, die wir in den nächsten paar Jahren treffen, einzeln und gemeinsam, bestimmen nicht nur unser Schicksal, sondern das aller künftigen Generationen.

Der chinesische Weise Lao Tse sagte einmal: „Eine Reise von eintausend Meilen beginnt mit einem einzigen Schritt.“ In jedem Augenblick, bei jedem Atemzug und jedem Schritt, können wir uns anders entscheiden als bisher.

Wenn wir bisher Angst gewählt haben, können wir jetzt Liebe wählen.

Wenn wir bisher Tränen gewählt haben, können wir jetzt Lachen wählen.

Wenn wir bisher den Tod gewählt haben, können wir uns jetzt für das Leben entscheiden.

In jedem Moment wirken wir dabei mit, das Universum neu und frisch zu erschaffen. Und jeder Einzelne von uns kann etwas bewegen, ganz gleich, wie klein er sich empfindet. Anita Roddick, die Gründerin des Body Shop, sagte einmal: „Wenn du meinst, du bist zu gering, um etwas zu bewirken, dann hast du noch nie eine Mücke im Schlafzimmer gehabt.“

Während wir auf die Jahre 2012 und 2013 zutanzen, kann jeder Einzelne von uns das achte Chakra des universellen Herzens in sich erwecken und die Reise des beseelten Sonnenhelden unternehmen. Damit ermächtigen wir andere und uns selbst, und wir dienen allen unseren Verbindungen und Beziehungen und erfüllen unser kollektives und kosmisches Schicksal.

In dem Maße, wie wir nach und nach aus unserem spirituellen Vergessen erwachen und uns an die Ganzheit erinnern, die wir *wirklich* sind, können wir nun heimkommen, da wir zusammen die Wirklichkeit des Himmels auf Mutter Erde gebären können.

Im universellen Herzen er-innere ich mich
an die Ganzheit meiner selbst.
Im universellen Herzen er-innere ich mich

an die Ganzheit unserer Menschenfamilie.
Im universellen Herzen er-innere ich mich
an die Ganzheit von Gaia und aller ihrer Kinder.
Im universellen Herzen er-innere ich mich
an die Ganzheit unseres beseelten Sonnensystems.
Im universellen Herzen er-innere ich mich
an die Ganzheit unserer Galaxie.
Im universellen Herzen er-innere ich mich
an die Ganzheit des Kosmos.
Und wenn ich mich nun an die Ganzheit meiner Seele er-innere,
so tue ich das mit Liebe, Freude und Dankbarkeit
in der Einheit des Einen.

Anhang

Einstimmung 1
Atemübungen

Atem *ist* Leben. Die Beziehung zwischen unserem Atem, unseren Gedanken und unseren Gefühlen ist tiefgreifend. Unser meist flache Atem nutzt nur zehn Prozent unserer Lungenkapazität; das führt dann zu Ermüdung und Stress. Wenn wir tiefer einatmen, leben wir buchstäblich ein erfüllteres Leben, und wir steigern unser allgemeines Wohlbefinden. Ich möchte Ihnen hier drei einfach Atemübungen vorstellen.

Die erste Übung können Sie jederzeit und überall ausführen.

- Halten Sie einen Moment inne. Wenn es möglich ist, schließen Sie Ihre Augen, um sich besser zu konzentrieren.

- Richten Sie Ihre Aufmerksamkeit auf Ihren Atem, und atmen Sie dreimal ein.

- Bei jeden Atem atmen Sie langsam durch die Nase ein und sagen zu sich selbst (mental): „Ich bin ..."

Atmen Sie ebenso langsam wieder durch Ihre Nase aus, und fügen Sie nun den Begriff an das „Ich bin ..." an, mit dem Sie sich jetzt identifizieren möchten. Zum Beispiel: „... Ruhe, Frieden, liebevolle Wahrheit, Mut, Klarheit, Liebe."

Bei den beiden nächsten Übungen ist es am einfachsten, wenn Sie gerade auf einem Stuhl sitzen, wobei Kopf, Nacken und Rücken in einer Linie aufrecht sind; stützen Sie Lendenwirbel und Gesäß ab, indem Sie sich gut nach hinten setzen, direkt an die Stuhllehne. Schließen Sie die Augen, um sich besser sammeln zu können.

Die zweite Übung ist gut, um sich auszugleichen, bevor Sie meditieren.

- Legen Sie eine Hand auf den Bauch.
- Atmen Sie langsam durch die Nase ein, und spüren Sie, wie die Luft Ihren Bauch anfüllt und weitet.
- Fahren Sie fort, langsam einzuatmen, während Sie nun Ihren Brustkorb dehnen und Ihre Schultern sanft in Richtung zu den Ohren hin anheben.
- Atmen Sie nun langsam durch den *Mund* aus, während Sie zunächst Ihre Schultern entspannen, dann Ihren Brustkorb und schließlich Ihren Bauch anziehen.
- Wiederholen Sie das, bis Sie sich ausgeglichen und friedvoll fühlen.

Die dritte Übung hilft, Körperbereiche festzustellen, die vielleicht unausgeglichen sind, und Ihnen Heilung zu senden.

- Atmen Sie langsam durch die Nase ein, halten Sie den Atem einen Augenblick lang an, und atmen Sie dann wieder genauso langsam durch die Nase aus.

- Atmen Sie eine gute Minute auf diese Weise, bis Sie spüren, wie die Energie in Ihnen steigt und sinkt.

- Wenn Sie das merken, lassen Sie Ihre Aufmerksamkeit eine weitere Minute lang bei Ihrem Atem und spüren Sie, ob es in Ihrem Körper irgendwelche Bereiche gibt, in denen die Energie zu stocken scheint.

- Falls es das gibt, dann visualisieren Sie (oder stellen sich vor oder wollen einfach), dass Ihr Atem durch Sie hindurchfließt, bis er in diesem Körperbereich ankommt und seine Energie die Blockade sanft auflöst.

- Wenn Sie ausatmen, stellen Sie sich vor, dass damit auch die blockierte Energie ausgeatmet wird.

- Fahren Sie ungefähr eine Minute weiter fort, bis Sie merken, dass die Energie frei durch Sie hindurchfließt.

Einstimmung 2
Persönliche Chakra-Meditation

- Suchen Sie sich einen ruhigen Platz, und machen Sie es sich dort bequem; am besten so, dass Sie aufrecht sitzen, mit einer Stütze für den Rücken (Stuhllehne) und mit beiden Füßen am Boden.

- Beginnen mit der Atem-Ausgleichsübung aus der 1. Einstimmung.

- Wenn Sie sich bereit fühlen, visualisieren oder spüren Sie mit jeder Einatmung, wie ein Strahl eines weiß-goldenen Lichtes durch Ihr Kronenchakra in Sie eintritt; wenn Sie ausatmen, spüren Sie, wie der Lichtstrahl durch Ihr Rückgrat weitergeht und weiter bis in die Erde hinein.

- Spüren Sie mit jedem Atemzug, dass alle unausgeglichenen oder schweren Energien durch Ihr Wurzelchakra ausgeatmet und mit Dankbarkeit in die Erde abgegeben werden.

- Als Nächstes atmen Sie das weiß-goldene Licht nur bis zum Steißbein ein und dann fangen Sie an, nacheinander mit den Energien der Chakras zu meditieren, wobei Sie mit dem Wurzelchakra beginnen.

- Visualisieren oder spüren Sie, wie sich das weiß-goldene Licht an Ihrem Wurzelchakra zu einem tiefen Rubinrot wird. Richten Sie Ihre Aufmerksamkeit zwischen den Atemzügen auf Ihre körperlichen Sinnesempfindungen und spüren Sie, wie Sie physisch gestärkt werden. Während Sie ausatmen, fühlen Sie, wie Sie die Natur des rubinroten Lichtes ausstrahlen und wie Sie mutige Energie verkörpern.

- Bei Ihrem Sakralchakra stellen Sie sich vor, dass das weißgoldene Licht zu einem energiereichen Orange wird. Zwischen den Atemzügen spüren Sie, wie Sie Vitalität und Lebenskraft verkörpern. Wenn Sie ausatmen, strahlen Sie das orangefarbene Licht Ihrer Freude und Energie aus.

- Am Solarplexuschakra visualisieren oder spüren Sie, wie das weiß-goldene Licht eine strahlende goldene Farbe annimmt. Zwischen den Atemzügen spüren Sie Ihre Kreativität und die Kraft Ihres höchsten Lebenssinns. Wenn Sie ausatmen, strahlen Sie dieses goldene Licht aus.

- Am Herzchakra stellen Sie sich vor, wie das weiß-goldene Licht zu einem satten Grün wird, und Sie spüren die Schönheit des liebevollen und mitfühlenden Wesens, das Sie sind. Strahlen Sie diese Liebe aus, während Sie realisieren, dass Sie sich in jedem Augenblick in Gedanken, Worten und Taten für die Liebe entscheiden können.

- Bei Ihrem Halschakra visualisieren Sie, dass das weiß-goldene Licht zu einem lebhaften Himmelblau wird, und Sie erlauben es sich, dass der authentische Ausdruck Ihrer einzigartigen schöpferischen Kraft durch Sie hindurchfließt, während Sie mit jeder Ausatmung Ihre liebevolle Wahrheit ausstrahlen.

- Am Augenchakra stellen Sie sich vor, wie das weiß-goldene Licht zu einem tiefen Indigoblau wird, und Sie erspüren Ihre tiefe innere Weisheit und Ihr Wissen, dass alles Leben eins ist. Fühlen Sie, wie dieses spirituelle Bewusstsein mit der Ausatmung von Ihnen ausstrahlt.

- Beim Kronenchakra visualisieren Sie, wie das weiß-goldene Licht vom unteren Ende Ihres Rückgrats nacheinander durch jedes Chakra fließt. Während es zum Kronenchakra aufsteigt, spüren Sie, wie daraus ein wundervoller violetter Schein wird, und mit jeder Einatmung lassen Sie sich von diesem schönen Licht erfüllen.

- Zum guten Schluss strahlen Sie nun mit der Ausatmung die Energie Ihres göttliches Selbst in den Kosmos, und dabei teilen Sie Liebe, Freude und Dankbarkeit mit allen Wesen.

Einstimmung 3 Universelle Herz- und Erdstern-Chakrameditation

- Finden Sie einen ruhigen und bequemen Platz; am besten sitzen Sie aufrecht, den Rücken gestützt, und mit beiden Füßen am Boden.

- Atmen Sie einige Male tief ein. Mit jeder Einatmung stellen Sie sich vor, dass Sie die Essenz einer friedvollen Freude einatmen, die Sie durch Ihren ganzen Körper fließen und ihn erfüllen lassen. Mit jeder Ausatmung lösen Sie sich sanft und ohne Mühe von jeder Ablenkung oder Sorge. Fahren Sie fort, auf diese Weise zu atmen, bis Sie sich ausgeglichen und wohlfühlen.

- Richten Sie nun Ihr Bewusstsein auf Ihr Herzchakra, und atmen Sie in die Essenz seiner liebevollen Energie hinein. Während Sie das tun, bildet sich dort eine Lichtkugel. Sie können diese Lichtkugel visualisieren oder einfach ihre Energie spüren.

- Fahren Sie fort, in die Lichtkugel hineinzuatmen, und stellen Sie sich mit jedem Atemzug vor bzw. spüren Sie, wie die Kugel größer und ihre Energie strahlender wird, solange, bis sie die Größe hat, von der Sie intuitiv fühlen, dass sie jetzt für Sie richtig ist. Während sich die Lichtkugel ausdehnt, um ihre vollkommene Größe zu erlangen, spüren Sie in ihr Wesen des liebevollen Mitfühlens hinein und fühlen Sie, wie Sie selbst geliebt und gefördert werden in *all* dem, was und wer Sie sind, ohne Bewertungen oder Bedingungen.

- Nun stellen Sie sich vor, wie die Kugel der Herzenergie sich sanft durch ihren Körper bewegt und am Alta Major-Chakra zur Ruhe kommt, dort, wo der oberste Nackenwirbel und der Schädel zusammenkommen. So wie das Herzchakra im Wesen der Liebe schwingt, schwingt das Alta Major-Chakra mit dem Wesen des Geistes.

- Spüren Sie nun, wie sich dort eine zweite Lichtkugel zu bilden beginnt, innerhalb der Lichtkugel der Herzenergie. Sie können sich das vorstellen oder einfach empfinden.

- Mit jedem Atemzug spüren Sie, wie diese zweite Lichtkugel größer und heller wird, und Sie fühlen ihre Essenz von Klarheit und intuitiver Weisheit.

- Visualisieren Sie, wie diese Kugel sich weiter ausdehnt, bis sie so groß ist wie die Herzkugel. Nun spüren Sie, wie die Kugeln der Herz- und der Geistesenergie sanft verschmelzen und eine Kugel bilden, die Herz und Geist verbindet, so dass beide Energien im Einklang sind und ein Ganzes werden.

- Spüren Sie jetzt, wie diese neue Kugel mit der Essenz beider Energien durch den Körper wandert, um am Solarplexuschakra zur Ruhe zu kommen und sich dort mit den Energien Ihres Willens und Ihrer Absicht zu verbinden.

- Richten Sie Ihre Aufmerksamkeit auf Ihr Solarplexuschakra, und stellen Sie sich eine dritte Lichtkugel vor, die sich hier innerhalb der Kugel mit der Herz-Geist-Essenz bildet und wiederum mit jedem Atemzug größer und heller wird. Spüren Sie ihre Essenz der höchsten Absicht und des Sinns, während die Kugel allmählich genauso groß wird wie die bisherige. Empfinden Sie, wie beide eins werden.

- Schließlich spüren Sie, wie diese Kugel der kombinierten Energie von Herz, Geist und Willen leicht und sanft durch Ihren Körper nach oben wandert, bis sie zwischen Ihrem Herz- und Ihrem Halschakra zur Ruhe kommt. Dort ist das Energiezentrum des achten oder universellen Herzchakras, das Tor zu den transpersonalen Chakras des Feldes Ihrer Einheitsenergie.

- Stellen Sie sich vor, wie sich dieses Tor öffnet, während Sie in das universelle Herz des achten Chakras atmen. Spüren Sie nun, wie ein Energieimpuls vom achten Chakra nach oben geht, um Sie mit Ihrer höchsten Bewusstheit, Sinn und Führung zu verbinden.

- Empfinden Sie, wie ein Energieimpuls zurückkommt, der durch das achten Chakra hinunter in Ihren Körper fließt, bis hin zu einem Punkt, der etwa fünfundzwanzig Zentimeter unterhalb Ihrer Füße ist. Dies ist das neunte Chakra, das Erdsternchakra, dass Sie sich als einen Energiewirbel vorstellen können. Senden Sie von dort aus die Energie tief in das Herz der Erde, und spüren Sie, wie aus dem Herzen der Gaia ein Energieimpuls zurückkommt, durch Ihr Erdsternchakra und bis hinein in das achte Chakra.

- Fahren Sie fort, harmonisch mit Ihrer Atmung eine Energiesäule auszusenden, welche Ihr achtes Chakra mit Ihrer höchsten Bewusstheit verbindet und dann nach unten durch den Erdstern geht, um sich mit dem Bewusstsein von Gaia zu verbinden, bis Sie sich ganz ausgeglichen und gut geerdet fühlen.

- Wenn es für Sie stimmig ist, atmen Sie in das universelle Herz und rufen Ihre höchste Führung an, Sie an die Ganzheit dessen zu erinnern, wer Sie wirklich sind und um Sie in der Ganzheit zu heilen.

- Wenn Sie bereit sind, die Meditation zu beenden, lenken Sie Ihre Aufmerksamkeit und Energie wieder auf und in Ihren Körper; Sie danken Ihrer höchsten Führung und den spirituellen Geistwesen, mit denen Sie vielleicht arbeiten, und kommen sanft wieder in den Raum zurück.

Mit dieser Meditation können Sie arbeiten, wie auch im 9. Kapitel beschrieben, um Ihre höchste Führung zu erhalten, wenn es darum geht, sich selbst und andere zu heilen, einengende Ängste zu lösen und Ihren höchsten Lebenszweck wahrzunehmen und zu manifestieren sowie um den weiteren Weg vorwärts zu erkennen.

Dank

Meine liebe Mutter sagte immer, dass ich mit jedem sprechen würde. Seit meinem vierten Lebensjahr habe ich nicht nur mit Menschen gesprochen, die ich geliebt habe, mit denen ich gelacht, geweint und debattiert hatte, sondern auch mit Tieren, Naturgeistern, Devas, Engeln, Geistwesen, aufgestiegenen Meistern, antiken Göttern und kosmischen Führern. Ich habe jedoch mit ihnen nicht nur gesprochen, sondern auch von ihnen allen gelernt.

Ich achte sie alle als Reisegefährten, und ich liebe sie und danke Ihnen, gleich aus welchem Grunde und auf welche Weise wir zusammen gereist sind, und gleich, ob das nur einen Augenblick lang geschah, eine Jahreszeit hindurch oder eine ganze Ewigkeit.

Im Hinblick auf dieses Buch möchte ich meine Liebe und Dankbarkeit ganz besonders den folgenden Wesen gegenüber zum Ausdruck bringen:

Michelle Pilley vom Verlag Hay House London, deren Weisheit, Ermutigung und Vertrauen ein unbezahlbares Geschenk für mich sind;

meiner Lektorin Lizzie Hutchinson, deren ungewöhnliche geistige Klarheit und Expertise dieses Buch erst möglich gemacht haben;

meiner lieben Freundin Jeannie Kar, einer echten Sonnen-Seelen-Heldin;

meinem geliebten Ehemann Tony, dessen allgegenwärtige Liebe und Unterstützung meine Worte nie werden ausdrücken können;

und meinem Mentor und Führer Thoth, der von Anbeginn von allem bei mir gewesen ist.

Literaturhinweise

Von der Autorin empfohlene Bücher, die bereits auf deutsch erschienen sind:

Don Beck und Christopher Cowan: *Spiral Dynamics Leadership*, „Werte und Wandel", Kamphausen Verlag, 2007

Masaru Emoto: „Die Botschaft des Wassers", KoHa Verlag, 2002

James Lovelock: „Gaias Rache – Warum die Erde sich wehrt", List Verlag, 2007,

Caroline Myss: „Mut zur Heilung", Droemer-Knaur Verlag, 2000/2002

Eckart Tolle: „Jetzt! Die Kraft der Gegenwart", Kamphausen Verlag, 2006

Desmond Tutu: „Keine Zukunft ohne Versöhnung", Patmos Verlag, 2001

Hinweise auf Bücher die bisher nur auf Englisch erschienen sind:

Lyn Birkbeck: *Divine Astrology*

Jude Currivan: *The Wave*

James D´Angelo: *The Healing Power of the Human Voice*

Ervin Laszlo: *Science and the Re-enchantment of the Cosmos*

Bruce Lipton: *The Biology of Belief*

Dean Radin: *Entangled Minds*

David Tame: *The Secret Power of Music*

Von der Autorin empfohlene Webseiten:

– *College of Psychic Studies:*
www.collegeofpsychicstudies.co.uk

- *HeartMath Institute:* www.heartmath.com
- *Monroe Institute* (metaphysische Musik): www.new-mind.com
- Dr. Alfred Tomatis (akustische Heilarbeit): www.tomatis.com